东南学术文库
SOUTHEAST UNIVERSITY ACADEMIC LIBRARY

政治经济学语境下的马克思正义观研究

A Study on Marx's View of Justice in the Context of Political Economy

高广旭 ◆ 著

东南大学出版社
·南京·

图书在版编目(CIP)数据

政治经济学语境下的马克思正义观研究/高广旭著. —南京：东南大学出版社,2021.5
ISBN 978-7-5641-9490-1

Ⅰ.①政… Ⅱ.①高… Ⅲ.①马克思主义政治经济学—正义—研究—中国 Ⅳ.①D61

中国版本图书馆 CIP 数据核字(2021)第 060641 号

⊙ 国家社科基金青年项目"政治经济学语境下的马克思正义观研究"(15CZX010)结项成果
⊙ 江苏高校哲学社会科学研究重大项目"政治经济学语境中的马克思政治哲学研究"(2020SJZDA007)阶段性成果
⊙ 江苏省公民道德与社会风尚协同创新中心研究成果
⊙ 东南大学"至善青年学者"资助计划研究成果

政治经济学语境下的马克思正义观研究
Zhengzhi Jingjixue Yujing Xia De Makesi Zhengyiguan Yanjiu

著　者	高广旭
出版发行	东南大学出版社
社　址	南京市四牌楼 2 号　邮编：210096
出 版 人	江建中
网　址	http://www.seupress.com
经　销	全国各地新华书店
排　版	南京星光测绘科技有限公司
印　刷	南京工大印务有限责任公司
开　本	700mm×1000mm　1/16
印　张	17.5
字　数	333 千字
版　次	2021 年 5 月第 1 版
印　次	2021 年 5 月第 1 次印刷
书　号	ISBN 978-7-5641-9490-1
定　价	82.00 元

本社图书若有印装质量问题,请直接与营销部联系。电话：025-83791830

编委会名单

主任委员：郭广银
副主任委员：周佑勇　樊和平
委　　　员：（以姓氏笔画为序）
　　　　　　王廷信　王　珏　龙迪勇　仲伟俊
　　　　　　刘艳红　刘　魁　江建中　李霄翔
　　　　　　汪小洋　邱　斌　陈志斌　陈美华
　　　　　　欧阳本祺　袁久红　徐子方　徐康宁
　　　　　　徐　嘉　董　群
秘　书　长：江建中
编务人员：甘　锋　刘庆楚

身处南雍　心接学衡
——《东南学术文库》序

每到三月梧桐萌芽，东南大学四牌楼校区都会雾起一层新绿。若是有停放在路边的车辆，不消多久就和路面一起着上了颜色。从校园穿行而过，鬓后鬓前也免不了会沾上这些细密嫩屑。掸下细看，是五瓣的青芽。一直走出南门，植物的清香才淡下来。回首望去，质朴白石门内掩映的大礼堂，正衬着初春的朦胧图景。

细数其史，张之洞初建两江师范学堂，始启教习传统。后定名中央，蔚为亚洲之冠，一时英杰荟萃。可惜书生处所，终难避时运。待旧邦新造，工学院声名鹊起，恢复旧称东南，终成就今日学府。但凡游人来宁，此处都是值得一赏的好风景。短短数百米，却是大学魅力的极致诠释。治学处的静谧景，草木楼阁无言，但又似轻缓倾吐方寸之地上的往事。驻足回味，南雍余韵未散，学衡旧音绕梁。大学之道，大师之道矣。高等学府的底蕴，不在对楼堂物件继受，更要仰赖学养文脉传承。昔日柳诒徵、梅光迪、吴宓、胡先骕、韩忠谟、钱端升、梅仲协、史尚宽诸先贤大儒的所思所虑、求真求是的人文社科精气神，时值今日依然是东南大学的宝贵财富，给予后人滋养，勉励吾辈精进。

由于历史原因，东南大学一度以工科见长。但人文之脉未断，问道之志不泯。时值国家大力建设世界一流高校的宝贵契机，东南大学作为国内顶尖学府之一，自然不会缺席。学校现已建成人文学院、马克思主义学院、艺术学院、经济管理学院、法学院、外国语学院、体育系等成建制人文社科院系，共涉及6大学科门类、5个一级博士点学科、19个一级硕士点学科。人文社科专任教师800余人，其中教授近百位，"长江学者"、国家"万人计划"哲学社会科学领军人才、全国文化名家、"马工程"首席专家等人文社科领域内顶尖人才济济一堂。院系建设、人才储备以及研究平台等方面多年来的铢积锱累，为东南大学人文社科的进一步发展奠定了坚实基础。

在深厚人文社科历史积淀传承基础上,立足国际一流科研型综合性大学之定位,东南大学力筹"强精优"、蕴含"东大气质"的一流精品文科,鼎力推动人文社科科研工作,成果喜人。近年来,承担了近三百项国家级、省部级人文社科项目课题研究工作,涌现出一大批高质量的优秀成果,获得省部级以上科研奖励近百项。人文社科科研发展之迅猛,不仅在理工科优势高校中名列前茅,更大有赶超传统人文社科优势院校之势。

东南学人深知治学路艰,人文社科建设需戒骄戒躁,忌好大喜功,宜勤勉耕耘。不积跬步,无以至千里;不积小流,无以成江海。唯有以辞藻文章的点滴推敲,方可成就百世流芳的绝句。适时出版东南大学人文社科研究成果,既是积极服务社会公众之举,也是提升东南大学的知名度和影响力,为东南大学建设国际知名高水平一流大学贡献心力的表现。而通观当今图书出版之态势,全国每年出版新书逾四十万种,零散单册发行极易淹埋于茫茫书海中,因此更需积聚力量、整体策划、持之以恒,通过出版系列学术丛书之形式,集中向社会展示、宣传东南大学和东南大学人文社科的形象和实力。秉持记录、分享、反思、共进的人文社科学科建设理念,我们郑重推出这套《东南学术文库》,将近些年来东南大学人文社科诸君的研究和思考,付之枣梨,以飨读者。知我罪我,留待社会评判!

是为序。

《东南学术文库》编委会
2016 年 1 月

内容简介

政治经济学语境下的马克思正义观研究，以探讨马克思资本批判与正义批判的关系为主线，以分析马克思解读正义的方法、前提和枢纽为基础，旨在通过对马克思正义批判的显性逻辑、隐性逻辑和理论旨归的考察，澄清马克思正义观的思想内涵与真实意义。在政治经济学语境下阐释马克思正义观的方法论基础、规范性特征、理论出场方式和价值旨归，将为马克思正义理论的当代建构提供可能的思想资源。基于对资本主义生产方式和近代以来人类政治经济生活本质形式的分析，还原马克思正义思想的政治经济学语境，既是马克思正义理论当代建构的应有之义，也是彰显马克思政治哲学当代生命力的内在要求。

作者简介

高广旭，男，1982年生，辽宁宽甸人，哲学博士。东南大学人文学院哲学系教授、博士生导师、东南大学青年特聘教授、东南大学至善青年学者，"全国优秀博士学位论文"提名奖获得者，江苏省社科优青人才。主要从事马克思主义哲学、政治哲学研究。主持国家和省部级课题5项，在《哲学研究》《哲学动态》《马克思主义与现实》等期刊发表论文50余篇，出版学术著作2部，获得江苏省哲学社会科学优秀成果三等奖2项，江苏高校哲学社会科学优秀成果二等奖1项。

目 录

导论　政治经济学批判与马克思正义观研究的理论自觉 …………… (1)

第一章　总体性辩证法：马克思运思正义的方法 ………………… (18)
　第一节　《资本论》的"正义悖论"问题 …………………………… (19)
　第二节　历史唯物主义与正义的关系问题 ………………………… (25)
　第三节　政治经济学批判与总体性辩证法 ………………………… (33)
　　一、什么是辩证法的"合理内核" …………………………………… (34)
　　二、政治经济学批判与辩证法的互释 ……………………………… (38)
　　三、辩证法的总体性及其批判本质 ………………………………… (41)
　第四节　总体性辩证法与正义规范性的重构 ……………………… (44)

第二章　财产权批判：马克思探讨正义的前提 …………………… (53)
　第一节　财产权：现代性法权正义的支点 ………………………… (54)
　第二节　黑格尔的财产权批判及其正义观进路 …………………… (62)
　　一、"生命"的权利 …………………………………………………… (63)
　　二、"贱民"的反抗 …………………………………………………… (66)
　第三节　从权利到资本：马克思批判视角的转换 ………………… (71)
　　一、市民社会"要素"的批判 ………………………………………… (71)

二、《资本论》的财产权批判 …………………………………… (75)

第四节 马克思对法权正义的批判与超越 ………………………… (79)

一、财产权批判中的法权正义批判 …………………………… (81)

二、资本批判中的法权正义批判 ……………………………… (83)

三、私有制批判中的法权正义批判 …………………………… (85)

第三章 劳动价值论：马克思解读正义的枢纽 …………………… (89)

第一节 正义何以与劳动相关 ……………………………………… (90)

一、从古典劳动概念到现代劳动概念 ………………………… (90)

二、马克思对现代劳动概念的分析 …………………………… (94)

第二节 剩余价值与正义的关系 …………………………………… (99)

一、劳资交换视域中的剩余价值与正义 ……………………… (100)

二、资本生产视域中的剩余价值与正义 ……………………… (104)

第三节 正义与生产方式一致 ……………………………………… (110)

一、何谓"正义与生产方式一致" …………………………… (111)

二、"正义与生产方式一致"的真实意义 …………………… (114)

第四节 马克思正义观的论域革命 ………………………………… (118)

一、正义研究范式的转换 ……………………………………… (118)

二、正义批判进路的开启 ……………………………………… (122)

第四章 超越资本正义：马克思正义批判的显性逻辑 …………… (128)

第一节 现代性正义观念的诞生及其困境 ………………………… (129)

一、现代性正义观念的诞生 …………………………………… (129)

二、黑格尔对现代性正义观念的诊断 ………………………… (135)

第二节 《资本论》的资本批判与正义批判 ……………………… (140)

一、资本批判中的正义批判 …………………………………… (140)

二、资本批判与正义论域的转换 ……………………………… (146)

第三节 《资本论》正义批判的真实意蕴 ………………………… (150)

一、正义批判中的现代政治批判 …………………………（150）
　　二、正义批判中的社会权力批判 …………………………（154）
　第四节　马克思对资本正义的批判与超越 ………………………（158）
　　一、《资本论》的社会伦理意蕴 ……………………………（159）
　　二、资本正义的社会伦理批判 ……………………………（170）

第五章　重建社会正义：马克思正义批判的隐性逻辑 ……………（179）
　第一节　现代市民社会的诞生及其正义问题 ……………………（179）
　　一、市民社会的历史嬗变 …………………………………（180）
　　二、市民社会的正义问题 …………………………………（185）
　第二节　市民社会正义问题的政治经济学再现 …………………（188）
　　一、作为"商业社会"的市民社会 …………………………（189）
　　二、作为"需要的体系"的市民社会 ………………………（193）
　第三节　《资本论》语境中的市民社会批判 ………………………（197）
　　一、市民社会：马克思思想发展的枢纽 …………………（198）
　　二、市民社会的政治经济学批判 …………………………（202）
　第四节　《资本论》市民社会批判的"政治哲学"意义 ……………（206）
　　一、公共性的重构与社会正义的重建 ……………………（206）
　　二、《资本论》的"政治哲学"意蕴 …………………………（211）

第六章　革命何以可能：马克思正义批判的理论旨归 ……………（216）
　第一节　"利益"与"道义"：革命动机的二元抉择 ………………（217）
　　一、"利益"动机与"道义"动机之争 ………………………（217）
　　二、"公共利益问题"及其破解路径 ………………………（221）
　第二节　"意识"与"结构"：革命主体的理论自觉 ………………（228）
　　一、革命主体的"意识"自觉 ………………………………（228）
　　二、革命主体的"结构"自觉 ………………………………（231）
　　三、什么是无产阶级 ………………………………………（234）

第三节 "释放"与"解放"：革命旨归的当代阐释 …………（238）
  一、"政治革命"与"社会革命" ……………………………（238）
  二、从"释放"到"解放" ……………………………………（242）

结语　从反思马克思正义观到建构马克思正义理论 ………（248）

主要参考文献 ………………………………………………………（255）

后　记 ………………………………………………………………（266）

导论

政治经济学批判与马克思正义观研究的理论自觉

如何阐释马克思的正义观是当前学界普遍关注且具有重大现实意义的理论问题。对于这一问题,国内外学界形成了众多不同的研究路径并取得了丰富的研究成果,这无疑深化和拓展了我们对马克思正义观的认识和理解。在马克思那里,正义不是基于抽象平等的绝对法权,而是由相应生产方式所决定的社会现实,正义不仅在于社会财富的合理分配,更在于人类自由个性的充分实现,上述正义观在《资本论》及其手稿中得到全面、深刻的阐发。正如恩格斯所指出的:"社会的公平或不公平,只能用一种科学来断定,那就是研究生产和交换的物质事实的科学——政治经济学。"[1]因此,政治经济学是马克思正义观研究的基本理论语境,在政治经济学语境下深化和推进马克思正义观研究,构成国内外学界关于马克思正义观研究的理论自觉。

正义问题在西方政治思想史上拥有悠久的历史。在古代希腊,正义是诸美德之首,是城邦政治和个人行为遵循的首要德性规范。柏拉图在《理想国》中专门追问和探讨了城邦政治的正义问题;在《尼各马可伦理学》和《政治学》中,亚里士多德对正义也做出了系统的分析和阐释。近代以来,随着启蒙理

---

[1] 马克思,恩格斯. 马克思恩格斯全集:第19卷[M]. 中共中央马克思恩格斯列宁斯大林著作编译局,编译. 北京:人民出版社,1963:273.

性的觉醒,城邦政治发生了世俗化的转变,正义也从一种自然的美德和德性转变成一种人为的社会契约。政治正义不再具有自然的合法性,而只能依靠维护个体的利益和权利为自身正名。在这一背景下,近代政治哲学开始自觉反思个人与社会的权力边界,正义问题获得了更为广阔和深入的研究视野。

16 至 17 世纪随着霍布斯、洛克开创的社会契约论政治哲学传统的兴起,近代政治哲学语境中的自由主义正义观诞生。同时,以边沁、密尔为代表的功利主义正义理论成为社会契约正义理论对立的一极。功利主义的利益最大化原则迎合了资本主义原始积累时期对于效率正义优先的内在要求,而社会契约论的正义观由于过度强调正义的应然逻辑而逐渐处于式微境地。之后,黑格尔试图对以康德为代表的"形式正义"做出"实质正义"的超越,并把正义问题提到空前的形而上学的高度。到了马克思那里,正义问题被历史性地引入对资本主义社会经济现实的批判中,社会契约论与功利主义的正义之争,在马克思的政治经济学批判语境下获得了超越性的解决视野。

20 世纪 70 年代以来,以罗尔斯为代表的西方政治学界重新掀起了关于正义问题的研究高潮,正义成为当代西方政治哲学研究的核心问题。罗尔斯的《正义论》既是对古典功利主义的效果正义理论的现代回应,更是对近代社会契约论的公平正义理论的当代发展。之后,诺齐克以权利正义展开对罗尔斯的公平正义的反驳,德沃金发起了关于平等正义问题的崭新探讨,麦金泰尔借助亚里士多德伦理学对德性正义进行了当代阐释,查尔斯·泰勒、迈克尔·桑德尔等人则从社群主义视角深化了关于正义与善的思考。以上探讨尽管坚持的立场有所不同,但都在客观上为近代政治哲学关于契约正义与功利正义之争寻求了当代解决路径。

以罗尔斯为代表的对当代正义理论的探讨不仅将正义确立为当代西方政治哲学的研究主题,而且促使西方学界开始重新关注马克思的正义观在当代正义理论探讨中的理论价值。结果,英、美马克思主义学界自二十世纪六七十年代开始,围绕马克思是否基于正义原则批判资本主义这一核心问题,展开了持久且深入的探讨。

1969 年,美国哲学家罗伯特·C.塔克(Robert C. Tucker)在《马克思主义革命观》一书中,首次提出了"马克思对正义持反对态度"这一命题。1972 年,艾伦·W.伍德(Allen W. Wood)在《马克思对正义的批判》一文中,更为明确和系统地提出,马克思并不是基于正义批判资本主义,资本主义也许在很多地方是错的,但是在正义问题上它没有犯错,所以,马克思并不认为资本主义是不正义的。因而,在对待正义的问题上,马克思的主要态度是消极的,也就是并不持有积极的明确的正义观点。而且,所有尝试重构马克思正义理念的人,顶多是把马克思对资本主义的批判转换成马克思所一贯视为虚假的意识形态和神秘形式[1]。

塔克和伍德在马克思如何看待正义的问题上尽管具体论证有所差别,但是两者的共识是明确的,这就是:马克思对于资本主义的批判不是基于正义原则。由于马克思不持有积极的正义观点,所以重构马克思正义理念的尝试必然与马克思正义观相违背。国内外学界把塔克和伍德的上述理论共识称为"塔克—伍德命题"。围绕"塔克—伍德命题"关于马克思是否基于正义批判资本主义,西方学界尤其是英美学界在二十世纪七八十年代展开了激烈的争论。纵观这些争论,我们大致可以梳理出争论聚焦的四个主要问题。

其一,马克思政治经济学批判对于资本主义生产方式的考察是描述性的还是规范性的?伍德认为,由于历史唯物主义基本观念拒绝政治和法权视域中的社会概念,而始终强调人类社会是一个"自然事实",所以,对于资本主义社会的政治经济学考察,所体现的正是马克思历史唯物主义观点的经验性实证性特征。换言之,政治经济学批判视域中的资本主义社会批判,并不是对资本主义社会的法权和政治的批判,而是对资本主义社会产生、发展和消亡的自然事实的科学揭示。因而,这种揭示是描述性而非规范性的。

与之不同,美国哲学家齐亚德·胡萨米(Ziyad Husami)则提出,马克思对于资本主义生产方式的"解释"与对于资本主义的"评价"是不同的——前者是马克思基于政治经济学批判对资本主义经济事实的客观"描述"和"解释",后者则体现为马克思基于伦理道德立场对资本主义制度的"评价"和"规范"。而"塔克—伍德命题"正是由于把马克思的"解释"与"规范"混同起来,进而得出马克思不是从"规范"(正义)的角度批判资本主义的结论。胡萨米认为,实际上,伦理和道德规范不同于法权和政治规范,始终构成马克思批判资本主义分配不公和主张自身分配正义的重要视角[2]。

其二,资本家占有剩余价值是否构成了对工人劳动所有权的侵占?伍德认为,资本家占有剩余价值对于工人而言,并不是不正义的。原因在于,一方面,资本家与工人的交易关系体现在资本家以货币购买工人的劳动力,这一

---

[1] 伍德.马克思对正义的批判[J].林进平,译.马克思主义与现实,2010(6):39-47.
[2] 李惠斌,李义天.马克思与正义理论[M].北京:中国人民大学出版社,2010:76.

交换关系本质上符合商品交换关系中所遵循的平等和自由原则,所以是正义的。剩余价值是在这一关系形成之后产生的,也就是说,剩余价值是否被资本家所占有不影响劳资关系正义与否的问题。另一方面,资本家占有剩余价值是由资本主义生产方式本身的逻辑所决定的,因为资本主义生产方式的逻辑就是通过剩余价值的生产与再生产实现资本的增殖,所以在资本主义条件下,资本家占有剩余价值不仅是正义的,而任何阻止资本家占有剩余价值的尝试都是不正义的。

对于伍德的以上判断,英国哲学家 G. A. 柯亨(G. A. Cohen)虽然没有直接回应,但是在《自我所有、自由和平等》一书中,柯亨通过回应诺奇克的自我所有原则对自由主义正义观的辩护,间接触及了剩余价值与正义的关系问题。在柯亨看来,剩余价值的不正义主要体现在剩余价值的分配不公正导致生产资料的分配不公正,"在生产资料的不公正分配中,它的不公正来自这种分配所造成的剩余价值榨取的不公正"[1]。进而,生产资料的不公正分配成为资本主义生产方式本身的必然趋势,这一必然趋势决定了资本主义生产结果无论如何分配都是不正义的,"生产资料分配不均确实是不公正的,因为它所要产生的结果,也就是说,因为它本身所固有的一种趋势。因此,就其本身来说,(虽然是派生出来的)它就是不公正的,因为无论其实际结果如何,它都是不公正的"[2]。简言之,以榨取剩余价值为前提的资本主义生产方式在"质"的层面必然是不正义的,不管它在"量"的层面的分配是否公正。

其三,正义作为一种意识形态观念是否与历史唯物主义相兼容?伍德认为,对于马克思而言,正义是从法权观点对社会合理性的最高表述,所以马克思拒斥脱离具体的社会情境空谈正义。换言之,马克思是根据正义在特定生产方式和社会现实中的功能来看待正义,所以在历史唯物主义视域中,正义不具有独立于社会现实之外的规范性。因而,伍德的结论是,坚持历史唯物主义观点的马克思不可能接受一种"神圣化"和"意识形态化"的正义概念,因为这种概念是虚假的和充满误解的。概而言之,马克思的正义概念只能在历史唯物主义视域中加以考察,历史唯物主义不接受独立于社会事实之外的"永恒正义"。

对此,加拿大哲学家凯·尼尔森(Kai Nielsen)认为,关于历史唯物主义

---

[1] 柯亨.自我所有、自由和平等[M].李朝晖,译.北京:东方出版社,2008:225.
[2] 同[1]227.

究竟能否容涵正义的问题,需要首先将正义作为一种道德意识形态的存在方式来加以考察。在马克思主义的反道德论和道德论之间,应当寻求第三条道路,即通过对意识形态与道德现象的区分,重建马克思主义积极的道德观点的合理性。尼尔森提出:"意识形态是我们关于自身的公共观念,而不应该用来指我们的所有信念,甚至用来指我们所有的自我想象或哲学观念与道德观念。意识形态不是一个可以指称全部认识现象或情感现象的术语。毋宁说,意识形态是阶级社会里有关自我意识的官方通行表述。"[1]既然意识形态与道德观念并非完全对等,那么历史唯物主义的意识形态批判就给马克思主义积极的道德观点留下地盘。因为历史唯物主义只是拒斥作为统治意识形式的意识形态,不仅没有拒绝道德,而且对道德展开了一种社会功能合理性的考察。进而,尼尔森认为,在对待正义的问题上,马克思并没有将其作为意识形态而加以拒绝,而是基于"道德社会学"的视角剖析了正义的社会功能[2]。

其四,马克思是否持有一种积极的分配正义观点?伍德认为,马克思对于正义的理解是在生产方式视域中展开的,始终强调正义与生产方式的一致性。因为对于马克思而言,人类生活从根本上说是生产活动,所以不仅满足人类物质需要的物质生产、商业和交易以及财产关系是"生产",而且人类的政治活动、宗教、伦理道德和哲学思想也是"生产"中的环节和阶段。所以,正义在这个意义上也内在于人类的自我"生产"之中,或者说也内在于人类的生产活动中。由此,伍德提出,对于马克思而言,评价行为或制度正义与否,不在于它是否体现了一种法权形式,或者是否与普遍原则相一致,而在于评价行为和制度在特定生产方式中的具体作用。换言之,马克思并不关注分配方式是否符合普遍原则的形式问题,而是关注行为和制度是否与相应生产方式"具体适应"的实质问题。因此,由于交易的正义不是形式问题,而是实质问题,所以马克思并不是在分配正义的意义上批判资本主义。

对此,胡萨米认为,"伍德依据的是马克思关于'内在权利'的段落,却忽视了马克思的讽刺口吻。他把马克思关于交易的形式平等的论述,转化成一种马克思关于交易的正义的论述"[3]。也就是说,伍德把形式平等与实质正义相等同,并认为马克思也是如此看待资本主义的。与之不同,胡萨米提出:

---

[1] 尼尔森.马克思主义与道德观念:道德、意识形态与历史唯物主义[M].李义天,译.北京:人民出版社,2014:47.

[2] 同[1]:228-229.

[3] 李惠斌,李义天.马克思与正义理论[M].北京:中国人民大学出版社,2010:65.

"马克思之所以认为资本主义不正义,这主要是因为,作为一种剥削制度,资本主义没有按劳分配,而且因为它没有在生产的可能性范围内满足人类的需要,更不用说满足生产者的所有需要。资本主义的分配安排,对于归属不同社会阶级的个人给予区别对待,这在道德上是应该遭到谴责的,或者说,它对利益和负担的分配方式是该遭到谴责的。"[1]

英美学界关于马克思正义观的争论持续时间较长,涉及人物众多,探讨视角多样,以上梳理虽然无法涵盖争论的所有内容,但基本可以把握这场争论关涉的主要论题,也基本可以勾勒出这场争论所关注的核心问题及其相关解决方案。更为重要的是,基于上述梳理,我们发现,英美学界对于马克思正义观的探讨与争论,总是围绕着马克思究竟如何对待资本主义尤其是资本主义的生产方式这一论域展开的,进而,《资本论》及其手稿中的相关论述也构成其探讨和争论的核心文本依据。换言之,正是由于哲学家们对于《资本论》及其手稿中的相关论述的不同解读,才使得关于马克思正义观的争论越发激烈且深入。

在此意义上,政治经济学批判对于资本主义生产方式的考察是否基于正义原则,成为英美学界关于马克思正义观探讨和争论的诸多论题中的核心论题。因为诸如,马克思对于资本主义的考察是"解释性的"还是"规范性的"?资本家对于剩余价值的占有是否违背分配正义原则?历史唯物主义观点是否容涵具有独立规范意义的正义观念?马克思是否持有积极和明确的分配正义思想?这些问题实际上都要么可以追溯到这一问题,要么都可以归结为这一问题,要么只有在这一问题的语境下才能加以澄清。因此,不管我们是否赞同"塔克—伍德命题",都需要认真对待这一命题。这一命题促使当前的马克思正义观研究必须达到对于一个基本理论语境的自觉,这就是政治经济学批判,政治经济学批判构成英美学界马克思正义观研究的基本理论语境。我们只有自觉在政治经济学批判语境下探讨马克思与正义的关系问题,当前的马克思正义观研究才能跟上国外相关研究的步伐,进而也才能在此基础上进一步推进相关研究走向深入。

正是基于将对政治经济学的批判作为马克思正义观研究基本理论语境的自觉,近年来,国内学界的马克思正义观研究在广度和深度上都取得了丰硕的研究成果。纵观这些研究成果,我们看到,尽管关注的切入点大都是"塔

---

[1] 李惠斌,李义天. 马克思与正义理论[M]. 北京:中国人民大学出版社,2010:76-77.

克—伍德命题",但是在关注的视角、逻辑和旨趣等方面也存在着显著的差异,主要表现在以下四个方面。

其一,面向"文本"的探讨。正如前文所言,"塔克—伍德命题"的提出直接源自对于马克思成熟时期的正义论断的解读,因而,国内学界在面对这一命题时,首先尝试在文本层面做出回应。段忠桥在《对"伍德命题"文本依据的辨析与回应》一文提出,"伍德命题"即"马克思并不认为资本主义是不正义的"的得出,主要依据马克思、恩格斯关于正义的三段论述,即恩格斯在《论住宅问题》中关于公平作为自然法的抽象表现形式的论述、马克思在《哥达纲领批判》中关于什么是公平分配的论述,以及马克思在《资本论》中关于正义与生产方式关系的论述。通过重新考察这三段论述,段教授提出:"伍德将这三段论述作为其理由的文本依据是不能成立的,因为他对这些文本的解读都是错误的,而如果作为其理由的文本依据都不能成立,那他的那个命题自然也不能成立。"[1]尽管伍德针对上述辩难很快给予了回应并重申了自己关于该命题的理解[2],但是,且不谈段教授文中所提倡的文本理解质疑,伍德并未给予完全正面的回应,仅就段教授的文本本身而言,作为国内学界为数不多的对于伍德命题的直接文本回应,其无疑具有重要的标志性意义。

其二,面向"问题"的探讨。如果说针对"塔克—伍德命题"的文本回应仍然把视角局限在英美学界关于马克思主义的争论,那么国内学界关于历史唯物主义与正义关系的探讨,则把由"塔克—伍德命题"所引发的马克思正义观研究在"问题"层面引向深入。这就是,马克思究竟是否认为资本主义是不正义的?或者说马克思是否从正义出发批判资本主义?对于这一问题的解答必须深入到对历史唯物主义的理论性质的阐释中去,因为正义尽管从古至今在形式上发生了诸多变化,但究其本质而言,正义始终是一种人类的价值观念或意识形式,因而基于马克思主义视角来认识这种价值观念或意识形式,不可能离开历史唯物主义的理论视野。

历史唯物主义与正义关系问题得到国内学界的普遍关注。段忠桥在《历史唯物主义与马克思的正义观念》一文中提出:历史唯物主义是关于社会事实的实证性科学理论,马克思正义观是关于资本主义剥削的不正义和关于社会主义分配弊病的批判性理论。因此,历史唯物主义与马克思正义观在内容

---

[1] 段忠桥.对"伍德命题"文本依据的辨析与回应[J].中国社会科学,2017(9):17-32.
[2] 伍德.马克思反对从正义出发批判资本主义:对段忠桥教授的回应[J].李义天,译.中国社会科学.2018(6):193-203.

上互不涉及,在来源上互不相干,在观点上互不否定[1]。对此,马拥军在与之商榷的文章《历史唯物主义的"实证"性质与马克思的正义观念》一文中提出:历史唯物主义作为"实证性"的科学理论,并不是通常意义的实证主义科学理论,而是马克思和恩格斯所特指的"唯一的科学"即"历史科学",从而本身就以扬弃的形态包容了价值判断。因此,历史唯物主义不仅可以与马克思的正义观念相兼容,而且构成马克思正义观念的理论来源[2]。

其三,面向"建构"的探讨。学界基于"文本"层面的探讨和"问题"层面的辨析,一方面,其直接理论目的是回应"伍德命题"及其所引发的相关问题,从而在文本解读和问题解决的基础上进一步深化对马克思正义观的认识和理解。另一方面,更为根本的理论目的则是通过深化对马克思正义观的认识和理解来"建构"马克思的正义理论。

近年来,围绕建构马克思的正义理论是否可能以及何以可能问题,国内学界展开了热烈而深入的讨论。林进平认为,马克思是否持有一种积极的和明确的正义观点,并不影响我们建构一种符合历史唯物主义的正义理论。换言之,即使马克思在对待正义问题的态度上始终是批判的和消极的,我们仍然可以去建构积极的马克思正义理论。"因为从方法论角度考虑,正义论与历史唯物主义所体现的是两种不同的思维方法。"[3]林育川提出,马克思所拒斥的是普世的和永恒的正义,而非所有的规范正义形式。马克思所认同的规范正义是社会主义的规范正义,这种规范正义与历史唯物主义相契合,可以在后资本主义时代发挥规范作用[4]。如果说上述学者是在历史唯物主义视域中探讨马克思正义理论建构的可能性,那么王新生则主张,马克思正义理论建构应回到"国民经济学"批判的视域下,因为只有从对国民经济学的批判角度出发,才最能切中应得正义论的要害和现代正义问题的实质,也才能还原马克思基于"人类社会和社会化的人类"的"高阶正义"观点的真实意义,进而也才能建构马克思正义理论对于现实生活的规范意义,避免将马克思仅仅诠释为正义批判者[5]。

---

[1] 段忠桥.历史唯物主义与马克思的正义观念[J].哲学研究,2015(7):3-11.

[2] 马拥军.历史唯物主义的"实证"性质与马克思的正义观念[J].哲学研究,2017(6):13-21.

[3] 林进平.再论马克思为何拒斥、批判正义[J].学术研究,2018(1):36-44.

[4] 林育川.历史唯物主义视域中的规范正义:一种可能的马克思主义正义理论[J].哲学研究,2018(8):18-26.

[5] 王新生.马克思正义理论的四重辩护[J].中国社会科学,2014(4):26-44.

其四,面向"实践"的探讨。在关于马克思正义观和马克思正义理论的探讨中,尽管学者们对于马克思持有何种正义观点、如何建构马克思的正义理论的问题存在诸多分歧,但是当前马克思正义观研究和马克思正义理论建构应面向当代中国实践,在认识、理解和解决当代中国社会发展过程中所存在的正义问题上,则存在广泛的理论共识。这些共识既体现在强调以马克思的分配正义观点规范中国特色社会主义市场机制中的按劳分配与按生产要素分配[1],也体现在挖掘和阐释马克思正义观所蕴含的平等主义内涵,为解决当前中国社会贫富分化问题,探索中国特色社会主义共同富裕道路提供理论借鉴[2],还体现在马克思虽然基于生产方式角度对抽象正义作出批判,但并不能因此否认当代中国有建构马克思正义观的必要,建构中国特色的社会主义正义观可以从马克思关于人的需要的理论中吸取理论营养[3]。

毋庸置疑,国内外学界围绕"塔克—伍德命题"关于马克思正义观的争论和探讨,就其本身而言,只是近年来马克思正义观研究得到广泛关注的一个缩影。然而,就"塔克—伍德命题"所关涉问题的广度和深度而言,围绕其展开的探讨又构成当代马克思正义观研究的核心理论背景。英美学界的相关探讨尽管论题众多、方法多样、结论不一,但是其关注的核心问题主要集中在"资本主义以剩余价值剥削工人是否正义"的问题上,所以相关辨析所依据的文本也主要集中在《资本论》及其手稿等马克思政治经济学批判著作上。可以说,政治经济学批判始终构成英美马克思主义探讨马克思正义观的重要理论语境。较之于国外学界围绕"剥削"问题的道德论与反道德论的鲜明论争,国内学界的相关探讨尽管也关注政治经济学视域中的分配正义问题,但关注的焦点主要是放在马克思如何对待分配正义与生产方式的关系问题上,进而"历史唯物主义与正义的关系"成为国内学者解读和阐释马克思正义观的无法回避的前提性论题。

在这个意义上,以上基于"塔克—伍德命题"对国内外马克思正义观研究现状的梳理,可以作为我们在政治经济学语境下重新解读和阐释马克思正义

---

[1] 张二芳.中国特色社会主义公平正义的本质内涵和认识误区[J].马克思主义研究,2013(5):68-74.

[2] 段忠桥.当前中国的贫富差距为什么是不正义的?:基于马克思《哥达纲领批判》的相关论述[J].中国人民大学学报,2013(1):2-14.

[3] 林进平,张娜."如何构建中国的马克思主义正义观"研讨会综述[J].马克思主义与现实,2016(4):203-204.

思想的理论前提。因为我们的工作既是基于这一理论前提,即强调马克思正义观始终应该自觉在政治经济学语境下展开,通过还原马克思正义观生成的基本"问题域",系统剖析资本主义生产方式与资产阶级正义观的内在联系,深入揭示这一内在联系的固有困境与解决之道,同时,又尝试推进对于这一理论前提的研究,即强调只有在政治经济学批判语境下,以马克思辩证法的总体性视角切入对马克思运思正义方法的考察,深入考察和重新阐释"历史唯物主义与正义的关系",才能从根本上超越政治理性主义对于正义观念的规范性建构,澄清马克思正义观的社会历史向度,进一步深化马克思正义观的当代阐释。

具体而言,政治经济学批判语境下的马克思正义观研究,以探讨马克思的资本批判与正义批判的关系为主线,以分析马克思解读正义的方法、前提和枢纽为基础,尝试对马克思正义批判的显性逻辑、隐性逻辑和理论旨归进行系统考察。研究从以下六个方面展开:马克思运思正义的方法、马克思探讨正义的前提、马克思解读正义的枢纽、马克思正义批判的显性逻辑、马克思正义批判的隐性逻辑和马克思正义批判的理论旨归。

其一,马克思运思正义的方法。考察马克思的正义理解,首先需要考察马克思以何种方法切中对正义问题的思考,方法决定视角,也决定着思想展开的逻辑进路。众所周知,马克思政治经济学研究的方法是从抽象到具体的辩证法,之所以从抽象的经济范畴可以上升到对具体的把握,就在于辩证法的思维方式蕴含一种对事物做总体考察的方法论自觉。在此意义上,我们在政治经济学批判语境下考察马克思的正义理解,就是考察政治经济学批判的总体性辩证法何以构成马克思运思正义的方法论基础。

一方面,只有立足总体性辩证法才能超越当代英美马克思主义所谓的马克思正义观的"悖论":马克思虽然谴责资本主义的不正义,但他不认为自己在那么做[1]。这一"悖论"判断的产生,从根本上而言,是由于对马克思运思正义方法的误读,即以事实与价值二分的政治理性主义方法考察马克思对于资本主义的价值评判。结果,马克思在对待如何看待资本主义的问题上,被认为发生了否定的价值谴责与肯定的事实描述并存的"悖论"或"精神分裂"。实际上,马克思运思正义的方法正是以对事实与价值二分法的超越为前提,

---

[1] 罗尔斯.政治哲学史讲义[M].杨通进,李丽丽,林航,译.北京:中国社会科学出版社,2011:349.

政治经济学批判视域中的经济范畴是事实与价值相统一的存在论概念,其所承载的正义问题并非是在劳资关系中抽象的价值规范与客观实在是否对等的问题,而是表征着马克思对资本主义生产方式及其所构筑的社会关系本质的揭示。

另一方面,只有立足政治经济学批判的总体性辩证法,才能深入理解历史唯物主义与正义的关系。历史唯物主义能否容涵一种积极的和确定的正义观点,这取决于我们如何理解历史唯物主义作为真正的"实证科学"的理论性质,如何理解历史唯物主义对于社会历史发展规律的科学揭示。历史唯物主义作为关于"现实的人及其历史发展的科学"的理论,既不是一种思辨的历史哲学,也不是一种实证的历史科学,而是体现为在对资本主义社会这一人类社会发展阶段的"人体"的解剖中,寻求人类自由和解放的现实道路。在此意义上,历史唯物主义所遵循的历史辩证法对于历史事实和历史目的矛盾关系的总体性把握,蕴含着马克思包括正义在内的社会价值规范。但需要强调的是,这种价值规范不是外在于人类社会生活的"神圣法则"和"自然权利",而是内在于人类的物质生产活动及其所形成的社会关系中的"社会规范"。

其二,马克思探讨正义的前提。在政治经济学批判语境下考察马克思的正义观点,涉及的核心问题是马克思是否基于正义视角批判资本主义的生产方式,或者说,资本主义生产方式是否正义。对于这一问题的分析,既需要对资本主义生产方式得以可能的政治哲学前提加以剖析,也需要对资产阶级正义观在资本主义生产方式中所发挥的作用加以揭示。而在政治经济学批判语境下完成以上两项考察任务,也就是在澄清马克思探讨正义的前提。

资本主义生产方式得以可能的法权前提是资本家对生产资料的所有权,正是由于资本家在财产权意义上对占有生产资料具有法权的正义性,资本家才会把占有工人的剩余价值看作"天然正义"的,也才会有热情和勇气投入资本生产的运作活动之中。在这个意义上,以财产权为核心的法权正义构成了资本主义生产方式得以可能的政治保障,资产阶级之所以把法权正义看作天经地义的自然正确,就在于把本来应当加以论证的"前提"当作了"结论"。也就是说,把本来应当论证的资本家占有社会生产资料的权利合法性当作是自然正义的,而不去考察支撑这种自然正义的前提即资本主义生产方式的内在限度。

马克思探讨正义的前提,就是通过对资本主义生产资料私人占有的合法性的批判,去解析资本主义生产方式与法权正义之间这种"不自觉的和无条件的"前提,从而揭露财产权与资本主义生产方式的隐秘媾和关系,以及资本主义社会私有制将这一隐秘媾和关系掩盖起来的真相。从《巴黎手稿》对私有财产与异化劳动本质的关注,到《共产党宣言》明确把扬弃私有制作为共产主义革命的基本任务,再到《资本论》对劳动与劳动产品所有权的分离及其后果的分析,可以说,对以财产权为核心的资产阶级法权本质的揭露和批判,构成理解马克思一生的思想发展逻辑的一条线索,更构成阐释马克思对于资产阶级法权正义的批判与超越的前提。

其三,马克思解读正义的枢纽。如果说在政治经济学批判语境下阐明马克思运思正义的方法,阐释马克思探讨正义的前提,仍然只是在为澄明马克思的正义理解做外围的准备工作,那么关于马克思解读正义的枢纽的分析,则是深入到对政治经济学批判与正义关系问题进行研究的核心区域。所谓"核心区域",是指政治经济学批判语境中所关涉的马克思正义观的核心和基本问题,这些问题是判断我们的研究是否真正立足于政治经济学批判语境进行考察的依据,是判断我们的研究是否触及马克思所关注的正义问题的基本标尺。更重要的是,对于这些问题的认识、理解和解决构成我们接下来深入阐释马克思正义批判思想的理论枢纽。这些"核心区域"的基本问题蕴含着对三组关系的反思,即劳动何以与正义相关所蕴含的劳动与正义的关系,剩余价值是否正义所蕴含的剩余价值与正义的关系,正义与生产方式相一致意味着什么所蕴含的生产方式与正义的关系。

首先,关于劳动与正义的关系。在西方政治哲学史上,正义观念自诞生之时便与劳动无关,因为正义关于德性和善的理念,只能通过哲学思辨和政治实践才能达到,而劳动是人满足生命需要的生产活动,虽然是政治和哲学生活的前提,但不是政治和哲学生活的论题。马克思政治经济学批判继承苏格兰启蒙运动对于劳动和财产权的关注,把劳动解放提升到政治哲学的高度。劳动不仅被纳入现代性正义观念建构的逻辑之中,而且通过对劳动与劳动力结构的政治经济学辨析,马克思的劳动概念成为穿透现代性正义观念幻象的一把"利刃"。在此意义上,阐释马克思正义观不仅必须正视劳动概念,而且必须以对劳动概念的政治哲学定位为起点。

其次,关于剩余价值与正义的关系。学界主要有两种观点:一种观点认为,剩余价值是在货币与劳动力买卖关系完成之后产生的,因而剩余价值或剥削与分配正义无关,所以不能说剩余价值或剥削是不正义的;另一种观点认为,剩余价值被马克思明确表述为资本家对工人的"盗窃"和"抢劫",这种表述显然表明马克思认为资本家对剩余价值的占有是非正义的。而且,剩余价值最根本的不正义在于它损害了工人对自身劳动成果的所有权,一种损害人的所有权的事实我们可以称之为是不正义的。与这两种观点不同,笔者认为,剩余价值作为资本主义生产方式运行机制的核心,本身就内在于资本主义生产关系中,仅从劳资交换关系和所有权层面无法说明剩余价值的不正义,因为我们完全可以从资本家的立场强调占有剩余价值的权利正当性和不占用剩余价值的不正当性。因此,剩余价值的不正义不在于分配层面的"量"的不正义,而在于资本主义生产方式及其支撑的社会关系对于人的自由和全面发展的制度性损害的"质"的不正义。

最后,关于生产方式与正义的关系,马克思在《资本论》第三卷中已有明确的论断,这就是凡是与生产方式相一致的交易形式就是正义的,凡是与生产方式不一致的交易形式就是不正义的。然而,对于这一看似明确的论断,学界仍然存在诸多争议。其中最为集中的争议在于,如果生产方式构成马克思的正义理解的基本范式,那么马克思是否持有独立于生产方式之外的正义观点?当然,回答又分成两大阵营,有的学者认为不持有,有的学者认为持有。

毋庸置疑,马克思所强调的"正义与生产方式相一致"的论断,已经明确表达了不存在脱离特定生产方式的"天然正义",这符合历史唯物主义基本观点的判断。问题的关键在于,强调不存在脱离相应生产方式的"天然正义"的马克思,是否持有一种积极的明确的正义观点,这是问题的关键所在。实际上,强调生产方式中的正义理解并不妨碍马克思持有积极的和明确的正义观点,因为不同生产方式之间并不是一种共时性的隔绝关系,而是一种呈现历史性的有机发展联系。也就是说,生产方式是接续发展的,那么与之相一致的正义实际上也是接续发展的。换言之,超越资本主义生产方式的更为合理的正义也是可以期待的,而这才是马克思所强调的"正义与生产方式相一致"命题的真实意义。

其四,马克思正义批判的显性逻辑。基于对马克思正义观的方法论基础、理论前提和思想枢纽的考察,我们看到,马克思在如何理解正义的问题上总是具有批判性的,既批判对于正义的政治理性主义建构,也批判正义与资本主义生产方式的合谋,更批判把正义看作脱离相应生产方式和社会现实的天然正确。由此可见,我们解读和考察马克思正义观,必须面对的一个理论事实是,马克思正义观总是以批判性的逻辑出场,批判始终构成马克思理解正义的基本向度。在这个意义上，光是梳理马克思理解正义的方法、前提和枢纽是不够的，透过马克思正义批判的消极逻辑阐释马克思正义观的积极意义，构成了在政治经济学语境下深化马克思正义观研究的重要课题。

马克思正义批判的消极逻辑首先体现在资本批判与正义批判的关系中，资本批判中的正义批判既是马克思正义批判的直接的、显性的逻辑，也是探寻马克思正义观积极意义的直接的、显性的逻辑。基于"劳动正义"的批判和超越"资本正义"是马克思正义批判的显性逻辑。

政治经济学批判的直接对象就是资本，而政治经济学批判语境下的正义观的直接批判对象正是"资本正义"。所谓"资本正义"，是指以资本为本位所构建的正义形态，或者说以资本逻辑所构建的交换价值体系为支撑的正义观念体系。在这一体系中，自由、平等和所有权等观念被看作可以独立于经济生产事实之外的"永恒真理"。马克思正义批判的显性逻辑就是在资本批判的基础上瓦解"资本正义"的现实基础，在揭示资本与正义的辩证关系中，揭露资本逻辑所支撑的"资本正义"观念体系的伪善本质。

因此，马克思对"资本正义"的批判不仅是对资产阶级正义观念的拒斥，也是对现代社会以资本为中介所构建的社会权力的批判，更是对现代性道德政治所无法触及的资本主义物质生产方式和社会关系的批判。换言之，马克思对"资本正义"的批判是基于资本与正义辩证关系基础上的总体批判，这种总体批判所强调的，既是资本逻辑与其所构建的正义观念体系之间的相互嵌入、相互支撑的合理性关系，更是资本逻辑与资产阶级正义的彼此否定、彼此冲突的非合理性关系。正是基于这种对正义的合理性与非合理性的自否定性辨析，马克思正义观所坚持的"劳动正义"被突显出来。所谓"劳动正义"，是指以劳动为本位所构建的正义形态。"劳动正义"并不是强调对劳动以及劳动成果所有权的保障，而是强调社会制度及植根于社会制度之中的生产方式对劳动的具体的和总体的尊重。而且由于这种"尊重"内在地超越了资本主义生产方式及其社会价值原则，所以"劳动正义"的实现是一个现实的历史过程，体现了马克思推动政治哲学从"好制度"的理论追问向"好生活"的现实追求的重大理论革命。

其五，马克思正义批判的隐性逻辑。如果说超越"资本正义"是马克思正义批判的显性逻辑，那么这一"显性逻辑"之所以是显性的，就在于马克思正义批判的直接语境是资本逻辑批判。同时，需要强调的是，马克思的资本逻辑批判不仅是对于资本主义经济事实的描述，而且是对于资本主义经济事实背后的资本主义社会中人的存在方式的批判。在这个意义上，马克思对"资本正义"批判的显性逻辑同时也蕴含着对于资本主义社会正义的批判。换言之，马克思资本批判中的正义批判也是资本批判中的社会正义批判，批判和重构社会正义构成马克思政治经济学批判语境下的正义批判的隐性逻辑。

深入阐释马克思正义批判的隐性逻辑，需要重新理解马克思的市民社会批判理论。市民社会批判不仅是青年马克思从政治批判转变为政治经济学批判的枢纽，而且是我们深入理解马克思政治经济学批判的政治哲学意蕴的切入点。虽然在政治经济学批判时期马克思很少使用市民社会这一概念，取而代之的是资产阶级社会，然而，正如马克思在《德意志意识形态》中所强调的：真正的市民社会是随同资产阶级发展起来的[1]。所以真正的市民社会问题也是随着资产阶级的产生和发展而突显出来的[2]。因此，尽管不能简单地把市民社会等同于资产阶级社会，但是资产阶级社会在马克思看来确实是"真正的市民社会"。换言之，马克思之所以不再使用市民社会这一概念，不是因为马克思不关注市民社会问题，而是因为马克思看到了市民社会的正义问题在资产阶级社会中被真正突显出来，那么解决市民社会问题就必须立足于对资产阶级社会的考察。

众所周知，市民社会作为"一切人反对一切人的战争"，其本身存在的问题有很多，那么马克思所关注的市民社会的正义问题是什么呢？笔者认为，马克思所关注的正义问题正是市民社会的基本问题，即个人与社会的关系问题。对于这一问题，苏格兰启蒙运动从"商业社会"角度在对市民社会加以现代规定的同时，把个人与社会的关系诠释为一种为了维护个人利益和社会秩序的"契约"关系。黑格尔则基于思辨的法哲学角度把市民社会诠释为"需要的体系"，进而把社会理解为个人基于需要所组成的伦理共同体，并强调这一伦理共同体只有在国家这个更高的伦理共同体中才能克服个人之间的利益矛盾，达到个体与共同体的和解。

马克思对于市民社会正义问题的关注深受苏格兰启蒙运动和黑格尔法哲学的影响，也就是既关注市民社会的政治经济学，也关注市民社会克服自身局限的路径。但与这两者不同的是，在《黑格尔法哲学批判》中，马克思对解决市民社会问题的国家哲学路径给予了根本批判，即批判黑格尔通过伦理

---

[1] 马克思, 恩格斯. 马克思恩格斯选集：第1卷[M]. 2版. 中共中央马克思恩格斯列宁斯大林著作编译局, 编译. 北京：人民出版社, 1995：130.

[2] 俞可平. 马克思的市民社会理论及其历史地位[J]. 中国社会科学, 1993(4)：59-74.

国家解决市民社会问题是"本末倒置"的方案,市民社会的个人私利与社会公意之间的矛盾不可能通过政治国家的形式加以根除。同时,在《资本论》及其手稿中,马克思对市民社会的科学即政治经济学做出了根本批判,即揭示古典政治经济学的实证主义缺乏对资本主义经济事实的社会历史考察,所以其不可能把握市民社会所孕育的社会公共性内涵。由此,马克思的市民社会批判理论既完成了对市民社会正义问题本质的深刻揭示,也完成了对解决市民社会正义问题的全新探索。这就是,通过对市民社会的"真正形式"即资产阶级社会的资本主义生产方式的批判性考察,揭示资本逻辑与人类的普遍交往和公共性生成的内在关系,同时揭示这种内在关系由于以资本为中介所存在的固有限度,进而在此基础上,探讨资产阶级社会何以必然在这一固有限度内部超越自身,即实现社会公共性与个人自由性的和解。在这个意义上,马克思《资本论》语境中的市民社会批判是对市民社会正义难题的真正破解,是对现代社会正义的批判性重构,具有重大的"政治哲学"意义。

其六,马克思正义批判的理论旨归。毋庸置疑,正义在马克思哲学的理论体系中并非占据核心的位置,马克思对正义这一概念的论断也大多是批判性的。然而,这是否意味着正义对于马克思哲学而言是一个可有可无的概念?是否意味着马克思对于正义的批判是对正义本身所蕴含的所有价值向度的拒斥?基于对马克思正义观的运思方法、思想前提、理论枢纽、显性逻辑和隐性逻辑的分析,我们看到,在对待正义的问题上,马克思之所以大多给予批判性和否定性的论述,就在于马克思所欲揭示的是资产阶级分配正义的虚伪性和庸俗社会主义正义主张的软弱性。换言之,马克思所批判的是正义的上述两种形式的限度而非正义本身所蕴含的所有价值向度,因为上述两种正义形式只把正义的价值向度局限在财富的公平分配的层面。

实际上,正义对于马克思而言,主要承载的不是财富的公平分配这一必然王国领域的"需要"问题,而是承载着自由王国领域的"自由"问题。在这个意义上,马克思正义批判的理论旨归,不仅是批判性地揭示资产阶级和庸俗社会主义者正义观念的局限性,而且是建设性地探讨以寻求人类的自由与解放何以可能为内涵的积极正义观念。

在马克思看来,人类的自由与解放的实质不是思想观念的变革与解放,而是现实的社会关系的变革与解放。所以"批判的武器不能代替武器的批判""物质的力量的只能用物质的力量来摧毁"。无产阶级作为承担人类自由与解放的"物质力量",既是人类社会历史发展的结果,也是变革和解放已有社会关系的前提。那么,人类的自由和解放作为无产阶级的革命动机,是否以及能否基于正义原则?这一问题不仅关系到对于无产阶级概念本身的理解,也关系到对于马克思正义批判思想的理论旨归的理解。

对于这一问题,马克思主义分析学派基于"公共利益问题"对无产阶级革命动机的分析,使得无产阶级革命的"利益"动机和"道义"动机均陷入理论困境。马克思关于无产阶级历史任务的阐述表明,无产阶级的革命动机并非源自人性的理性自利,而是内在于人类社会历史发展中的客观结构。澄清无产阶级的革命动机,不在于追问无产阶级的革命目的,而在于将激发"阶级意识"和还原"社会结构"结合起来,实现对于无产阶级作为革命主体的理论自觉。只有如此,在当代资本主义发生重大变化的背景下,无产阶级革命以追求人的自由和解放的历史任务才能获得澄清,马克思正义观蕴含的人类解放的价值向度也才能获得真实阐发。

综上,虽然在政治经济学批判语境下推进马克思正义观研究,已逐渐成为国内外学界的广泛共识,然而,究竟如何在这一语境下深入阐释马克思的正义观点,又如何在这一语境下进一步建构马克思正义理论的可能形态,仍然有着广阔的思考余地和理论空间。在此意义上,本书的工作是努力做一种"接着讲"的探索和尝试,即探索在政治经济学的"问题域"中还原马克思的正义理解,尝试在政治经济语境下再现马克思正义批判的思想内涵与真实意义。

第一章

总体性辩证法：马克思运思正义的方法

在政治经济学批判语境下重新探讨马克思正义观，需要首先回到政治经济学批判的方法，重新理解国内外马克思正义观研究争论的焦点问题。纵观国内外学界关于马克思正义观的争论，其焦点主要体现在两个问题上。一个问题是，马克思在《资本论》等著作中关于正义的论断是否存在似是而非和自相矛盾的"悖论"？另一个问题是，马克思的历史唯物主义理论拒绝脱离人类的物质生产方式及其社会关系来抽象地探讨人类的意识形态的诸形式，那么历史唯物主义究竟能否容涵正义？或者说，如果我们坚持历史唯物主义观点，是否就无法构建积极而明确的马克思正义理论？

以上两个问题不仅构成国内外学界马克思正义观研究普遍关注的焦点问题，而且构成深化和推进马克思正义观当代研究必须加以清理和反思的前提性问题。换言之，如果以上两个问题得不到有效的解决，那么我们在当代探讨和阐释马克思的正义观将无法获得清晰和明确的研究前提。由于国内外学界在以上两个前提性问题上持有不同的立场和观点，使得当前国内外马克思正义观研究呈现出两种截然相反的局面。笔者认为，表面上看，关于这两个问题的争论是观点之争，但实质上是"事实"优先还是"价值"优先的方法论之争。正是由于争论双方在阐释方法上各执一端，才导致双方形成截然相反的观点。

因此，解决国内外学界关于马克思正义观争议的前提是还原马克思运思正义的方法。在政治经济学批判语境下，我们看到，马克思把握正义问题的方法,既不是"事实"优先的实证主义方法,也不是"价值"优先的道德主义方法,而是真正体现马克思主义哲学本质精神的总体性辩证法。政治经济学批判所强调的从抽象到具体的总体性辩证法正是马克思运思正义的方法。从具体的总体性辩证法出发,不仅可以跳出《资本论》的正义理解是否模棱两可的"悖论"陷阱,解决历史唯物主义与正义的兼容问题,而且可以构成我们深入理解和阐释马克思正义观的方法论前提。

第一节 《资本论》的"正义悖论"问题

自1971年罗尔斯的《正义论》问世以来,西方哲学界尤其是英美哲学界普遍开始把关注的焦点集中在以正义问题为核心的政治哲学上。政治哲学转向可以说是当代西方哲学最为重大的思想事件之一。在这一背景下,马克思政治哲学以及马克思正义观也得到西方学界的关注,并在英美马克思主义分析学派中获得广泛探讨。

英美马克思主义分析学派对于马克思正义观的探讨,发端于对于一个问题的争论,即"马克思的资本主义批判是否是正义批判?"或者说"马克思是否基于正义观展开对资本主义的批判?"对于这一问题的激烈争论和回答逐渐分化为两大派,即"否定派"和"肯定派"。关于马克思与正义的关系问题,西方学界自20世纪70年代以来就展开了激烈争论。虽然争论指向的问题是马克思是否在正义的立场和维度上批判资本主义,但是分析和论辩的焦点始终聚焦在"《资本论》的资本逻辑批判是否遵循正义原则",并且围绕这一焦点形成了关于马克思正义观的两种截然对立的观点。

以罗伯特·塔克和艾伦·伍德为代表的"否定派"认为,《资本论》的哲学基础是历史唯物主义,马克思的资本逻辑批判主要是对资本主义生产方式这一历史"事实"进行批判,这种批判并未悬设任何超越历史的"价值"立场。因此,《资本论》尽管对资本主义的生产方式和社会关系做出了深刻的批判,但这种批判却与正义无关。这一观点背后实际上隐藏着一个自相矛盾的结论,即《资本论》虽然批判资本逻辑但并没有批判其正义性,反倒基于生产方式与意识形态的对应关系,印证了资产阶级正义观念的"历史合理性"。也就是说,如果伍德的观点成立,那么《资本论》是以论证资本主义"正义性"的方式批判了其"非正义性",而这显然是一种自相矛盾的正义观。

以胡萨米为代表的"肯定派"认为,《资本论》并不存在自相矛盾的正义观,《资本论》对于资本主义的"解释"与其对于资本逻辑剥削本质的"评价"是不同的。塔克和伍德的观点正是源自对二者的混淆。"在处理资本主义的正义话题时,伍德和塔克都把重心集中在马克思理论的解释性维度上,并认为这就是马克思理论的评价性维度。当马克思解释为什么依据资本主义的法权关系可以认为剩余价值是合理的时,他们竟把这种合理性误以为是马克思自己的评价。"[1]"马克思对资本主义功能的解释是建立在资本主义制度的基础上,但是,他对资本主义的评价却是站在自己的伦理立场之上。"[2]因此,胡萨米认为,要想看清《资本论》的正义批判立场,应该跳出"解释性"视角,还原马克思独特的道德"评价"视角。在胡萨米看来,分配正义并非马克思政治哲学的空白点,无论在《1844年经济学哲学手稿》还是在《资本论》中,马克思都设想了一种高于资本主义的新的分配方式。而在《哥达纲领批判》中,马克思还专门就共产主义初级阶段的按劳分配和按需分配做出阐述。

　　胡萨米的上述观点引发了新的问题。即便承认马克思的思想中存在着一种"高阶"的分配正义,但是在《哥达纲领批判》中,马克思指出:"权利决不能超出社会的经济结构以及由经济结构制约的社会的文化发展。"[3]并且明确反对任何脱离生产方式而空谈分配问题的庸俗的社会主义,认为这是在"开倒车"[4]。这表明,马克思在对待分配正义的问题上,并非像胡萨米所认为的那样存在着所谓"解释性维度"和"评价性维度"的差别。而且,看似为《资本论》正义观作辩护的胡萨米,实际上把马克思的正义观推向了另一个层面的"悖论":《资本论》通过肯定分配正义来否定分配正义。

　　纵观上述两种《资本论》正义观的阐释路径,它们有一个共同的理论前提,即都坚守"事实"与"价值"的二分,要么从"事实"视角出发否定《资本论》正义批判的存在,要么从"价值"视角出发肯定《资本论》正义批判的存在。显然,塔克和伍德所基于的是"事实"视角,胡萨米所基于的是"价值"视角。但不管是基于"事实"视角还是基于"价值"视角,《资本论》都无法获得一种确定性的正义观念。如果基于"事实"视角,那么《资本论》与价值无涉,也就与作为价值观念的正义无关。如果基于"价值"视角,那么《资本论》对于资本逻辑的批判就

---

[1] 李惠斌,李义天. 马克思与正义理论[M]. 北京:中国人民大学出版社,2010:74.
[2] 同[1]75.
[3] 马克思,恩格斯. 马克思恩格斯文集:第3卷[M]. 中共中央马克思恩格斯列宁斯大林著作编译局,编译. 北京:人民出版社,2009:435.
[4] 同[3]436.

有着前提性的价值预设,以分配正义来批判分配正义。于是,阿尔都塞提出的基于伦理视角解读《资本论》是一个"儿戏"的论断[1],在此似乎获得了理论验证,对《资本论》的正义解读成了一个"儿戏":我们越为《资本论》的正义观做辩护就越陷入悖论性的"陷阱"中,即越辩护就越消解。

结果,马克思正义观的当代研究将遭遇前提性的理论困境,这就是,如果在《资本论》及其手稿中,马克思的资本逻辑批判并非基于正义立场,也没有持有积极的和确定的正义观点,但是,马克思却对资本主义生产方式做出了诸多道义性的评判。对于分配不公尽管马克思未直接给予系统关注,但是劳资关系之间的权力和地位的非对等性,也确实构成马克思资本批判的一个维度。因此,深入推进马克思正义观的当代研究,必须正视《资本论》的"正义悖论"问题。换言之,如果《资本论》在对待正义的问题上存在自相矛盾性,那么我们便无法在这种自相矛盾的正义观点基础上,创立积极确定的马克思正义理论。

到底应当如何认识和理解这个悖论性的"陷阱"？如果按照英美马克思主义分析学派的"事实"和"价值"截然二分的视角,《资本论》在对待正义的问题上无论如何都存在自相矛盾之处。面对这种状况,有学者指出:"这场争论虽然表面上围绕的只是马克思有没有正义理念这样一个具体问题,而其背后却隐藏着马克思主义发展史上一个长期以来争论不休的问题,即马克思思想的科学化解读和价值化解读的问题。"[2]这种观点在某种意义上道出了《资本论》"正义悖论"问题产生的实质,这就是,《资本论》正义观的自相矛盾是由我们对于《资本论》正义观的"解读"视角造成的。

因此,为了认清《资本论》"正义悖论"问题的实质,我们不妨跳出对《资本论》正义观"本身"是否存在"悖论"的纠缠,而是去深入反思"事实"视角和"价值"视角对于《资本论》的"解读"是否存在"悖论"。也就是说,不去追问《资本论》"本身"到底是否存在"正义悖论",而是通过深入考察近代政治哲学的政治理性主义方法与《资本论》研究方法的根本差异,再以此追问和反思我们对于《资本论》正义观的"阐释"是否存在逻辑悖论的问题。

对于《资本论》的"正义悖论"问题,罗尔斯提出,这一悖论问题之所以产生,是因为学界对于马克思正义观的理解主要局限在作为分配正义的正义观

---

[1] 阿尔都塞,巴里巴尔.读《资本论》[M].李其庆,冯文光,译.北京:中央编译出版社,2001:159.

[2] 谭清华.马克思的正义理念:事实还是价值?[J].哲学研究,2015(3):24-29.

念上,或者说只关注马克思正义观在解决分配正义问题上的意义。并由此强调,马克思总是在分配正义的层面一方面谴责资本主义的不正义,同时又拒绝诉诸分配正义来批判资本主义,结果,马克思关于正义的理解也被看作自相矛盾和似是而非的。对此,罗尔斯提出,解决这一所谓的"正义悖论"问题,关键在于把对于马克思正义观的理解从狭隘的分配正义扩展到广义的政治正义。"一旦我们从一种更为宽广的角度——即把正义运用于社会的基本结构及作为背景正义的制度——来思考政治正义的概念,那么,马克思可能就会持有某种广义的政治正义概念。如果这被证明是真的,则前面悖论就将可以被消除。"[1]这里我们暂且不论罗尔斯的方案是否能真正解决这一问题,但就其所提出的解决思路而言,确有重要的借鉴意义。这就是通过重新界定马克思的正义理解来重新理解其对正义态度的所谓"自相矛盾"。

进而,对于《资本论》"正义悖论"问题的考察的新的"问题域"也将随之打开,这就是,马克思究竟是从分配正义意义上理解正义,还是从总体的政治正义意义上理解正义。回答上述问题,不仅需要对分配正义所贯彻的"事实"与"价值"二分的阐释方法给予一种政治哲学史的追根溯源,而且需要深入剖析这一阐释方法的理论实质及其对于《资本论》的政治哲学误读。

《资本论》"正义悖论"问题的产生有着深厚的政治哲学史渊源。众所周知,现代政治哲学肇始于对古典政治哲学的反叛,这一反叛无疑是对古典政治哲学形式与内容的全面变革。究其实质而言,"反叛"表现为现代政治对古典政治合法性的颠覆与重构。在古典政治哲学中,政治合法性的基石是经验性的社会伦理习俗和公民德性,而现代政治哲学诞生的前提正是通过启蒙理智来颠覆这一基石。现代政治哲学通过去除政治中的经验性特征,推动政治从实践活动向技术设计的现代转变,从而塑造了现代政治的理性主义形态。

对于现代政治的理性主义形态,英国著名政治哲学家迈克尔·欧克肖特认为,理性主义政治具有两大特征,即追求"完美政治"和"一式政治",也就是认为好的政治形式可以通过理性技术加以实现,而这种完美的政治形式具有唯一性[2]。所以,理性主义政治的实质是"所感知的需要的政治,这种所感知的需要不是由真正的、具体的关于持久利益和社会运动方向的知识来证明的,而是由'理性'来解释人,根据意识形态的技术来满足的:它们是书本的

---

[1] 罗尔斯.政治哲学史讲义[M].杨通进,李丽丽,林航,译.北京:中国社会科学出版社,2011:350.

[2] 欧克肖特.政治中的理性主义[M].张汝伦,译.上海:上海译文出版社,2003:5-6.

政治"〔1〕。

政治理性主义的诞生对于政治思想史而言,不仅颠覆了古典政治哲学的政治合法性基础,而且建构了全新的政治哲学方法论原则,即现代政治哲学所秉持的事实与价值二分的解释原则。在这一解释原则的指导下,现代政治为了保证政治技术设计的纯粹理性化效果,古典政治的经验性被剔除,传统政治实践变成了现代政治理论或政治科学。结果,现代政治哲学只关注实现正义与善的条件,而不关注正义与善本身。正如列奥·施特劳斯所言,现代政治哲学所立足的事实与价值二分背离了古典政治哲学的伦理政治传统。结果,政治哲学变成了现代社会理论,它不再关注社会正义和人类幸福本身意味着什么,而关注的是实现社会正义和人类幸福的条件,即"保护人的自然权利"〔2〕。

政治理性主义事实与价值二分的方法论原则是《资本论》"正义悖论"形成的政治哲学根源。在这一政治哲学方法论原则指导下,《资本论》的正义观要么基于"事实"视角,被阐释为与作为价值观念的正义无关,要么基于"价值"视角被阐释为脱离事实的政治意识形态。结果,二者初衷虽然都是为马克思的正义立场作辩护,但实质上,二者的现代政治哲学方法论前提却导致马克思正义观"阐释性"二律背反的发生。《资本论》的正义观和马克思的正义立场在这一视角下,变得扑朔迷离。两条路径使得《资本论》的正义观陷入迄今仍然争论不休的一个逻辑悖论之中,即作为价值的正义与作为事实的正义的二律背反。

从"事实"的视角来看。根据历史唯物主义的基本原理,资本主义的生产方式与资本主义的价值理念是内在一致的,资本主义的正义问题正是由资本主义的生产方式所决定的。因此,《资本论》对于资本主义经济事实给予了揭示,这种揭示是一种与价值和意识形态无关的科学揭示。正是这种价值无关性和事实中立性,才保证了马克思对于资本主义生产方式批判的力量,或者说,马克思在《资本论》中不仅没有以正义观念批判资本主义的生产过程,反倒科学地揭示了这一生产过程本身的自洽性和合理性。这恰好印证了上文提到的艾伦·伍德的观点:马克思对资本主义发起了最为深刻的批判,但这种批判与正义无关,马克思不是基于正义谴责资本主义,因为正义作为一种

---

〔1〕 欧克肖特.政治中的理性主义[M].张汝伦,译.上海:上海译文出版社,2003:21-22.
〔2〕 施特劳斯.苏格拉底问题与现代性[M].彭磊,丁耘,等译.北京:华夏出版社,2008:23.

法权观念在功能上内嵌于资本主义的生产方式之中,或者说,正义就是基于资本主义社会结构而生成的法权观念。因此,如果基于资本主义社会发展的"事实"性向度,那么《资本论》的工作实际是价值中立或正义中立的,也就是说,《资本论》只是客观地揭示了资本逻辑的"事实"而拒绝对资本逻辑做价值评判。结果,从"事实"的视角出发,我们似乎很难在《资本论》中发现一种积极的和明确的正义观,马克思似乎确实并不认为资本主义是不正义的。那么,我们不妨合乎逻辑地转换视角,从"价值"视角去反思《资本论》的正义观点。

从"价值"的视角来看。《资本论》的展开逻辑与资本主义的价值观念体系存在实质性差异,因为它始终面向的是资本主义的经济事实及其社会结构,而且马克思的哲学革命本质也决定了马克思总是拒绝从形而上学的抽象价值观念出发分析现实问题。在《哥达纲领批判》中,马克思反复强调,应该拒绝像拉萨尔那样从抽象的社会主义正义观念出发去理解和认识共产主义的分配问题,并明确提出拒绝对资本主义采取软弱的意识形态批判。在《资本论》中,马克思更是强调应该透过资本主义商品交换过程所印证的抽象权利,还原商品生产过程暴露出的残酷剥削事实:"资本主义生产不仅是商品的生产,它实质上是剩余价值的生产。工人不是为自己生产,而是为资本生产。因此,工人单是进行生产已经不够了。他必须生产剩余价值。只有为资本家生产剩余价值或者为资本的自行增殖服务的工人,才是生产工人。"[1]可见,《资本论》始终是基于资本主义的经济事实来揭示资本主义正义的伪善性的。因而,捍卫《资本论》的正义观,还是只能依靠"事实"视角去挖掘《资本论》的事实正义。

至此,《资本论》的正义观似乎向我们呈现出两种正义逻辑:一种是价值正义批判,一种是事实正义批判。从政治理性主义的事实与价值二分的方法论原则看来,《资本论》对于资本逻辑的事实批判与价值批判是二元性的,《资本论》的价值正义批判与事实正义批判不能并存。因而,《资本论》的正义观要么批判资本主义的价值正义,肯定资本主义的事实正义,要么肯定资本主义的价值正义,否定资本主义的事实正义。

面对上述两种悖论性的正义批判逻辑,我们发现,不管选择从价值正义

---

[1] 马克思,恩格斯.马克思恩格斯全集:第44卷[M].2版.中共中央马克思恩格斯列宁斯大林著作编译局,编译.北京:人民出版社,2001:582.

的角度还是从事实正义的角度出发,都不仅无法真正捍卫马克思对于资本主义的正义批判,而且反倒走向了捍卫的反面,即终结了从正义角度理解马克思对于资本主义正义批判的可能性。正如上文所指出的,基于"事实"视角,看似捍卫了马克思批判资本逻辑的纯粹性,但其实质是消解了探讨马克思正义观的合法性,因为注重事实分析的马克思是不会悬设一种抽象正义观念的。基于"价值"视角,看似捍卫了马克思批判资本逻辑的崇高性,但是其实质是偷换了马克思正义观的历史唯物主义的哲学基础,把马克思正义观变成抽象的形而上学预设,这同样是消解了马克思正义观的合法性。

综上,政治理性主义的事实与价值二分的阐释原则不仅没有破解《资本论》"正义悖论"的谜题,反倒使这一问题变得更加扑朔迷离。我们被带入一种令人眩晕的《资本论》正义观的悖论怪圈之中,即要么选择坚持"事实"立场理解《资本论》,要么选择坚持"价值"立场理解《资本论》。选择前者,《资本论》被阐释为价值中立的实证科学;选择后者,《资本论》被阐释为缺乏事实分析精神的、抽象形而上学预设的玄思。结果,正义对于《资本论》而言,要么是一个不应该被追问的假问题,要么是一个资本主义现实世界之外的抽象观念。《资本论》的"正义悖论"问题已经成为关涉马克思正义观研究合法性的前提性问题,推进马克思正义观研究必须解决《资本论》的"正义悖论"问题。

第二节 历史唯物主义与正义的关系问题

透过对《资本论》的"正义悖论"问题的梳理,我们看到,《资本论》本身关于正义的运思并不存在所谓的"悖论","悖论"的产生实质是英美马克思主义分析学派基于"事实"与"价值"二分的政治理性主义分析方法,对马克思主义哲学在《资本论》中的方法论意义的双重误读——要么把《资本论》解读为历史唯物主义科学理论在政治经济学批判中的实证性运用,要么把《资本论》解读为历史唯物主义的目的论原则对于古典政治经济学的价值性评判。在这个意义上,《资本论》"正义悖论"问题的产生实际上是一个更为根本和基础的问题的表象,这就是历史唯物主义与正义的关系问题。换言之,正是由于在历史唯物主义与以正义为核心的政治和法权观念关系问题上的分歧,才使得英美马克思主义分析学派在探讨马克思正义观的过程中,使《资本论》正义观阐释陷入了自相矛盾的境地之中。因此,我们的研究有必要进一步深入到对历史唯物主义与正义关系的分析中。

关于历史唯物主义与正义的关系的分析，我们还是从"伍德命题"开始。正如上文提到的，"伍德命题"的核心观点是：马克思尽管对资本主义展开了深入和系统的批判，但是这一批判与正义无关，或者说，马克思不是基于正义的观点批判资本主义。因此，马克思并没有构建一种积极的和明确的正义观点或正义理论。"就马克思对社会现实的所有细致研究而言，就马克思对有关社会现实的理性评价的深刻关注而言，我在其作品里没有发现他真的试图提供一种清楚而明确的权利或正义概念。"[1]

伍德做出上述判断，其直接的理论根据是《资本论》有关正义的相关论断，但其根本的理论依据则是建立在对历史唯物主义理论性质的理解的基础上。在伍德看来，历史唯物主义对于理解诸如正义在内的资产阶级法权观念，最大的理论启示不在于把人类的精神生活和政治意识还原为生产方式，而在于强调前者必须在相应的生产方式中才能获得真实的理解。因此，正义作为一种法权观念在脱离了相应的生产方式后并不具有独立的价值，马克思对正义的考察总是在相应的生产方式中展开的。这表明，如果马克思坚持历史唯物主义的思维方式，那么他就不可能持有积极的和明确的正义观点。由此可见，伍德论断提出的关键论据在于，历史唯物主义拒绝独立于相应的生产方式作价值评判，社会意识形态和上层建筑只有在社会生产关系中才能获得真实的认识和理解，而正义就是资产阶级的法权意识形态，所以，历史唯物主义拒绝正义，马克思不可能基于正义批判资本主义。

"伍德命题"的直接后果自然是引发了英美马克思主义分析学派关于马克思正义观的持久争论，但是其根本的理论影响则在于，如果"伍德命题"成立，那么我们在历史唯物主义语境中构建积极而明确的正义将成为不可能，否则，这不仅将在理论前提上违背马克思历史唯物主义的基本理论性质，而且将在理论旨归上降低和损害马克思无产阶级革命的理论高度。因为在伍德看来，马克思不可能将推翻资本主义生产关系的革命号召建立在"资本主义是不正义"这一断言的基础上。因为"马克思认为，所有想把革命实践建立在法权观念基础上的企图都是意识形态的胡言乱语，他反对在工人运动中使用诸如'平等的权利'和'公平的分配'等'陈词滥调'"[2]。

可见，在伍德看来，历史唯物主义拒斥绝对的法权观念的理论性质决定

---

[1] 伍德. 马克思对正义的批判[J]. 林进平，译. 马克思主义与现实，2010(6)：39-47.
[2] 李惠斌，李义天. 马克思与正义理论[M]. 北京：中国人民大学出版社，2010：28-29.

了我们在马克思正义观的研究过程中,必须要有一个基本的理论自觉,这就是,不要试图去建构积极而明确的马克思正义理论,而只能探讨马克思对于正义的批判,换言之,我们关于马克思的正义观只能做出"消极"的批判性研究,而无法实现"积极"的建构性研究。

针对伍德关于马克思正义观的这一"消极"判断,在英美学界以胡萨米为代表的"肯定派"加以回应的同时,中国马克思主义哲学界的学者也在反思和批判"伍德命题"的基础上,尝试给予历史唯物主义与正义关系更为"客观"和"积极"的理解。在这些理解中,有两种观点最具代表性。

一种观点试图在前提性反思的意义上提出,历史唯物主义的实质是马克思对人类社会历史发展规律的客观揭示,是一种与价值无涉的实证科学。马克思的正义理解主要是在对资产阶级法权正义和庸俗社会主义正义主张的批判中展开。因此,历史唯物主义与正义互不否定,互不相干。也就是说,历史唯物主义与正义虽然无法兼容,但也并非如伍德所言是相互排斥的,因为二者在内容和形式上都是异质性的,不存在是否兼容的问题。换言之,坚持历史唯物主义,不影响我们建构马克思的正义理论[1]。

另一种观点认为,历史唯物主义虽然是马克思揭示人类社会历史发展规律的实证科学,但这种"实证科学"并不是实证主义意义上的科学,即不是关于"事物"的直接性总结和概括的"自然科学",而是关于经由人的实践活动对事物加以否定性改造的"现实"的"历史科学"。因为历史作为"追求着自己的目的的人的活动",其本身蕴含着人的主观目的和价值判断,历史唯物主义作为"历史科学"是事实判断与价值判断相统一的新实证科学。因此,历史唯物主义的"历史科学"理应容涵包括正义在内的人类价值规范[2]。

以上两种观点以重新认识和理解历史唯物主义的理论性质为切入点,尤其以重新认识和理解历史唯物主义的"科学性"为焦点,对历史唯物主义内蕴的事实性与价值性的关系做出了新的阐释。从而尝试在哲学方法论前提上化解英美马克思主义分析学派在事实与价值二分基础上所形成的阐释性悖论和矛盾。而两者的方案又存在根本差别,前者是通过强调事实与价值二分的不可超越性,为马克思正义观的积极探讨奠基。也就是说,正义作为一种价值,与历史唯物主义的事实性是无涉的,或者说,历史唯物主义的科学性并

---

[1] 段忠桥.历史唯物主义与马克思的正义观念[J].哲学研究,2015(7):3-11.
[2] 马拥军.历史唯物主义的"实证"性质与马克思的正义观念[J].哲学研究,2017(6):13-21.

不会干扰马克思正义观的确定性。后者是通过强调事实与价值二分的可超越性,为马克思正义观作积极辩护的。也就是说,历史唯物主义的科学性体现在它是事实与价值相统一的哲学方法论,因此,它可以容涵正义这一价值观念。

至此,关于历史唯物主义与正义能否相互容涵的问题,我们梳理出三种主要观点。纵观这三种观点,不难看出,三者的分歧尽管巨大,但是分歧产生的焦点也很明确,就是一方面都承认历史唯物主义具有"实证性",但另一方面就如何理解这种"实证性"则差别显著。由于对这种"实证性"的理解不同,使得三者对历史唯物主义与正义的关系得出了完全不同的结论。

第一种观点认为,历史唯物主义的"实证性"必然消解正义观念的独立性,因而对历史唯物主义与正义的关系持"否定"的理解,即认为历史唯物主义批判和反对积极的和明确的正义观点。

第二种观点认为历史唯物主义的"实证性"只关心历史的客观事实,而与主观的价值判断无涉,进而对历史唯物主义与正义的关系做出"中立"的理解,即历史唯物主义与正义互不相干,也就是不存在反对还是兼容的问题。

第三种观点认为历史唯物主义的"实证性"的实质是"现实性"。强调作为"现实性"的"实证性"是客体与主体、事实与价值的统一,并以此为历史唯物主义与正义的兼容做积极辩护,对历史唯物主义兼容正义做"肯定"的理解,强调历史唯物主义不仅兼容正义,而且只有基于历史唯物主义才能真实理解马克思的正义观点。

基于以上梳理,我们看到,重新理解历史唯物主义与正义的兼容问题,必须直面的直接理论问题是:究竟如何理解历史唯物主义的"实证性"?而关于历史唯物主义的"实证性"的理解,我们通常会引述往往被看作马克思关于这一问题理解的经典论述,它体现在《德意志意识形态》的如下论断中:

"在思辨终止的地方,在现实生活面前,正是描述人们实践活动和实际发展过程的真正的实证科学开始的地方。关于意识的空话将终止,它们一定会被真正的知识所代替。对现实的描述会使独立的哲学失去生存环境,能够取而代之的充其量不过是从对人类历史发展的考察中抽象出来的最一般的结果的概括。这些抽象本身离开了现实的历史就没有任何价值。它们只能对整理历史资料提供某些方便,指出历史资料的各个层次的顺序。但是这些抽象与哲学不同,它们绝不提供可以适用于各个历史时代的药方或公式。相反,只是在人们着手考察和整理资料——不管是有关过去时代的还是有关当代的资料——的时候,在实际阐述资料的时候,困难才开始出现。这些困难的排除受到种种前提的制约,这些前提在这里是根本不可能提供出来的,而只能从对每个时代的个人的现实生活过程和活动的研究中产生。"[1]

在这段表述中,马克思关于历史唯物主义的概括主要体现在一个关键词即"实证科学"上,所以澄清马克思这里所强调的"实证科学"究竟是指什么,对深入理解历史唯物主义的理论性质就显得尤为重要。正是由于对这个关键词理解的差异,造成了学界对历史唯物主义理解的差异。

从字面表述来看,"实证科学"的研究对象是"现实生活"中的人的"实践活动"及其"实际发展";研究方法是"描述";研究结果是"真正的知识"代替"独立的哲学"。那么这种"描述""现实生活"的人的"实践活动"及其"实际发展"的"真正的知识",究竟是一种什么样的"知识"呢?对此,学界大多强调,马克思是以"真正的实证科学"或"新实证科学"代替了"独立的哲学",而这一"真正的实证科学"或"新实证科学",也就是恩格斯所强调的关于"现实的人及其历史发展的科学"[2]。所以,马克思在这段论述中所表达的历史唯物主义的理论性质体现在,历史唯物主义以"描述"人类现实生活的"历史科学"取代了"历史哲学"对现实生活的"思辨",从而完成了历史观的伟大变革。

毋庸置疑,上述理解如果仅从字面表述和特定语境来看,基本符合马克思对于历史唯物主义的表述。然而,如果我们把分析的材料拉大到该论断所在的整个段落尤其是后半部分,那么历史唯物主义的理论性质或许可以获得更为全面的诠释。毫无疑问,历史哲学的终结意味着"历史科学"的登场,但是"历史科学"又是什么呢? 在马克思看来,它不过是对历史发展的一般"概括"和"抽象",而这些"概括"和"抽象"尽管与哲学不同,但是当其作为理解和阐释历史的"资料"的时候仍然会陷入自身的"困难"。因此,马克思在这里并不是简单地用"历史科学"取代"历史哲学",而是对"历史哲学"和"历史科学"两种历史研究视角进行共同批判。这也是为什么马克思最后指出,排除历史科学的研究"困难",只能依靠"对每个时代的个人的现实生活过程和活动的研究"[3]。

---

[1] 马克思,恩格斯.马克思恩格斯文集:第1卷[M].中共中央马克思恩格斯列宁斯大林著作编译局,编译.北京:人民出版社,2009:526.

[2] 马克思,恩格斯.马克思恩格斯文集:第4卷[M].中共中央马克思恩格斯列宁斯大林著作编译局,编译.北京:人民出版社,2009:295.

[3] 同[1]526.

由此可见，对于历史唯物主义的"实证性"，我们既不能从"历史哲学"的思辨角度加以理解，也不能从"历史科学"的实证角度加以理解。站在马克思哲学革命的高度上，历史唯物主义不仅是关于历史发展规律的"新科学"，更是以"历史"作为解释原则的"新哲学"。诚如阿尔都塞所言："马克思的历史唯物主义不仅提出了关于社会历史的新理论，同时还含蓄地，但又必然地提出一种涉及面无限广阔的新'哲学'。"[1]因此，对于历史唯物主义的理论性质，我们既不能从"历史哲学"的思辨角度加以理解，也不能从"历史科学"的实证角度加以理解。站在马克思哲学革命的高度上，历史唯物主义不仅是关于历史发展规律的"新科学"，更是以"历史"作为解释原则的"新世界观"[2]。我们只有在"新哲学"和"新世界观"的意义上理解历史唯物主义的"实证性"和"科学性"，才能真正理解恩格斯何以将历史唯物主义强调为关于"现实的人及其历史发展科学"的真实意义所在。因为只有在"新哲学"的世界观革命的意义上理解历史唯物主义的科学性，才能既避免退化地将历史理解为旧唯心主义视域中的人的精神活动历程，也避免退回到如旧唯物主义一般将历史排除在自身的视野之外。简而言之，只有超越关于历史唯物主义的"科学"解读，还原历史唯物主义的"哲学世界观"意义，才能真正把握历史唯物主义所完成的思维方式革命。

历史唯物主义的思维方式革命意味着，历史不再是现实的人之外的抽象原则，而是就内在于人的物质生产活动之中，人在创造自身的物质生活资料的同时，也在创造着自身的历史的存在方式。在历史中存在意味着，历史既是现实的人的发展的结果，也是现实的人的发展的前提。正如马克思在《路易·波拿巴的雾月十八日》中所指出的："人们自己创造自己的历史，但是他们并不是随心所欲地创造，并不是在他们自己选定的条件下创造，而是在直接碰到的、既定的、从过去继承下来的条件下创造。一切已死的先辈们的传统，像梦魇一样纠缠着活人的头脑。"[3]可见，历史唯物主义对于马克思而言，不仅是一种通过物质生产活动重新理解"历史"的"科学"，而且更是一种以"历史"为解释原则的"哲学"。在这个意义上，历史唯物主义的"实证性"就体现在其以"历史"为解释原则对"人的现实生活过程和活动"加以反思的"现

---

[1] 阿尔都塞.保卫马克思[M].顾良，译.北京：商务印书馆，2006：225.

[2] 孙正聿.历史的唯物主义与马克思主义的新世界观[J].哲学研究，2007(3)：3—8.

[3] 马克思，恩格斯.马克思恩格斯选集：第1卷[M].2版.中共中央马克思恩格斯列宁斯大林著作编译局，编译.北京：人民出版社，1995：585.

实性"。

而对于历史唯物主义"现实性"的把握,正如上文中的马克思所强调的"只能从对每个时代的个人的现实生活过程和活动的研究"中获得。因此,深入理解历史唯物主义的"新哲学"和"新世界观"的性质,必须深入到历史唯物主义所关注的人的现实生活过程和活动中。那么,历史唯物主义所关注的人的现实生活过程和活动是什么呢？一般而言,历史唯物主义以全部人类生活过程及其活动为对象,但是正如马克思在《资本论》中所指出的,人类生活过程及其活动只有在资本主义时代才获得了完全解释的条件,因为资本主义不仅是人类历史发展的结果,而且赋予了理解和认识之前所有人类历史发展本质的理论可能。"人体解剖对于猴体解剖是一把钥匙。反过来说,低等动物身上表露的高等动物的征兆,只有在高等动物本身已被认识之后才能理解。因此,资产阶级经济为古代经济等等提供了钥匙。"[1]

在这个意义上,历史唯物主义对"每个时代的个人的现实生活过程和活动的研究",是通过对资本主义社会中人的现实生活过程和活动的研究完成的。换言之,历史唯物主义的"现实性"就体现在以"历史"为解释原则对资本主义生产方式及其社会关系的反思和考察。而历史唯物主义的这一反思和考察,正蕴含在马克思的以《资本论》及其手稿为标志的政治经济学批判的相关研究中。因而,历史唯物主义对于人类社会历史发展规律的科学"解剖",就体现在对资本主义生产方式及其社会形式这一"人体"的"解剖"上,历史唯物主义的理论性质,只有在政治经济学批判语境下才能获得更为全面和深入的理解。

在《哲学的贫困》中,马克思在对蒲鲁东的政治经济学形而上学本质的批判中指出,由于蒲鲁东把经济范畴看作脱离具体生产关系的"无人身理性的自我运动",所以他把现实的生产关系只看作抽象的经济原理和经济范畴。实际上,"经济范畴只不过是生产的社会关系的理论表现,即其抽象"[2]。在《政治经济学批判大纲》中关于政治经济学的研究方法的总结性概括中,马克思更为明确地指出:"在研究经济范畴的发展时,正如在研究任何历史科学、社会科学时一样,应当时刻把握住:无论在现实中或在头脑中,主体——这

---

[1] 马克思,恩格斯.马克思恩格斯全集:第30卷[M].2版.中共中央马克思恩格斯列宁斯大林著作编译局,编译.北京:人民出版社,1995:47.

[2] 马克思,恩格斯.马克思恩格斯选集:第1卷[M].2版.中共中央马克思恩格斯列宁斯大林著作编译局,编译.北京:人民出版社,1995:141.

里是现代资产阶级社会——都是既定的;因而范畴表现这个一定社会即这个主体的存在形式、存在规定,常常只是个别的侧面;因此,这个一定社会在科学上也绝不是在把它当作这样一个社会来谈论的时候才开始存在的。"[1]

这都表明,政治经济学批判不是对政治经济学经济规律的"描述"和"重构",而是对政治经济学范畴蕴含的人与人的社会关系的"批判"。马克思政治经济学批判分析的工具尽管属于政治经济学的范畴,批判的靶子是资本主义的经济生产过程,但是其关注的实质却是这些经济范畴和生产过程背后所隐藏着的"人的现实生活过程和活动"。

因此,只有在政治经济学批判语境下,我们才能看清关注"现实的人及其历史发展"的历史唯物主义所把握到的"人的现实生活过程和活动",既不是作为经济范畴的李嘉图的"帽子",也不是作为哲学范畴的黑格尔的"观念",而是在资本主义生产方式中人的具体的"社会关系"。政治经济学批判在批判资本主义生产方式的同时,深刻揭露了资产阶级意识形态的社会存在基础,而这既是对历史唯物主义实践品格的现实彰显,更是对历史唯物主义"新哲学"理论性质的真实诠释。

基于以上论述,我们看到,如果说澄清历史唯物主义和正义关系的理论前提是澄清历史唯物主义的理论性质,那么澄清这一"前提"的关键在于,在政治经济学批判语境下重新理解历史唯物主义的理论性质。

在政治经济学批判语境下,历史唯物主义不仅是关于一般性的历史发展规律的"实证科学",更是借助生产力、生产关系等新概念反思"人的现实生活过程和活动"的"新哲学"。作为"新哲学"的历史唯物主义的"科学性"体现在,它不仅揭示了历史发展的客观规律,而且蕴含着通过资本逻辑批判实现对资本主义社会存在与意识形态的总体的结构性批判。这种总体的结构性批判决定了历史唯物主义在政治经济学批判语境下对于资本主义社会的"真理性"把握,且其把握的不仅是资本主义社会作为人类社会历史发展阶段的"事实"之真,而且是资本主义社会必将由于自身的固有矛盾被共产主义社会超越的"本质"之真,而所谓"本质"之真,就是把对资本主义社会的"道义"谴责内化为对资本主义社会历史性的"本质"的揭示。正是在这种"本质"之真的意义上,我们才能理解,历史唯物主义作为"现实的人及其历史发展的科

---

〔1〕 马克思,恩格斯. 马克思恩格斯选集: 第1卷[M]. 2版. 中共中央马克思恩格斯列宁斯大林著作编译局,编译. 北京: 人民出版社,1995: 47 - 48.

学",何以实现了对于人类社会历史规律的"真理性"考察,历史唯物主义何以是"真正的实证科学"而非抽象的"实证主义"。正如有学者所指出的:"历史唯物主义的深层理解需要借助于对资本逻辑的批判分析来建构,并揭示资本逻辑的运行中所体现出来的各种颠倒与拜物教意识。按我的看法,只有这样来理解马克思的思想时,我们才能真正地进入到历史与现实中,并从理论深层透视资本逻辑的运行过程及其意识形态效应。"[1]

由此可见,如果说历史唯物主义和正义兼容之争的症结是历史唯物主义的"实证性",那么破解这一症结的关键则是在政治经济学批判语境下,重新理解历史唯物主义的理论性质。如果历史唯物主义是关于历史发展规律的实证科学,那么正义作为非历史性的价值规范就与历史唯物主义自然不互相兼容。如果历史唯物主义是关于社会历史发展的总体认识,那么历史唯物主义作为一种超越了事实与价值对立的总体性观点,自然应当内蕴包括正义在内的价值维度,并且具有一种完全不同于事实描述和哲学思辨的独特规范。

历史唯物主义拒绝历史哲学和历史科学对人以及人类社会的抽象思辨和实证描述,而始终关注人的现实活动及其历史发展过程。这种关注区别于历史哲学和历史科学之处就在于,历史唯物主义在政治经济学批判语境下,通过对资产阶级政治经济学的批判,实现对资本主义政治和经济的社会现实总体的批判。所以,正是这种从哲学思辨和实证描述到总体批判的方法论视角的转变,决定了政治经济学批判语境中的历史唯物主义可以兼容正义。

进而,作为马克思正义观研究的前提性问题,《资本论》的"正义悖论"问题和历史唯物主义与正义的关系问题,都要求我们回到马克思政治经济学批判语境下,通过考察政治经济学批判的方法论,来深入考察马克思运思正义的方法论基础。只有如此,才能在理论前提下破解当代英美马克思主义分析学派关于马克思正义观研究的前提性争论,为马克思正义观研究奠定坚实的方法论基础。

第三节 政治经济学批判与总体性辩证法

既然国内外学界关于马克思正义观研究的诸多问题,主要发生在政治经济学语境下,那么深入考察马克思运思正义的方法论基础,就合乎逻辑地需

---

[1] 仰海峰.政治经济学批判中的历史唯物主义[J].中国社会科学,2010(1):4-16.

要在政治经济学语境下深入考察马克思政治经济学批判的方法论。在《政治经济学批判大纲》中,马克思曾专门就政治经济学批判的方法做了系统论述,这就是"从抽象到具体"的总体性辩证法。而在《资本论》第一卷中,马克思更是对政治经济学批判的研究方法和叙述方法做了澄清,强调《资本论》的辩证法尽管似乎有着黑格尔辩证法的形式,但是在内容实质上却与黑格尔辩证法截然相反。《资本论》的辩证法克服了黑格尔辩证法的"神秘形式",实现了对于辩证法"合理形态"的理论自觉。马克思辩证法的这一理论自觉,被恩格斯喻为是将黑格尔"头足倒立"的辩证法"颠倒"过来。以上信息表明,政治经济学语境中的马克思思考问题的方法正是辩证法,深入考察马克思政治经济学批判语境下运思正义的方法,需要澄清究竟什么是黑格尔辩证法的"合理内核",并以此为前提进一步澄清政治经济学批判与辩证法"合理内核"之间的互释关系。只有如此,马克思运思正义的方法才能得到彻底的说明,马克思正义观研究的相关问题才能获得合乎其问题本身的方法论解决。

一、什么是辩证法的"合理内核"

关于马克思辩证法的理论本质,一般认为,马克思对黑格尔辩证法的"颠倒",剥去了黑格尔辩证法形而上学的"神秘外壳",吸收了其否定性的"合理内核",从而使头足倒立的辩证法获得了"合理形态"。

对此,阿尔都塞在《保卫马克思》一书中提出,黑格尔辩证法的"神秘外壳"根本就不是思辨哲学、世界观或体系,而恰恰是辩证法本身。"神秘外壳无非是辩证法本身的神秘形式而已,换句话说,它不是辩证法的一种相对外在的成分(例如'体系'),而是与黑格尔辩证法同质的一种内在成分。"[1]因此,所谓马克思对黑格尔辩证法的"颠倒",不仅是"内容"上的"颠倒",更是"结构"上的"颠倒","关于把辩证法颠倒过来这个不确切的比喻,它所提出的问题并不是要用相同的方法去研究不同对象的性质(黑格尔的对象是观念世界,马克思的对象是真实世界),而是从辩证法本身去研究辩证法的性质,即辩证法的特殊结构,不是对辩证法'含义'的颠倒,而是对辩证法结构的改造"[2]。

---

[1] 阿尔都塞.保卫马克思[M].顾良,译.北京:商务印书馆,2006:80.
[2] 同[1].

阿尔都塞关于"颠倒"问题的上述论断,旨在批判"古典政治经济学＋黑格尔辩证法＝政治经济学批判"的庸俗化理解。"这种对象的无差别论在对马克思主义的庸俗解释中是以下列形式表现出来的:差别只在于方法。古典经济学家用于对象的方法实际上不过是形而上学的,相反,马克思的方法是辩证的。因此,一切问题就在于辩证法。而这种辩证法又被理解为从黑格尔那里引入并应用于李嘉图著作中已经存在的对象的方法。"[1]对此,阿尔都塞提出,不能简单地用黑格尔辩证法去解读政治经济学批判,否则,马克思对于资本逻辑的多元结构性批判将被黑格尔辩证法的形而上学一元论所"窒息"。

可见,从面上看,阿尔都塞的上述论断关注的是马克思辩证法的"合理形态",实际上,他所要追问的真正问题是,政治经济学批判是否贯彻的是辩证逻辑。如果在"颠倒"的意义上给予肯定的回答,即继承了黑格尔辩证法的"合理内核",那么,这表明马克思仍然被辩证法的思辨形式所纠缠。与之不同,阿尔都塞认为,以《资本论》为代表的政治经济学批判才是真正成熟的马克思哲学,因为政治经济学批判不仅摆脱了黑格尔的思辨哲学的"内容",而且摆脱了思辨哲学的"形式",即辩证法,"资本和劳动的矛盾从不是简单的,而始终是由矛盾在其中起作用的具体历史形式和历史环境所特殊地规定的"[2]。因而,在阿尔都塞看来,政治经济学批判所遵循的并非是辩证逻辑,而是具体总体的历史逻辑。

阿尔都塞对于政治经济学批判的去辩证法化解读,引出了一系列值得进一步探讨的问题:政治经济学批判究竟是否贯彻了辩证法? 政治经济学批判的事实性与价值性的关系到底如何? 笔者把由阿尔都塞对于政治经济学批判和辩证法关系的反思引发的上述问题称为"阿尔都塞问题"。

"阿尔都塞问题"不仅关系到对于政治经济学批判理论特质的认识和理解,更关系到政治经济学批判如何消解资本主义价值观合法性的方法论路径问题。在这个意义上,究竟如何理解马克思辩证法的理论本质及其批判本性,究竟如何理解马克思政治经济学批判与辩证法的理论关系,不仅是关系到对马克思主义哲学基础理论的认识和理解的问题,更关系到如何基于这样一种方法论认识和理解包括马克思正义观在内的马克思政治哲学的方法论

---

[1] 阿尔都塞,巴里巴尔.读《资本论》[M].李其庆,冯文光,译.北京:中央编译出版社,2008:74.

[2] 阿尔都塞.保卫马克思[M].顾良,译.北京:商务印书馆,2006:94.

基础的问题。

为保证论证的贯通性,我们不妨再简单回溯一下"塔克—伍德命题"。20世纪70年代,美国学者罗伯特·塔克在考察了《哥达纲领批判》中关于分配问题的相关论述后提出,"我们应该清楚劳动所得的公平分配并不是马克思的道德目的。分配正义的理想在马克思的精神世界里完全是一个陌生的东西"[1]。与此同时,美国学者艾伦·伍德也提出,马克思尽管对资本主义生产方式做出了深刻的揭示,并对其做出了深刻的批判,但是这种揭示和批判与正义无关。或者说,马克思并不是遵循所谓的正义原则批判资本主义的,而是"将资本主义视为一种具体而历史的生产方式,因为马克思是从整体上谴责资本主义的;这种谴责的基础在于,马克思主张对资本主义的内在运作及其历史地位采取一种统一而完整的分析"[2]。

因此,在塔克和伍德看来,政治经济学批判并没有借助诸如正义等"价值规范",而是对资本主义生产方式的"经济事实"给予客观揭示。因此,在政治经济学批判视域下,资本主义的"事实"与"价值"是一致的,马克思对于资本主义的批判以承认资本主义的政治合法性或正义性为前提。

基于"塔克—伍德命题"的上述判断,再来反观"阿尔都塞问题",一些亟待破解的理论难题进一步突显出来。如果政治经济学批判贯彻的不是辩证逻辑,那么如何理解"塔克—伍德命题"所引出的悖论性问题:马克思对资本主义做出了深刻批判,但这种批判是以承认资本主义的正义性为前提的?如果政治经济学批判的事实性与价值性、科学性与哲学性是二元对立的,那么马克思何以能够在揭露资本主义的"经济事实"的同时消解资本主义"政治价值"的合法性?

对于这些问题,阿尔都塞的回答是,政治经济学批判既不是经验主义的意识形态,也不是历史主义的宏大叙事,而是一种指认资本主义社会作用机制的结构性批判。在《资本论》中,马克思实现的是政治经济学"问题域"的革新:"《资本论》应该被看作资本主义生产世界中产生社会作用的机制理论。生产方式不同,这种社会作用也不同,我们通过现代人类学著作和历史著作开始觉察到这一点。生产方式不同,产生这些不同社会作用的机制也不同,从理论上讲,我们完全有理由这样认为。准确地意识到《资本论》理论中所包

---

[1] 李惠斌,李义天.马克思与正义理论[M].北京:中国人民大学出版社,2010:202.
[2] 同[1]32.

含的确切问题为我们开辟了新的领域,向我们提出了新的问题。"[1]因此,对于阿尔都塞而言,问题的关键不在于政治经济学批判是否贯彻了辩证逻辑,而在于如何基于政治经济学批判所构造的"问题域"重新认识和理解马克思哲学的总体性。

对于从"阿尔都塞问题"到"塔克—伍德命题"所衍生的相关理论问题,卢卡奇在《历史与阶级意识——关于马克思主义辩证法的研究》中提出,马克思哲学的总体性就是辩证法所内蕴的总体性,辩证总体观是政治经济学批判把握资本主义社会现实的"科学方法"。"这种辩证的总体观似乎如此远离直接的现实,它的现实似乎构造得如此'不科学',但是在实际上,它是能够在思维中再现和把握现实的唯一方法。因此,具体的总体是真正的现实范畴。但是,这一看法的正确性,只有在我们集中注意力于我们的方法的真正物质基础,即资本主义社会及其生产力和生产关系的内在对抗性时,才完全清楚地表现出来。"[2]可见,在卢卡奇看来,政治经济学批判不仅与辩证法不可分割,而且其"科学性"只有依靠辩证总体观才能获得真实的理解。因为政治经济学批判之所以能够击穿资本主义"经济事实"与"价值观念"的一致性,就在于其贯彻了辩证法的总体性。辩证总体观的"再现"式思维方式跳出了对资本主义"事实性"的孤立认识,完成了对资本主义世界"现实性"的把握。

由上可见,当阿尔都塞把辩证法视作黑格尔式的哲学意识形态时,他的理论目的是拒绝把马克思哲学与黑格尔辩证法相等同,强调在政治经济学批判视域下重释马克思哲学的总体性批判力量。结果,阿尔都塞主张把政治经济学批判与辩证法彻底分离开来,既拒绝以辩证法来理解政治经济学批判,也拒绝以政治经济学批判来阐释辩证法。而卢卡奇对于马克思辩证法所把握的资本主义"现实性"的强调,其理论目的却是要在政治经济学批判语境下突显辩证法独特的总体性特质。显然,阿尔都塞和卢卡奇之所以就辩证法的理论功能得出了截然相反的结论,就在于他们对同一个问题做出了完全不同的理解,这就是政治经济学批判与辩证法的关系问题。在这个意义上,重新理解和阐释政治经济学批判与辩证法的关系,构成重新理解和阐释马克思辩证法总体性特质的理论前提。

---

[1] 阿尔都塞,巴里巴尔.读《资本论》[M].李其庆,冯文光,译.北京:中央编译出版社,2008:54.

[2] 卢卡奇.历史与阶级意识——关于马克思主义辩证法的研究[M].杜章智,任立,燕宏远,译.北京:商务印书馆,1992:58.

二、政治经济学批判与辩证法的互释

深入理解政治经济学批判与辩证法的关系需要反思的核心问题是：政治经济学批判到底如何把握资本主义的"经济事实"？在《哲学的贫困》中，马克思对蒲鲁东把黑格尔辩证法机械地套用于政治经济学分析中做出了尖锐批判："既然把任何一种事物都归结为逻辑范畴，任何一个运动、任何一种生产行为都归结为方法，那么由此自然得出一个结论，产品和生产、事物和运动的任何总和都可以归结为应用的形而上学。黑格尔为宗教、法等做过的事情，蒲鲁东先生也想在政治经济学上如法炮制。"[1]也就是说，蒲鲁东如同黑格尔一样，把经济范畴的关系看作社会现实的关系，从而试图通过经济范畴的辩证关系来创建政治经济学的形而上学，而这恰恰暴露了其理论的局限性，即以范畴的逻辑代替现实的逻辑，结果陷入了泛逻辑主义的深渊。可见，马克思明确反对以抽象的哲学思辨方法认识和理解经济范畴，而强调经济范畴只能到产生它的社会关系之中加以认识和理解。而且，在《政治经济学批判大纲》中，马克思还指出："黑格尔陷入幻觉，把实在理解为自我综合、自我深化和自我运动的思维的结果，其实，从抽象上升到具体的方法，只是思维用来掌握具体，把它当作一个精神上的具体再现出来的方式，但绝不是具体本身的产生过程。"[2]马克思的上述论断是否表明，政治经济学批判拒绝以辩证法的总体观把握资本主义的"经济事实"？

回答这一问题前，可以先来看看捷克哲学家科西克对于《资本论》的本质和特征的认识。科西克认为，《资本论》的解释史就是把政治经济学批判的经济学向度和哲学向度分割开的历史，并以这种分割作为捍卫政治经济学批判科学性的前提条件。结果，这种解释史的结论必然是强调"哲学的自我扬弃"，也就是哲学被现实化为对于经济实在的科学分析了。但是，这里所谓的"哲学的现实化"以思辨的方式将现实把握为哲学概念，"哲学的现实化"实质是"现实的哲学化"。因此，在这种解释原则下，表面上维护了《资本论》政治经济学批判的科学性，实际上仍然没有摆脱以哲学思辨的方式把《资本论》解释为自我意识的形而上学。

---

[1] 马克思,恩格斯.马克思恩格斯选集：第1卷[M].2版.中共中央马克思恩格斯列宁斯大林著作编译局,编译.北京：人民出版社,1995：140.

[2] 马克思,恩格斯.马克思恩格斯全集：第30卷[M].2版.中共中央马克思恩格斯列宁斯大林著作编译局,编译.北京：人民出版社,1995：42.

与这种解释原则不同,科西克提出,《资本论》既是"一个艺术的整体",也是一部经济学著作。因此,"它的逻辑结构必须以某种方式符合它所分析的实在的结构。《资本论》的结构,不是被研究的实在及对它的处理所应服从的逻辑范畴结构。相反,经过科学分析的实在被充分地表现于一个'辩证有机体'中。它被完成并实现于一个特殊的相符的逻辑结构之中"[1]。"实在的特殊性质是作为'辩证有机体'的《资本论》逻辑结构的基石。从实在的特殊性质出发,《资本论》的逻辑结构才能得到理解和说明。"[2]可见,科西克认为,既不是科学实证的方法,也不是思辨的唯心辩证法,而是资本主义经济实在的特殊性质决定了《资本论》的本质特征。因此,《资本论》的政治经济学批判的实质是经济批判与哲学批判相统一的总体性逻辑,"马克思的《资本论》不是一种关于资本的理论,而是对资本的理论批判或批判理论"[3]。

科西克对于《资本论》的总体性解读为反思政治经济学批判如何把握资本主义"经济事实"提供了重要视角。这就是,既然《资本论》的经济研究既不是科学的实证分析,也不是哲学的唯心主义反思,而是对于资本主义经济实在的"特殊性质"的具体总体式批判,那么,作为"对资本的理论批判"的《资本论》何以能够澄明资本主义"经济事实"的"特殊性质"? 或者说,政治经济学批判何以具有从总体性上把握资本主义"经济事实"的能力?

在《资本论》中,马克思指出:"诚然,政治经济学曾经分析了价值和价值量(虽然不充分),揭示了这些形式所掩盖的内容。但它甚至从来也没有提出过这样的问题:为什么这一内容要采取这种形式呢? 为什么劳动表现为价值,用劳动时间计算的劳动量表现为劳动产品的价值量呢? 一些公式本来在额上写着,它们是属于生产过程支配人而人还没有支配生产过程的那种社会形态的,但在政治经济学的资产阶级意识中,它们竟像生产劳动本身一样,成了不言而喻的自然必然性。"[4]"英国古典政治经济学是属于阶级斗争不发展的时期的。它的最后的伟大的代表李嘉图,终于有意识地把阶级利益的对立、工资和利润的对立、利润和地租的对立当作他的研究的出发点,因为他天

---

[1] 科西克.具体的辩证法:关于人与世界问题的研究[M].傅小平,译.北京:社会科学文献出版社,1989:135.

[2] 同[1]135.

[3] 同[1]140.

[4] 马克思,恩格斯.马克思恩格斯全集:第44卷[M].2版.中共中央马克思恩格斯列宁斯大林著作编译局,编译.北京:人民出版社,2001:98-99.

真地把这种对立看作社会的自然规律。这样,资产阶级的经济科学也就达到了它的不可逾越的界限。"[1]可见,在马克思看来,古典政治经济学之所以把资本主义的生产方式当作"不言而喻的自然必然性",是由古典经济学自身"不可逾越的界限"决定的。这个"不可逾越的界限"把资本主义的经济现象把握为直接的、孤立的"事实",把资本主义经济形式与其内容的一致性看作自然"事实"。

在《政治经济学批判大纲》中,马克思指出:"把经济范畴按它们在历史上起决定作用的先后次序来排列是不行的,错误的。它们的次序倒是由它们在现代资产阶级社会中的相互关系决定的。这种关系同表现出来的它们的自然次序或者符合历史发展的次序恰好相反。问题不在于各种经济关系在不同社会形式的相继更替的序列中在历史上占有什么地位,更不在于它们在'观念上'的顺序,而在于它们在现代资产阶级社会内部的结构。"[2]可见,马克思的政治经济学批判是从资本主义社会结构的总体出发去把握资本主义的"经济事实"。这种把握并不是一种思维对实存的经验"映现",而是社会结构对"经济事实"的辩证"再现"。

进而,正是总体性思维方式决定了政治经济学批判不仅跳出古典政治经济学的"自然必然性"视野,而且自觉以总体性的辩证法"再现"资本主义的"经济事实"的内在矛盾,将资本主义的"事实"性转变为资本主义的"现实"性,从根本上超越了古典政治经济学的"界限"。因为政治经济学批判是在"现实性"层面透视资本主义的经济"事实"及其"特殊性质"的,而同样关注资本主义经济"事实"的古典政治经济学家们看到的只是其"一般性质"。

由上可见,辩证总体观以"再现"的方式把握资本主义的"现实性",这实际上构成重新理解和阐释政治经济学批判与辩证法关系的精义所在。马克思辩证法总体性特质的当代阐释,需要重新回到政治经济学批判语境下,因为政治经济学批判与辩证法不仅存在着重要的理论关联,而且可以构成一种互释关系。这就是,一方面,政治经济学批判作为经济批判与哲学批判的统一体,是马克思辩证法的作用场域。马克思辩证法的"总体性"不仅是在纵向层面上描述历史发展规律的历史总体性,更是在横向层面上对资本逻辑展开事实批判和价值批判的结构总体性。政治经济学批判是阐释马克思辩证法

---

[1] 马克思,恩格斯.马克思恩格斯全集:第44卷[M].2版.中共中央马克思恩格斯列宁斯大林著作编译局,编译.北京:人民出版社,2001:16.

[2] 马克思,恩格斯.马克思恩格斯全集:第30卷[M].2版.中共中央马克思恩格斯列宁斯大林著作编译局,编译.北京:人民出版社,1995:49.

总体性特质的存在论语境。另一方面,马克思辩证法的总体性对于资本主义的经济"事实"的"现实"性把握决定了资本主义经济实在的"特殊性"只有在辩证法的总体性思维方式下才能被"再现"出来,是否贯彻辩证法的总体观是政治经济学批判区别于古典政治经济学的关键所在。辩证法的总体性是阐释政治经济学批判理论特质的方法论基石。

三、辩证法的总体性及其批判本质

政治经济学批判与总体性辩证法的互释关系表明,马克思对于资本主义生产方式及其社会结构的批判是一种总体性批判。这种总体性批判与思辨唯心主义的观念形而上学,与古典政治经济学的经验形而上学都有着实质不同,辩证法以总体性"再现"的方式切中资本主义经济的"现实性"。只有立足于总体性的辩证法和辩证法的总体性,才能既超越古典政治经济学对于资本主义"经济事实"采取的保守态度,又避免把政治经济学批判误读为抽象的意识形态批判,从而真正把握政治经济学批判与辩证法批判本质的真实关系。

关于政治经济学批判与辩证法批判本质的关系,学界比较普遍的观点认为,资本与形而上学的联姻,不仅将资本改造为由理性形而上学武装起来的现代资本,还将形而上学重塑为凭借资本力量而不断增殖的现代形而上学[1]。资本逻辑的实质是形而上学的同一性力量在资产阶级社会的现实运作,马克思辩证法的自由批判精神就在于"瓦解"资本逻辑与形而上学的"共谋"和"联姻"[2]。不难看出,这种观点的核心在于强调资本逻辑的形而上学本质,马克思辩证法之所以能够实现对资本逻辑的内在批判,就在于辩证法本身固有的反形而上学特质。

毋庸置疑,辩证法的否定性及其反形而上学特质在政治经济学批判中发挥了重要作用。在《否定的辩证法》中,阿多尔诺一开始就提出:"否定的辩证法是一个蔑视传统的词组。早在柏拉图之时,辩证法就意味着通过否定来达到某种肯定的东西:'否定之否定'的思想形象后来成了一个简明的术语。本书试图使辩证法摆脱这些肯定的特性,同时又不减弱它的确定性。展开这个自相矛盾的标题,是它的一个目的。"[3]况且,马克思自己在《资本论》中也

---

[1] 王善平.现代性:资本与理性形而上学的联姻[J].哲学研究,2006(1):37-41.

[2] 白刚.瓦解资本的逻辑:论马克思辩证法的批判本质[M].北京:中国社会科学出版社,2009:113.

[3] 阿多尔诺.否定的辩证法[M].张峰,译.重庆:重庆出版社,1993:序言1.

指出:"辩证法在对现存事物的肯定的理解中同时包含对现存事物的否定的理解,即对现存事物的必然灭亡的理解。"[1]但是,如果只从否定性角度关注辩证法在政治经济学批判中所发挥的作用,一个重要问题似乎被忽视了,这就是:马克思的论断所强调的对于事物"肯定的理解"中同时包含着"否定的理解",这个"肯定的理解"应该如何理解?或者说,马克思辩证法的肯定性到底意味着什么?这个问题既关系到如何全面理解辩证法思维方式的理论特质,也关系到如何全面理解马克思辩证法的批判本质,它构成深入理解作为"合理形态"的马克思辩证法的重要问题。

众所周知,在黑格尔看来,作为内涵逻辑的辩证法包含三个方面,即抽象的或知性的方面,辩证的或否定的理性的方面,思辨的或肯定理性的方面[2]。这里,作为辩证法的第三个方面,即肯定理性并不是抽象的同一性,而是内含否定的肯定性,是内含差别的具体性。而形而上学的思维方式的最大特征正是试图以同质性消灭异质性,以同一性抹杀差别性。在这个意义上,辩证法的肯定性与形而上学的同一性显然存在着重大差别。当然,黑格尔辩证法最终完成的是与形而上学的"合流",但是黑格尔辩证法的肯定性并不是一种简单的自我同一,而是内含差别和特殊性的总体性。因此,辩证法的否定性与肯定性并非是格格不入的对抗关系。至少对于马克思而言,辩证法的否定性并非是绝对的否定,而是作为"推动原则"和"创造原则"的否定,即内涵发展观点和历史观点的总体否定性。所在这个意义上,辩证法的否定性与总体性不仅不冲突,而且内在一致,二者共同构成辩证法思维方式的理论特质。

基于上述理解,再来反观马克思的这一论断。显然,从表层意义上而言,马克思当然强调了其辩证法不同于黑格尔辩证法之处,即辩证法对现存事物采取彻底的否定性立场,突显了辩证法对一切形而上学的理论形态和现实形态的批判精神。按照阿多尔诺的否定辩证法的理解,马克思之所以做此判断就在于辩证法绝对的否定性特质,辩证法拒绝达到新的肯定性或拒绝作为更高肯定的中介和环节。但是,当我们再度深入解读这一论断时,一个问题突显了出来,这就是:马克思辩证法的否定性力量到底来自哪里?回答这一问题,需要重新反思马克思这一论断中的一个经常被忽略但却非常重要的概

---

[1] 马克思,恩格斯.马克思恩格斯全集:第44卷[M].2版.中共中央马克思恩格斯列宁斯大林著作编译局,编译.北京:人民出版社,2001:22.

[2] 黑格尔.小逻辑[M].贺麟,译.北京:商务印书馆,1980:172.

念——"理解"。

在现代解释学意义上,"理解"并非是思维与对象之间的简单认知关系,而是在解释主体与被解释对象之间"视域融合"的过程中,澄明事物存在意义的存在论活动。所以马克思这里强调辩证法对于事物的"理解"显然不是经验实证意义上的"映现",而是具有解释学意义上的总体性"再现"意蕴,也就是说,辩证法是在对事物肯定的"再现"中同时包含着否定的"再现"。因此,这种解释学意义上的"再现"决定了辩证法对于事物的把握不可能把事物诠释为永恒的存在,而总是从暂时性和流变性的视角理解事物,因为解释学的语境总是会随着社会历史条件所决定的"视域"的变化而变化。进而,正是在这样一种"视域"转换中,辩证法才绝不会崇拜任何事物。因为任何事物在辩证总体观的解释框架下,其现有存在结构都将遭到新的思想结构的"再现",事物在现有存在结构中是合理和合法的,但当它在新的思想结构中被"再现"时,其原初的合理性和合法性将遭到质疑和挑战。正是在这个意义上,辩证法的理论本质才必然是批判和革命的。因此,马克思这一著名论断在直接强调辩证法否定和批判本质的同时,也隐秘诠释了辩证法对于事物的总体性"理解"和结构性"再现"才是辩证法否定性和批判性的力量之源。

更重要的是,马克思选择在《资本论》中呈现上述论断绝非偶然。因为"对于事物肯定的理解中同时包含否定的理解",这里的"事物"并不是一般性的事物,而是资本主义的"经济事实"。也就是说,马克思对于辩证法"合理形态"的强调,始终是在政治经济学批判这一语境下展开的,马克思辩证法的批判本质是以瓦解资本逻辑的形式展现出来的。

上文提到过,对于马克思辩证法如何批判和瓦解资本的逻辑,学界大都强调马克思之所以能够瓦解资本逻辑所固化的"经济事实",在于辩证法的否定性是一种瓦解形而上学同一性的力量。资本逻辑作为一种以交换价值遮蔽使用价值,以商品实现自身货币化的量化增殖而抹杀劳动产品的质性的差异性,这正是形而上学同一性逻辑和力量的现实表现形态。因此,马克思辩证法的批判本质就是瓦解资本逻辑与形而上学的"联姻"。

这种观点对于从政治经济学批判视角理解马克思辩证法的批判本质具有重要的理论价值。但是,在对待资本逻辑的形而上学本质时,这种观点却忽略了资本逻辑的同质性与资本主义经济体系的自我否定、自身增殖之间的同构性。换言之,资本逻辑固然具有同质性或同一性的特征,但是资本主义的生产方式是一个运动的体系,资本主义的经济体系也具有自我否定和自我完善的功能。所以上述观点的问题在于,仅仅依靠辩证法否定性并不能真正瓦解资本的逻辑,因为辩证法的否定性只能瓦解资本的同质化特征,而资本主义经济体系的自否定和自完善特征与辩证法的否定性却存在着逻辑的同构性,后者无法从根本上瓦解前者。

因此,笔者认为,探讨马克思对于资本逻辑的瓦解问题,不能简单地只强调辩证法的否定性的显性作用,而忽略辩证法总体性的隐性作用。正如前文所提到的,没有辩证法对于资本逻辑的总体性把握,马克思不可能跳出资产阶级政治经济学的狭隘视野,在政治经济学批判的新结构框架下"再现"资本主义的"经济事实"。只有在马克思总体性辩证法开创的新的思想框架下,资本主义经济体系自我修复背后的必然崩溃的实质才能被"再现"出来。

综上,作为"再现"逻辑的马克思辩证法,其对资本逻辑的瓦解不仅是哲学地切断了资本逻辑的同质性与形而上学的"联姻",而且更是给予了资本逻辑及其所处的资本主义经济体系以总体性的结构"再现",正是这种总体性的结构"再现",确保了马克思辩证法的批判本质得以实现。在这个意义上,马克思辩证法的总体性和否定性在政治经济学批判语境下是内在一致的,只有立足政治经济学批判的理论语境深入理解这种一致性,马克思辩证法的"合理形态"及其批判本质才能获得全面的阐释。

第四节 总体性辩证法与正义规范性的重构

解决《资本论》的"正义悖论"问题涉及的首要问题是:作为"政治经济学批判"的《资本论》何以在"政治哲学"意义上超越了政治理性主义方法?事实上,在政治经济学批判视域下,资本主义的生产逻辑与分配逻辑并不是二元分裂的直接性经济事实,而是一个只有通过辩证思维才能把握的现实的和具体的总体。诚如卢卡奇所言:"只有在这种把社会生活中的孤立事实作为历史发展的环节并把它们归结为一个总体的情况下,对事实的认识才能成为对现实的认识。这种认识从上述简单的、纯粹的(在资本主义世界中)、直接的、自发的规定出发,从它们前进到对具体的总体的认识,也就是前进到在观念中再现现实。"[1]

---

[1] 卢卡奇.历史与阶级意识——关于马克思主义辩证法的研究[M].杜章智,任立,燕宏远,译.北京:商务印书馆,1992:56.

政治经济学批判对于资本主义"经济事实"的"再现"具有双重意义。它不仅以显性的方式"再现"了资本主义经济逻辑必然崩溃的命运,而且以隐匿的方式"再现"了资本主义政治结构必然崩溃的命运。正如科西克所言:《资本论》是一种关于资本批判的理论,《资本论》"除了描述资本的社会运动的客观形态以及与此相符合的资本代理人的意识形式,除了追溯系统运行(包括它的动乱和危机)的客观规律,它还要研究将这个系统实行革命性摧毁的主体的起源和形成过程。如果一个系统的运动和毁灭的内在固有规律被描述出来,这个系统就总体上得到了具体的描述"[1]。因此,政治经济学批判对于资本主义经济系统的总体性"再现",其根本旨趣是摧毁这个系统所处的社会结构,以求解人类的自由和解放之谜。政治经济学批判求解人类解放之谜的总体性旨趣决定了,它与政治理性主义的抽象政治设计格格不入,因为不管是"事实"视角还是"价值"视角,两者都是对人类政治存在的肢解。

在政治理性主义视域下,政治作为价值观念与事实无涉,只有消除事实干扰的纯粹理性设计才能保证政治制度的公平正义性。但马克思认为,政治的"事实"维度和"价值"维度的二元分裂本身就存在着理论硬伤,因为它把政治总体存在的人肢解为作为公民的"公人"和作为市民的"私人"。政治国家与市民社会的分裂、公共领域与私人领域的边界设定是现代资产阶级政治解放的必然结果,政治的理性化必然导致政治的抽象化、伪善化。现代政治不过是市民社会利益博弈的手段和工具,而政治在古典时期所具有的社会伦理功能被清除,现代政治解放并不是人作为政治存在者的真正解放。马克思的上述思想在《论犹太人问题》中被明确阐发,但《论犹太人问题》只是提出了问题,即现代政治解放塑造的政治理性主义神话必须回到市民社会中去寻找破除的答案。为此,《1844年经济学哲学手稿》合乎逻辑地转向了政治经济学研究,但真正超越资产阶级政治理性主义的局限,并把总体性辩证法作为政治哲学方法论加以自觉贯彻的还是《资本论》。《资本论》既植根于古典政治哲学的经验主义传统,同时又是这一传统的创生形态。

从政治哲学史的角度看,哲学家们对于政治正当性的反思总是伴随着对政治所处经济环境的认识和理解。在古典政治哲学尤其是亚里士多德的政治理论中,我们不难看到,城邦的普遍正义与城邦的经济交往方式内在相关,

---

[1] 科西克.具体的辩证法:关于人与世界问题的研究[M].傅小平,译.北京:社会科学文献出版社,1989:140.

而这一传统从近代政治哲学开始发生了断裂。马基雅维利以来,以霍布斯、洛克为代表的近代政治哲学开启了全新的政治理性化传统。尽管如此,我们仍然在以亚当·斯密和大卫·李嘉图为代表的古典政治经济学中看到政治经验主义传统在近代的发展,也可以从黑格尔的思辨哲学体系中看到其对于政治经济学的高度关注。因此,马克思的政治哲学对于近代政治理性主义传统的挑战,主要表现为它始终强调政治的经验基础无法被理性所剔除,而《资本论》最为集中地体现了马克思的劳动解放哲学,它是古典政治经验主义传统的现代创生形态。

马克思的政治经济学批判以总体性辩证法把握资本主义的经济现实,把古典政治哲学的社会伦理问题纳入对现代资本主义生产关系的批判性揭示的过程中。正如美国学者乔治·麦卡锡所言:"在其后期著作中,马克思并未试图要去列出这些社会个体的行动所遵照的特定道德和伦理价值来。相反,他倒希望去给出一个对社会之政治经济学结构的批判,恰是于此结构当中,这些价值才得以能够或不能够被创生出来。事实上,这两者之间存在一种辩证,正如价值内在于社会制度当中,这一辩证同时影响着自我意识的形成,以及反映在伦理当中的价值观。于此背景中,我们方能见到传统的伦理理论与价值观是如何得以融入马克思的政治经济学当中并得以超越的,古典传统在马克思理解并改造古典政治经济学以及它的价值规律观点的框架中具体化了。"[1]可见,正是辩证法思维方式对于事物的总体性把握,使得马克思既深入资本主义的经济事实,科学揭示其固有的运行规律,又避免落入资本主义所秉持的现代政治价值体系的窠臼,而在经济学与哲学、事实与价值的张力关系中揭示资本主义生产方式和意识形态之间的结构性困境。

《资本论》的总体性辩证法保证了,马克思对于资本逻辑的正义批判总是在事实正义与价值正义的张力关系中进行的。马克思既不是立足事实正义批判价值正义,也不是立足价值正义批判事实正义,而是以一种总体性的视野整合古典政治经验主义与近代政治理性主义的断裂。正如有学者所提出的:"兼具古典学养与现代视野的马克思,力图重新整合哲学与经济学之间日益扩大的裂痕,从而继承并发展古典的'大哲学'视野。"[2]正是在这种"大哲学"的意义上,我们才能理解,为什么在《资本论》中,马克思一方面对于资本

---

[1] 麦卡锡.马克思与古人:古典伦理学、社会正义和19世纪政治经济学[M].王文扬,译.上海:华东师范大学出版社,2011:271.

[2] 郗戈.《资本论》研究应打破学科壁垒[N].光明日报(学术),2016-6-8(14).

主义的经济事实的合理性似乎给予了"充分肯定",另一方面又始终坚持批判资本主义"合理性"背后的"不合理性",因为马克思超越资本主义"合理"的"不合理"性这一逻辑"悖论"的理论基石正是总体性辩证法。《资本论》在对资本主义价值"合理性"的揭示中蕴含着对其事实"不合理性"的批判,或者说,辩证法视域下的资本主义正义性本身就是一个自否定性的问题,其"非正义"总是以"正义"的形式表现出来,其"正义"也总是蕴含着"非正义"。如果不立足这样一种辩证的总体观,而是坚持政治理性主义传统,以事实与价值二分的方法阐释《资本论》,就必然陷入表面捍卫实则消解《资本论》正义观的理论死胡同之中。

解决《资本论》的"正义悖论"问题是为重新理解《资本论》的正义观,深入阐释《资本论》的正义理论形态清理地基。当学界一般性地追问《资本论》的资本主义批判是否遵循正义原则时,其本身就受到政治理性主义理论硬伤的影响。因为它预先设定了一种超离于资本主义经济事实之外的先天价值,以一种事实与价值二分的方法来理解《资本论》的正义问题。实际上,关于《资本论》的正义问题,需要引入新的反思视角:《资本论》在对资本主义的批判中是否呈现了一种新型的正义理论形态?

通过对解决《资本论》"正义悖论"问题的方法论路径的探讨,我们发现,只有以辩证法的总体观理解《资本论》的资本逻辑批判,才能全面理解《资本论》正义观的真实意义。事实上,《资本论》不仅不存在所谓的逻辑悖论,而且其正义观前后一致并且逻辑自足。就马克思而言,对于资本逻辑的批判本身就蕴含着正义批判,对于正义的批判总是述诸资本逻辑批判,正义批判与资本批判是内在一致的。马克思是在科学揭示资本逻辑及其剥削本质的事实过程中展开自身正义逻辑的建构的,是在解构商品拜物教的伪正义的"经济事实"基础的过程中建构正义的真实根基的。在这个意义上,《资本论》彰显的是一种超越资本正义的新型正义理论形态。

在《资本论》中,马克思反复强调,在资本逻辑及其所主导的商品经济活动中,人与人的交往关系被物与物的交换关系所遮蔽,人与人之间的真实社会关系被抽象且虚幻的商品关系所取代。结果,正义的表现形式也主要体现在物与物的交换关系中所应当遵循的规范中,这就是表征社会公共性层面至高价值规范的平等原则和表征个体权利层面至高价值规范的自由原则。但不管平等原则还是自由原则,其关注的焦点只是实现正义的形式法则,而正义本身的质性内涵即人的自由和全面发展这一社会伦理维度被遗忘了。

由于人的社会存在关系维系在以商品为中介的抽象物上,总体性的社会正义被肢解为代表社会层面至高价值规范的平等,和代表个体层面至高价值规范的自由。正义被狭隘地诠释为以"最少受益者的利益最大化"的机会平等和以"财产权神圣不可侵犯"为标志的个体自由。如果基于上述两种正义观,那么探讨《资本论》的正义观就会陷入现代正义标准所标定的"平等优先还是自由优先"的两难抉择,而且不管基于哪种原则去解读《资本论》的正义观,必然会陷入资本与劳动力买卖关系所呈现的平等和自由的正义假象。

对于平等与自由作为资产阶级社会正义的伪善本质,马克思在《政治经济学批判大纲》中做了深入的剖析。一般认为,劳动力的买卖关系符合自由和平等这一分配正义所遵循的形式法则,但在马克思看来,劳动力的买卖这一"单纯关系"仅在简单流通领域有效,一旦我们把视野拉伸到资本生产关系的总体中,那么这一"单纯关系"的假象就暴露了出来,这就是,劳动力必须不断地买卖才能维系自身的生产,也就是说,工人必须不断地受资本支配是资本主义生产方式的有机环节,因为"使活劳动成为保存和增大与自己相独立的对象化劳动的单纯手段,作为劳动购买者的资本和作为劳动售卖者的工人之间的关系的这种永久化,是这种生产方式内在的一种中介形式"[1]。但是,问题的关键在于,"这种形式作为单纯的货币关系,掩盖了现实的交易和通过买卖这种中介(形式)而不断更新的长久的依赖性。不仅这种交易的条件不断地被再生产出来,而且连一方用来买和另一方必须卖的东西,也是过程的结果。这种买卖关系的不断更新仅仅以独特依赖关系的经常存在为中介,同时又使这种依赖关系的经常存在具有一种骗人的假象,似乎它是平等的、彼此同样自由的各个商品占有者之间的交易和契约"[2]。

由上可见,解决《资本论》的"正义悖论"问题必须基于马克思政治经济学批判的总体性辩证法,揭示资本主义生产方式所支撑的平等和自由观念的假象。在此意义上,马克思对于资本逻辑及其构筑的经济体系的批判,同时也是对现代性正义规范的批判与重构。而且,重新理解历史唯物主义与正义的关系问题,在前提性层面需要重新理解历史唯物主义的理论性质,但在问题所关涉的核心层面则需要重新理解正义的规范性。马克思正义观是否具有以及具有何种规范性,一直是破解历史唯物主义与正义关系之谜的重点和

---

〔1〕马克思,恩格斯.马克思恩格斯文集:第8卷[M].中共中央马克思恩格斯列宁斯大林著作编译局,编译.北京:人民出版社,2009:546.

〔2〕同〔1〕546.

难点。

一般而言,对于马克思正义观规范性的理解存在两种观点。一种观点认为,马克思的相关正义论断只具有描述性而不具有规范性,马克思对资本主义的批判并不是建立在法权正义这一规范性标准的基础上的。在讨论马克思正义理论的过程中,应当避免"规范性标准"的思维套路[1]。另一种观点认为,从道德的角度看,马克思正义观的规范性是以无产阶级利益为道德判断的标尺,对资本主义生产方式和社会生活做出价值评判和道德规范。所以马克思正义观是否具有规范性,不能从法权角度而应从道德角度加以评判[2]。

不难看出,这两种观点要么从法权角度否定马克思正义观的规范性,要么从道德角度肯定马克思正义观的规范性。既然问题的关键在于正义的规范性,那么我们不妨先梳理一下西方政治哲学史中正义的规范性的历史逻辑。

纵观西方正义观念的形态演变,正义的规范性经历了从德性规范向法权规范的转变。在古代希腊,正义是"四德"(正义、节制、勇敢、智慧)之首,其发挥的规范作用主要体现在德性规范上。在柏拉图和亚里士多德的著作中,正义尽管主要是在论述城邦政治合法性的语境中被谈及,但是究其本质内涵而言,正义是一种以城邦实体为本位的伦理德性,在其基础上获得合法性论证的政治是一种伦理政治。所以,判断一种政治制度是否正义,也就是判断政治制度是否能够维护和促进城邦的公共善;判断一个人的行为是否正义,就是判断其行为是否与城邦的公共善相契合。

与之不同,启蒙以来,随着理性的觉醒,个体权利取代公共善成为政治合法性论证的基础,从而正义的规范性也随之从德性规范转变为法权规范。正义作为法权规范旨在维护个体权利神圣不可侵犯,判断政治制度是否正义其标准在于政治制度是保护还是损害人的权利。在霍布斯和洛克开创的契约论政治传统中,我们不难看到,正义总是在关涉个人财产权是否得到维护的语境下被谈及,"得其所应得"的基本价值预设,准确概括了现代政治哲学所树立的正义的法权规范作用。当我们以正义为尺度去判断一种制度和一种行为是否正义时,也就是在以正义为标尺对制度和行为做出相应的价值评

---

[1] 伍德.马克思反对从正义出发批判资本主义:对段忠桥教授的回应[J].李义天,译.中国社会科学,2018(6):193-203.

[2] 李惠斌,李义天.马克思与正义理论[M].北京:中国人民大学出版社,2010:76.

判。凡是与正义标尺相符合即为正义的,否则就是不正义的。

正义规范性的这一"古今之变"表明,在现代政治哲学视域中探讨正义不可能再如古典政治哲学般在纯粹政治哲学语境下展开,分配正义已取代德性正义成为现代性正义观念的基本主题。因此,我们在历史唯物主义与正义的关系中探讨正义的规范性,就需要结合马克思政治经济学批判的相关语境。政治经济学批判不仅是对资本主义生产方式的批判,更是对包括分配方式在内的资本主义社会关系的总体批判,这种总体批判构成我们透视马克思对于正义规范性理解的切入点。

在《政治经济学批判大纲》中,马克思指出,政治经济学的科学方法是"抽象的规定在思维行程中导致具体的再现",即"从抽象上升到具体的方法"[1]。这种具体的总体性方法,指既不是停留于对象的直接性,只把握对象的整体的混沌的表象,也不是对对象加以间接的抽象,形成关于对象的观念集合,而是在对象自身的历史总体中把握对象的内在结构。

在《资本论》中,马克思进一步明确了政治经济学批判的研究方法和叙述方法的关系,这就是研究方法的实证性和叙述方法的思辨性的辩证统一。这种辩证统一不是统一于黑格尔意义上的抽象观念,而是统一于事物自身的运动逻辑。在《资本论》中,马克思指出:"我的辩证方法,从根本上来说,不仅和黑格尔的辩证方法不同,而且和它截然相反。在黑格尔看来,思维过程,即甚至被他在观念这一名称下转化为独立主体的思维过程,是现实事物的创造主,而现实事物只是思维过程的外部表现。我的看法则相反,观念的东西不外是移入人的头脑并在人的头脑中改造过的物质的东西而已。"[2]由此可见,在马克思看来,辩证法对于事物的把握,既不是客观的事实呈现,也不是抽象的概念思辨,而是在对事物具体总体的考察中,把握事物的发展规律以及内在逻辑。

政治经济学批判所强调的具体总体的辩证法是历史唯物主义方法论的精髓所在。秉持具体总体方法的历史唯物主义之于正义的规范性建构,在直接性上毫无疑问具有批判意义,即批判资产阶级正义观念所内蕴的财富分配层面的法权应得和意识形态说教层面的道德应当。但在间接性上更具有建

---

[1] 马克思,恩格斯. 马克思恩格斯全集:第30卷[M]. 2版. 中共中央马克思恩格斯列宁斯大林著作编译局,编译. 北京:人民出版社,1995:42.

[2] 马克思,恩格斯. 马克思恩格斯文集:第5卷[M]. 中共中央马克思恩格斯列宁斯大林著作编译局,编译. 北京:人民出版社,2009:22.

构意义,这就是具体总体的辩证法是对事实与价值二分的形而上学方法论的根本超越,而这决定了马克思在批判资产阶级正义观念的同时,也为建构后资本主义时代的正义规范开创了新的进路。

理解这种建构意义需要结合黑格尔以总体性辩证法对法权正义的批判。在《法哲学原理》中,黑格尔向现代政治哲学的法权正义提出了一个根本挑战,这就是,当一个人的生命存在在法权框架下无法得到保障时,他可以挑战法权制度内的正义即所谓的财产权神圣不可侵犯,黑格尔称之为"紧急避难权"[1]。

在黑格尔看来,生命是一个整全的总体的存在,当生命由于财产权而遭到威胁时,财产权的狭隘性就突显了出来,对生命的尊重高于对财产权的尊重。换言之,对人的自由的理解不能仅仅奠基于人对财产的所有权,而恰恰应奠基于对于财产所有权的否定性扬起基础上,在这种否定性扬起中,人的生命自由的整全性获得了总体性的确证。正是基于这样一种总体性的视角,黑格尔充分意识到现代自由主义的法权正义只有在狭隘的抽象法层面才具有永恒性,而法的规范性本质并不是外在的抽象法规定,而是自由基于自身逻辑的具体的自我限定。法权规范只有通过对自身的否定才能达到更高的更真实的规范,而真实的规范实质是一个具体的总体的辩证发展过程。因此,黑格尔认为,法权规范是停留于意志自由的抽象形式的外在规范,而内在规范是从实体性原则出发的历史性的和目的性的规范。

黑格尔尽管准确把握到现代性法权正义的自否定本质,但由于他把规范的内在性局限在伦理精神的自我运动这一抽象形态中,因此他在消解市民社会法权规范的"权杖"的同时,把正义的规范性来源述诸作为伦理实体的民族国家。对此,马克思认为,市民社会既然是法权正义问题诞生的场域,那么问题的解决就应当立足于对市民社会本身的批判。进而,不同于黑格尔把正义的规范从抽象法权过渡到市民社会再过渡到民族国家,马克思牢牢立足于市民社会本身的批判,把正义批判的场域落实到人类社会历史的发展过程中,强调价值规范只有沉降在人的现实生产方式及其基础上的社会关系中才能实现。

因此,马克思正义观的独特之处在于,把黑格尔对抽象法及其正义观念的思辨批判,沉降到对抽象法权及其正义观念所立足的生产逻辑的现实批判

---

[1] 黑格尔.法哲学原理[M].范扬,张企泰,译.北京:商务印书馆,1961:130.

中,从而把具体总体辩证法的规范性具象化为对资本逻辑的批判。同时,正是基于具体总体的辩证法,马克思政治经济学批判与古典政治经济学又有着根本差异,政治经济学批判所把握到的不仅仅是资本主义生产方式的"事实",而且是这一"事实"所构筑的"事实"与"价值"相统一的社会现实。所以马克思政治经济学批判所内蕴的规范性不是抽象的价值规范,而是事实批判中蕴含着价值批判的社会总体规范。

这种社会总体规范意味着,马克思始终是从社会生产及其所创造的社会关系总体性出发,来理解正义作为社会价值规范的作用机制。强调包括正义在内的价值规范,其遵循的根本逻辑是社会现实的总体发展逻辑。正是在这个意义上,我们才能理解马克思正义观的规范性与现代资产阶级法权正义规范性的本质差别。

综上,马克思对正义的理解是基于从抽象到具体的政治经济学方法。具体总体的辩证法是解决马克思正义观的"规范性"问题的一把钥匙。只有从具体总体性的辩证视角出发,才能理解历史唯物主义何以不影响马克思正义观的规范性,因为马克思正义观既不是非历史的,也不是超历史的,而是"历史性"的。正义对于马克思而言,不是脱离于资本主义经济社会发展事实的抽象法权预设,而是就植根于资本主义生产方式的总体性社会现实。作为社会现实的正义,其规范性不是外在的形而上学规范,而是内在的辩证规范,也就是说,资本主义社会现实的非正义就蕴含在其正义之中,而超越资本主义社会的正义也不在资产阶级社会现实之外,而就在对资本逻辑及其拜物教本质的揭示和批判之中。这是马克思政治经济学批判所揭示出的资本与正义的辩证法,也是马克思正义观所内蕴的规范性所在。

第二章

财产权批判：马克思探讨正义的前提

财产由一种政治存在转变为社会存在是现代政治诞生的重要标志。财产权作为现代政治关注的核心元素，构成透视现代政治哲学的重要切入点。在现代政治哲学视域中，政治的本性正是通过对财产权的保护确证个体的自由，政治正义的前提和基础正是维护财产权的神圣不可侵犯。以此为基础和前提，现代性正义观念也始终围绕财产权展开，这就是既保护财产权作为人的自然权利不可侵犯，又保证财富分配过程中"得其所应得"的程序正义。在此意义上，正义便从古典时代的政治生活中的德性转变为现时代的社会生活中的法权。进而，剖析现代性正义的本质，必须以剖析现代性正义所关涉的核心元素财产权为前提。现代性的正义批判也必须以对财产权本质的考察为前提。由此我们便能理解，马克思对正义的探讨何以总是以资产阶级财产权批判为核心，财产权批判何以构成我们深入理解和阐释马克思正义观的重要视角。

在马克思之前，黑格尔对财产权作为市民社会的立法基础给予了深刻剖析，财产权在确证市民社会个人自由的同时也存在固有的理论限度。黑格尔通过剖析市民社会财产权的内在限度，开启了以"国家正义"超越"法权正义"的思辨正义观进路。马克思对市民社会财产权限度的理解尽管深受黑格尔影响，其在青年时期也在市民社会与国家这一二元框架下分析政治解放的本质及其限度，然而，随着马克思历史唯物主义哲学的成熟，马克思对于财产权的认识聚焦于资本主义生产方式，从而在财产权批判理论重心这一关节点上，从黑格尔的"权利"批判路径和"国家正义"进路摆脱出来，将财产权批判与资本主义生产方式批判相结合，完成了将财产权批判与正义探讨的重心从"国家"到"资本"的根本转换，由此开启了现代性正义批判与重构的独特思想进路。

第一节　财产权：现代性法权正义的支点

尽管早在古罗马时代，人们已经对法权在维护社会正义方面的作用有了认识，然而自觉形态的"法权正义"实际上是现代政治哲学兴起的产物。现代政治哲学以对人类自然状态的假定为开端，强调趋利避害是人的自然本性，对这一自然本性的尊重就是对人的自然法权的尊重。进而，在现代政治哲学语境中，判断一种行为或一项制度是否正义的标尺，不在于是否有利于维护公共善，而在于是否尊重人的自然法权。结果，正义观念的理论内涵从古典政治哲学的伦理德性转变为自然权利。在自然权利基础上创立的法权正义构成现代社会的基本价值规范。正是在这个意义上，罗尔斯才在《正义论》的开篇就提出："正义是社会制度的首要价值，正像真理是思想体系的首要价值一样。一种理论，无论多么精致和简洁，只要它不真实，就必须加以拒绝或修正；同样，某种法律和制度，不管它们如何有效率和有条理，只要它们不正义，就必须加以改造或废除。"[1]

作为现代社会首要价值的"法权正义"，我们一般将其概括为"得其所应得"。"得其所应得"是法权正义最为直接的表述，但正是由于这一表述最为直接，其理论内涵也就有待进一步澄清。这里涉及的问题包括："应得"中的"得"指的是什么？"应得"作为一种价值判断，其理论基础是什么？对于这些问题的反思指向"法权正义"的核心要素——财产权。

法权正义的核心要义之所以在于保障个人"得其所应得"的财产权，是因为个人所"应得"之物即是"财产"，或者说，之所以只有保证个人"得其所应得"之物才是正义，是因为个人对"应得之物"即财产具有所有权。然而，这其中仍需进一步澄清的问题是：个人对财产的所有权究竟来自哪里？财产权的合法性源自何处？只有对这些问题做出深入的考察，财产权作为法权正义的核心要素的真实意义才真正被触及。

---

〔1〕罗尔斯.正义论[M].何怀宏,何包钢,廖申白,译.北京：中国社会科学出版社,1988：3.

关于财产权的本质,英国自由主义政治哲学家洛克认为,把人类所共有之物转变为私有之物的关键在于劳动。劳动作为一种活动能力是人的自然禀赋,人类对自身的身体具有先天的所有权,进而人依靠自身身体行为的劳动形式把个人意志加于共有之物上,从而获得对其的所有权。因此,所有权在洛克看来,是个人以劳动形式对自身身体自然权利的延伸和扩展。"土地和一切低等动物为一切人所共有,但是每人对他自己的人身享有一种所有权,除他以外任何人都没有这种权利。他的身体所从事的劳动和他的双手所进行的工作,我们可以说,是正当地属于他的。所以只要他使任何东西脱离自然所提供的和那个东西所处的状态,他就已经掺进他的劳动,在这上面参加他自己所有的某些东西,因而使它成为他的财产。"[1]

洛克的财产权分析揭示了财产权的自然法基础,即人类在自我所有的劳动中满足自身的物质需要,进而将共有之物变成私有之物。同时,洛克也注意到财产权自然法基础的内在限度,这就是满足自然需要不是无限制的财产掠夺,而是要以个人生活资料的满足为边界。也就是说,个人通过劳动占有共有之物并不是没有限度的,这个限度就是不能超出人对物质资料的使用。"他只要注意在它们未败坏以前加以使用,否则他就取了多于他的应得部分,便是掠夺了别人。"[2]由此,洛克在为财产权的合法性做辩护的同时,也认识到财产权在形式层面的确立不应忽略其内容层面的限度,这就是财产的本质是满足人的物质需要。否则,借助财产权扩大财产占有必然是"既无用,又不诚实的"[3]。然而,尽管如此,洛克对财产权的积极意义仍给予了极大的肯定,并强调财产权的确立是生产效率和文明的标志,有利于整个人类福祉的增加。

洛克对于财产权合法性的剖析和辩护,揭示了现代财产权的本质。这就是财产权所尊重的表面上是个人对物质对象的排他性占有,其深层意义在于对个人通过劳动确证其自身作为自由生命的自然法。在这个意义上,财产权就不仅仅是一个经济学层面关涉财富分配的概念,而是具有丰富的政治法权的内涵。保护财产权的神圣不可侵犯就是保护公民的政治权利的神圣不可侵犯。

---

〔1〕 洛克.政府论:下篇:论政府的真正起源、范围和目的[M].叶启芳,瞿菊农,译.北京:商务印书馆,1964:18.

〔2〕 同〔1〕30.

〔3〕 同〔1〕30.

洛克的财产权理论对现代政治哲学及其正义理解影响深远。一方面他承接霍布斯政治哲学对于政治本性的根本变革，完成了对这一政治本性革命的延伸的发展。政治正义从谋求理想政制转变为满足个体私利，而财产权正是对个体私利至上的现代政治本性定位的确证。从而，政治正义的标尺就在于是否维护了个人的财产权。法权正义通过财产权进一步从古典时代的伦理正义中剥离出来。

另一方面，洛克财产权理论所内含的关于财产权限度的"担忧"，即个人超越生命的自然需要，以占有本身为目的而变得"不诚实"，被卢梭敏锐地把握到。卢梭认为，从自我所有向共同占有的跃迁，是人类从自然状态走向文明自由状态的重要标志。人类在以公共善为指导的生产生活中，本来过着自由而富足的美好生活。然而，正是由于私有财产权的产生，人类在公共生活中获得自由的链条被斩断，自由才被套上无形的枷锁。而从卢梭的这一视角来看，以政治法权的名义为财产权的自我扩张做辩护，是霍布斯和洛克主张的"利益政治"逻辑的必然结果，但也是最为致命的理论硬伤。正因如此，卢梭在《社会契约论》中，以财产权批判为切入点，提出应当重新确立现代政治正义的理论基础。对于这个基础，卢梭认为不是霍布斯和洛克创立的"自我保存"，而是"公意"。

卢梭的政治"公意"思想强调，政治契约的目的不是维护个人"财产权"所关涉的私利，而是维护公共善的崇高地位。政治正义不是标尺，不是以财产权为核心要素的法权，而是以财产权批判颠覆法权正义的理论基石，重新找回在现代政治哲学中迷失的古典政治正义。

卢梭政治哲学以财产权批判为切入点，对现代性法权正义病症做了准确诊断，并由此在现代重新举起了道德政治的思想旗帜，开启了政治正义的基础由"私"向"公"的转换。这一转换对于深入理解现代性正义的思想流变具有重要意义。一方面，法权正义在经验层面所获得的理论支撑遭到釜底抽薪的批判，财产权的神圣不可侵犯性在经验层面遭到根本挑战。作为保护个体私利的财产权及其自然正当性不再能从"自我保存"的层面获得辩护。

另一方面，正义的公共性维度和道德维度被卢梭重新挖掘出来，而这一挖掘的前提正是以对正义的私利性维度和利益维度的批判为前提。进而，在私人财产权与道德公共性之间，我们只能做出非此即彼的正义抉择。法权正义如果以财产权为基础，那么它就必然与道德公共性相冲突，而如果坚持以正义的道德公共性为基础，那么就只能放弃财产权。而面对这一两难局面，康德基于先验哲学的视角，主张为现代法权重新奠定坚实的形而上学基础。

在《法的形而上学原理》中，康德提出，人对于物的占有可以分为实物的占有和法律的占有，前者是在经验层面的对物的直接占有，而后者则是在理性意志层面对物的间接占有。基于这一区分，康德强调人对物的所有权是指后一种占有，因为只有在未经验占有的前提下，所有权才具有它存在的实际意义，也就是说，如果我已经在经验层面上占有了某物，那么就不存在所谓的占有的权利。康德上述判断是基于其对权利的道德形而上学判断，这就是，所有权必须建立在所占有的物并不是一个人经验活动的对象，而是"意志活动的一个对象"基础之上，也就是说，"意志所能选择的对象，其本身在客观上必须是没有一位主人的（作为无主物）"[1]。

在对所有权本质进行剖析的基础上，康德给出了自己对于"物权"的理解。康德认为，财产权的理论基础不仅不是基于私人任意，而且恰恰是以通过对私人任意的否定，基于共同占有基础上的共同意志承认为前提，再去探讨财产权才是可能的。"通过我自己意志的个人行为，我不能迫使其他任何人承担责任不去使用一物，相反，他对此物毫无责任，因此，这样的一种责任，只能产生于大家联合成集体意志的共同占有关系中。"[2]

康德对于财产权的形而上学基础的剖析，对于我们重新理解现代政治的法权思想及其正义原则具有重要的理论意义。一方面，康德对财产权的道德形而上学论证，揭示了财产权的本质是自由意志的对象化，从而将财产权的理论基础由洛克的经验论证转换到先验论证。通过为财产权奠定道德形而上学的基础，从而解决了卢梭对财产权缺乏道德公共性的批判。换言之，康德基于自由意志的对象化去理解财产权，就是在先验层面确立了财产权的道德基础，因为财产权不仅是一种对物的所谓直接的经验占有，它所深层表征的是人的自由意志在物中的具体实现。这就克服了洛克论证所留下的以财产权的经验内涵及其所支撑的政治正义的脆弱性。

另一方面，康德对财产权的道德形而上学论证，不仅解决了个体财产所有的道德正义问题，而且揭示了财产权的前提是公共意志而非私人意志，这就在更高层面为财产权的公共性价值做了有力的形而上学辩护。因为按照康德思路，财产权之所以是合乎理性的必然法则，而不是主观的任意占有，就

---

[1] 康德.法的形而上学原理：权利的科学[M].沈叔平，译.北京：商务印书馆，1991：54-55.

[2] 同[1]75.

在于占有不是个人意志的规定,而是以公共意志的承认为前提。这就表明,财产权的本质并不是一种人与物的关系,而是一种人与人的社会关系。因此,卢梭只看到财产权的产生对人类原初社会建立在人与物的直接占有基础上的社会关系的瓦解及其消极影响,而未看到财产权的产生在瓦解原有社会关系的同时,通过将人对物的直接占有关系变革为人对物的间接占有关系,推动了人与人的社会关系的深刻变革。而这种变革构成了理解现代社会法权正义的重要视角。

至此,经由康德的先验权利哲学对财产权的道德形而上学基础的奠基,财产权作为现代性法权正义的理论基础意义进一步突显出来。之所以只有维护"得其所应得"的个体和社会活动才是正义的,是因为"应得"的正是财产作为自由意志的定在形式,财产的"应得"性就在于财产权维护了将人作为具有自由意志的"目的"而获取利益"手段"的道德形而上学动机。而决定"得其所应得"的理论支撑更是由财产权所内蕴的现代社会的公共意志和共同承认所决定,保障"得其所应得"的也不是个体的主观任意,而是体现公共意志的主体间的社会契约。

从洛克、卢梭到康德关于财产权与正义关系的考察中,我们基本可以梳理出一条将正义奠基于财产权的自然权利路径。这条路径强调财产权的合法性基础是人的先天自然权利而非后天经验事实,并在康德关于财产权的先验哲学论证中达到了极致。然而,财产权作为正义基础的先验论证的路径,归根究底是在对于人性的形而上学理解的基础上展开的。这使得这种论证路径只关注政治哲学层面的正义基础问题,而忽略了现代社会的正义问题往往更多地发生在经济生活领域,换言之,财产权与正义的关系实际上不仅是一个政治哲学问题,在更为切近和具体的意义上,财产权与正义的关系是随着现代资本主义生产方式以及分配方式的产生而产生的。正是在这个意义上,休谟和斯密关于财产权与正义关系的探讨则开启了一条经验论证的路径。

首先自觉开启正义问题的经验化探讨路径的是英国哲学家大卫·休谟。在《人性论》一书中,休谟明确反对了以基于自然状态的观点为财产权和正义作论证。在《人性论》中,休谟强调,正义感既"不是建立在理性上的,也不是建立在外面的永恒的、不变的、具有普遍约束力的某些观念关系的发现上面的"[1]。

---

[1] 休谟.人性论:下册[M].关文运,译.北京:商务印书馆,1980:536.

"产生这种正义感的那些印象不是人类心灵自然具有的。"[1]"正义只是起源于人的自私和有限的慷慨,以及自然为满足人类需要所准备的稀少的供应。"[2]也就是说,休谟认为,正义作为一种道德感的产生并不是神秘的,它既不是先天的理性观念,也不是先天的自然状态,而只是后天的人类基于需要所做出的"权益设计"。

具体而言,休谟从对正义是一种自然的"德"还是人为的"德"的追问开始分析,并明确提出:"有些德之所以引起快乐和赞许,乃是由于应付人类的环境和需要所采用的人为措施或设计。我肯定正义就属于这一种。"[3]可见,在休谟看来,正义观念并不是人类先天具有的德性,而是后天为了"环境"和"需要"而"设计"的结果,也就是说,正义是人为的而不是自然的。

那么正义为什么是"人为"的?或者说,人类为何需要"人为"地"设计"正义观念呢?对此,休谟认为,人类人为设计正义的目的根源于人作为社会存在的本性。社会性的合作与分工是人类区别于也是优于动物的特性,也就是说超越自然本性而采用利他性的合作是扩大人类利益的人类社会所独有的本性。但是,人类在自然本性上却又具有偏私的一面,即希望自身的利益最大化,这种自然本性必然与社会本性相冲突。因此,为了人类社会的整体利益,克服这种偏私的自然本性对人类社会本性的侵蚀,就需要采取一些人为的"补救"的方法。这个补救的方法在休谟看来就是签订关于财产私有的权利公约。"当他们注意到,社会上主要的乱源起于我们所谓的外物,起于那些可以在人与人之间随意转移而不稳定的外物;这时他们就一定要去找寻一种补救方法,设法尽可能地把那些外物置于和身心所有的那些固定的、恒常的优点相等的地位。要达到这个目的,没有别的办法,只有通过社会全体成员所缔结的协议使那些外物的占有得到稳定,使每个人安享他凭幸运和勤劳所获得的财物。通过这种方法,每个人就知道什么是自己可以安全地占有的;而且情感在其偏私的、矛盾的活动方面也就受到了约束。"[4]

因此,有了关于财产的公约,人类偏私的一面就既得到了满足,也不会妨碍人类的社会合作。进而,在这个基础上,人类的正义与非正义的观念才得以产生,人类的权利和义务的观念也才得以产生。"在人们缔结了戒取他人

---

[1] 休谟. 人性论:下册[M]. 关文运,译. 北京:商务印书馆,1980:537.
[2] 同[1]536.
[3] 同[1]517.
[4] 同[1]529-530.

所有物的协议，并且每个人都获得了所有物的稳定以后，这时立刻就发生了正义和非正义的观念，也发生了财产权、权利和义务的观念。不先理解前者，就无法理解后者。我们的财产只是被社会法律，也就是被正义的法则所确认为可以恒常占有的那些财物。"[1]由此可见，在休谟看来，正义观念与财产权观念是紧密相关的，正如其所强调的，没有关于正义事实的社会约定，也就不会有关于正义的观念，更不会有财产权的观念。同样，我们也可以由此推论出，没有关于维护自身财产不可侵犯的偏私之心，也就不会有正义与非正义的价值评判。在这个意义上，休谟实际上已经基于经验论的立场系统地论证了财产权与正义之间相互印证的紧密关系。

休谟对于正义与财产权关系的经验化论证并不是个例，而是代表了苏格兰启蒙运动对于现代政治哲学的经验化理解的传统。在这一传统中，现代政治哲学的诸问题被还原为现代社会经济生活的表现形式。政治生活不再独立于经济生活，而是为经济生活服务。这尽管是现代政治与古典政治的重大差别之表现，但是对于这一差别的认识和理解，不仅包含秉持自然状态和理性意志的先验论路径，而且包含着苏格兰启蒙运动所开创的经验论路径。在这一路径中，除了休谟自觉关注了财产权与正义的关系以外，还有一位思想家则是亚当·斯密。

斯密虽然没有直接论述财产权与正义的关系，但是在斯密关于正义的理解中，正义作为一种维持社会秩序的"消极的美德"，通过对破坏社会秩序的人施加惩罚，达到对人们的不义行为的约束和限制。"正义的实践中存在着一种合宜性，因此它应该得到应归于合宜性的全部赞同。但是因为它并非真正的和现实的善行，所以，它几乎不值得感激。在绝大多数情况下，正义只是一种消极的美德，它仅仅阻止我们去伤害周围的邻人。"[2]正是基于这样一种区别于"积极正义"的"消极正义"理解，我们看到，斯密拒绝把正义诠释为一种行为者积极的主动的道德感，而是把正义解读为一种对破坏社会秩序行为的惩戒。

不难看出，斯密对正义的理解实际上继承于休谟，也强调正义不是先天的德性，而是后天的社会契约。正是由于正义仅仅是后天的社会契约，或者说是为了维护社会秩序使其不至于陷入混乱的一种权宜之计，所以正义作为

---

〔1〕 休谟.人性论：下册[M].关文运，译.北京：商务印书馆，1980：531.

〔2〕 斯密.道德情操论[M].蒋自强，钦北愚，朱钟棣，等译.北京：商务印书馆，1997：101.

一种道德感并没有其他诸如同情、仁慈更为强烈，它只是构成了一个社会运行和社会关系和谐的底线，在实践中只要不去做不正义的行为就可以达到。所以，正义的美德在斯密看来，不值得大加赞美和感激。"一个仅仅不去侵犯邻居的人身、财产或名誉的人，确实只具有一丁点实际优点。然而，他却履行了特别称为正义的全部法规，并做到了地位同他相等的人们可能适当地强迫他去做，或者他们因为他不去做而可能给予惩罚的一切事情。我们经常可以通过静坐不动和无所事事的方法来遵守有关正义的全部法规。"[1]

可见，在斯密看来，不去做不正义的事就是正义的完全实践，而所谓不正义的事，就是指侵犯他人的人身、财产和名誉。由此，斯密虽然没有明言，但已经体现了他关于财产权与正义关系的一种理解。这就是，尊重他人的财产权就是正义的实践，反之，侵犯他人的财产权就是不正义的实践。财产以及在财产上所具体化的"邻人"的人身和名誉，构成了斯密正义思考的重心。这意味着，斯密与休谟一样，总是把正义与社会事务联系起来加以考察。但斯密关注的社会事务更加具体，这就是社会财富的增长机制和原理。

虽然《国民财富的性质和原因的研究》和《道德情操论》两者在研究对象和论述形式上存在显著的差异，但是在斯密关于正义作为"消极的美德"的探讨中，我们看到，这种以尊重他人财产为底线的美德，正构成了斯密探讨社会财富生产和增长的社会伦理前提。也就是，如果没有对正义作为社会"消极的美德"的坚守，就不会有人类对他人财产的权利尊重，资本生产的有序进行也不可想象。在这个意义上，正义构成了财产权的伦理前提，同时，财产权所推动的财富增长的逻辑又会进一步确证和巩固人类坚守正义的价值。财产权与正义的相互支撑关系在斯密的道德哲学和经济学中以隐秘的方式勾连在一起。

由此可见，休谟和斯密的正义理解与从洛克到卢梭再到康德的理解不仅存在重大差别，而且可以说是在经验论的理解和先验论的理解意义上截然相反。值得关注的是，尽管休谟和斯密的经验论理解与先验论理解不同，但是在一点上却与后者惊人一致，即对于正义的理解都结合财产权展开，财产权的认识和理解构成现代政治哲学的正义理解的核心和基础内容。换言之，现代政治哲学视域中的正义理解总是与财产权内嵌在一起的，正义进而也从古

---

[1] 斯密.道德情操论[M].蒋自强，钦北愚，朱仲棣，等译.北京：商务印书馆，1997：101-102.

典时代的作为城邦和个人所具有的伦理德性，逐步演化为社会性的组成机制和逻辑，也就是说，正义在现代社会逐渐摆脱了德性内涵而变成内蕴着以财产权为核心的法权概念。法权正义构成现代性正义的基本形态。

综上，近代政治哲学关于财产权与正义关系的先验解释路径和经验解释路径，虽然在关于正义的合理形态的理解上存在显著差异，即：一个坚持"积极的"正义观，正义可以在人的先天自然状态即自由中获得充分的理论支持，践行正义就是对人的先天自由的遵循和守护；一个坚持"消极的"正义观，正义不是先天具有的自然状态和美德，而是为了避免个人私利与社会公益发生冲突而人为设计的契约，践行正义即不去做侵犯他人身体和财产等不正义的事。但是，两者的共识也很清楚，这就是都认为法权正义只有基于对财产权的深入把握才能获得真实的理解，而财产权也只有在将法权正义作为现代社会组建原则的层面上，才能充分诠释其政治哲学的意蕴。在这个意义上，财产权与法权正义的相互印证和支撑关系分别获得先验化阐释和经验化阐释的同时，也暴露出一个亟须解决的深层问题：财产权与正义关系的先验化阐释与经验化阐释的矛盾问题。

通过前文论述，我们看到，先验化阐释路径诉诸人的自由，而经验化阐释路径诉诸社会的财富。如果正义的支点是自由，那么它需要以排斥和抵制财富分配中的不正义为前提；同样，如果正义的支点是财富，那么它的实现也需要限制个人欲望和自由对社会秩序的损害。因此，近代政治哲学关于财产权与正义关系的探讨，把法权正义所隐含着的自由与财富的矛盾问题凸显了出来。正是在对于这一矛盾的思辨解决中，黑格尔法哲学的意义和价值应当加以重新阐释。黑格尔以对财产权的批判为切入点，不仅以思辨的法哲学形式揭示了现代性法权正义与财产权的深层勾连关系，而且深入剖析了现代人获取自由路径的本质及其缺陷、现代性正义观念的理论基础及其固有危机，开辟了一条诊断与治疗基于财产权构筑现代社会正义体系的新的理论进路。

第二节　黑格尔的财产权批判及其正义观进路

探讨黑格尔的财产权批判及其正义观进路问题，首先需要澄清黑格尔对于财产权的认识和理解，因为黑格尔的正义观正是建立在对以财产权为支点的法权正义的批判的基础上。换言之，黑格尔正义观的思想进路总是在财产权批判的语境下展开的。在这个意义上，财产权批判与法权正义批判对于黑格尔而言总是紧密结合在一起的,梳理黑格尔财产权批判思想构成是梳理其正义观的逻辑前提。在探讨财产权最为集中的《法哲学原理》一书中,黑格尔对财产权的分析主要聚焦于"所有权"概念。在黑格尔看来,财产权本质上是所有权的一种形式,或者说,黑格尔的所有权概念涵盖着财产权概念。因此,我们梳理黑格尔对于财产权的认识和理解,必须以梳理"所有权"概念为开端。

一、"生命"的权利

一般认为,黑格尔的所有权即财产权,因为财产权是所有权的定在形式,或者说是客观化的所有权。这一判断虽然不错,但是,如果我们把黑格尔所有权概念的内涵仅仅局限在财产权上,实质上也是对黑格尔所有权概念的狭隘化理解。在《法哲学原理》中,黑格尔明确提出,所有权在其自在形式上首先表现为人格。人格是人作为自由意志与自身的"单纯自我相关"[1],所以"人格权"即人对自身的生命、身体的直接权利。人格权作为人的权利,就其自身而言,仍是抽象的东西,只有在契约关系中才是具体的权利,也就是转让某种物品的权利。只有在物品的转让关系中,人格权才走出自身抽象的同一性,而真正成为具体的现实的权利,而这时人格权也就转变为"对物的权利",即物权[2]。从抽象的"人格权"到"物权"的转换,体现了黑格尔对于权利理解的总体性思维,也就是避免脱离确证"人格权"的生命、身体谈论"物权",也避免脱离"物权"抽象地探讨"人格权"。对于黑格尔而言,所有权作为自由的定在形式既包括对于人自身生命、身体所有的人格权,也包括对于物所有的物权。

基于黑格尔关于所有权的上述理解,我们再来分析黑格尔的财产权概念。黑格尔认为,财产权本质上就是人对于物的占有的权利,占有物不仅在于身体上对物的需要,更重要的是在意志上占有物。因为财产权之所以构成了一种人所特有的权利,就在于人的意志作用于物之上,或者说财产是人的意志自由的定在形式。"如果把需要当作首要的东西,那么从需要方面看来,拥有财产就好像是满足需要的一种手段。但真正的观点在于,从自由的角度看,财产是自由最初的定在,它本身是本质的目的。"[3]由此可见,黑格尔对

---

[1] 黑格尔.法哲学原理[M].范扬,张企泰,译.北京:商务印书馆,1961:45.
[2] 同[1]49.
[3] 同[1]54.

于财产权的理解主要是从法作为人类自由意志的实现形式的角度出发,强调财产权是法的人格形式在物的占有上重新确证自身。所以,黑格尔对于财产权的界定既秉持着康德关于所有权的意志理解,又将洛克建立在劳动基础上的财产权进一步抽象化。同时,黑格尔的财产权思想还深受英国古典政治经济学关于需要、劳动等社会要素的实证考察的影响,注重阐释财产权的转让在现代社会契约型经济、政治形成过程中的重要作用[1]。但是,黑格尔的财产权理解并不是上述理解的简单翻版,而是在对法作为一种精神现象的辩证考察中,揭示财产权作为法的自我实现的一个环节和形式的本质及其限度。因而,在这个意义上,黑格尔的财产权概念实际上是对近代以来财产权的先验化阐释和经验化阐释的思辨再现。

既然财产权是法在所有权上的实现形式,那么它所蕴含的正义原则是什么呢?对此,黑格尔提出:法只关心普遍性,而不关心特殊性[2]。这就决定了,在法权层面探讨正义必然陷入一种普遍性和特殊性的内在紧张关系。也就是说,在所有权作为人格权的意义上,每个人都拥有保全自身生命和身体的权利,进而也就拥有从公共财产中平等分享一份财产的权利。或者说,在人格上每个人都是平等的。然而,在所有权作为财产权的意义上,每个人在财产转让过程中所获取的财产必然存在差别,或者说,存在财产分配的不平等。这时,法权所维系的正义原则内部就出现了一种形式的正义与实质的不正义之间的矛盾关系。对于这一矛盾关系,黑格尔认为,我们不应当苛责法权,因为法权作为一种自由的单纯自我相关,本来就只关注自由的普遍性而不关注自由的特殊性。所以,"正义要求各人的财产一律平等这种主张是错误的,因为正义所要求的仅仅是各人都应该有财产而已。其实特殊性就是不平等所在之处,在这里,平等倒反是不法了。的确,人们往往看想他人的财产,但这正是不法,因为法对于特殊性始终是漠不关心的"[3]。正是由于法不关心正义的特殊性而只关注正义的普遍性,所以法本身必然包含着缺陷。

那么,正义的特殊性或实质正义在哪个领域受到关注呢?黑格尔认为,关注人与人之间的实际差别的是市民社会领域。在市民社会领域,由于自由意志超越了作为一种抽象的道德应当,而在具体的政治经济学制度层面探讨自由的实现形式,所以法权所造成的形式正义与实质不正义的差别将通过制

---

[1] 黑格尔.法哲学原理[M].范扬,张企泰,译.北京:商务印书馆,1961:204.
[2] 同[1]58.
[3] 同[1]58.

度变革来加以调节。但是,这不意味着黑格尔对以财产权为核心的法权正义完全采取肯定的态度。纵观黑格尔对于所有权的人格权与财产权的划分及其内在矛盾的分析,我们看到,黑格尔对于法权正义的剖析即梳理了其内在的逻辑环节,同时也解释了法权正义的内在矛盾和自我超越路径。而这个路径正是在对于作为财产权内在否定环节的"不法"的分析中展开的。

黑格尔对财产权的批判以对一个挑战财产权的极端情境的分析为开端,这个极端情境即是"不法"(Notrecht)。在《法哲学原理》中,黑格尔列举了一个为了人格权而挑战财产权的极端情景:如果一个人只要偷窃一片面包就能保全性命,而偷窃面包的行为必然会损害另一个人对面包的所有权。那么在这一情景下,我们该如何认识这个偷面包的人的"不法"行为? 对此,黑格尔提出,生命作为各种目的的总和,具有与抽象法相对抗的权利。因为当一个人的生命遭遇危险时,我们仍然基于所有权的理由拒绝他对自身生命的保存,那么这时他的生命本身就被所有权所剥夺了,他的全部自由也就被否定了[1]。

黑格尔的以上论述在《法哲学原理》中只是一个不太显眼的部分,但是其内蕴的思想却构成了我们透视黑格尔财产权批判及其正义观进路的重要参照。在现代政治哲学尤其是以洛克为代表的近代自由主义传统中,人的自由只能在财产权中获得确定性的形式,财产权是人作为自由存在的法权保障,维护财产权的神圣不可侵犯,也就是维护人作为先天自由的存在物的神圣不可侵犯。然而,在黑格尔看来,所有权作为法的一般形式尽管可以确证人的自由,但这种确证是抽象的确证。因为法是自由的抽象定在形式,其抽象性体现在法仅就其自身具有普遍必然性,如果涉及特殊人的具体实存,法的抽象性便暴露出来,所以法总是片面性的和理想性的[2]。

正是基于对法的片面性和理想性的深刻洞见,黑格尔对于财产权的理解与近代自由主义政治哲学传统存在根本差别。这就是,黑格尔不仅看到财产权对于自由的肯定意义,而且看到了财产权作为抽象法的一般形式,必然由于其固有的片面性和理想性而具有自身的限度。这个限度就是,财产权对生命自由的确证只能是抽象的,当生命自由遭到现实的威胁时,财产权将会损害关涉人的生命和身体的人格权,进而,财产权不仅不能确证生命自由,反而

---

[1] 黑格尔.法哲学原理[M].范扬,张企泰,译.北京:商务印书馆,1961:130.
[2] 同[1]131.

成为对生命自由的剥夺。而财产权与生命自由之间的这一自相矛盾的关系，正是黑格尔在上述"偷窃面包"的"不法"情境中所展示出来的。

纵观黑格尔对"偷窃面包"的"不法"情境的分析，我们看到，黑格尔立足于生命的高度反思财产权的合法性，并给出了自己关于这一问题的答案。黑格尔认为，人的生命权要高于财产权，当生命由于财产权而受到威胁和损害时，财产权就不具有天然的正义性，也不是神圣不可侵犯的。所以，当一个人快要饿死的时候，他"有权"去盗窃他人的面包。而他拥有此"权利"的正义性在于，尽管财产权是人的自由的定在形式，但如果由于保护财产权而牺牲人的生命，那么这实际上是对人的自由和权利本身的蔑视。这之所以构成一种"蔑视"，不仅在于没有了生命，财产权缺乏现实载体，变成抽象的形式，也不仅在于黑格尔认为生命权是高于财产权的人的更重要的权利，对生命权的尊重要高于对财产权的尊重，在财产权与生命权二者只能选其一的极端时刻，要优先选择生命权而舍弃财产权，更重要的原因在于，黑格尔由此看到了以财产权为基石的现代法权制度及其正义观是对生命本身的剥夺。而我们对于黑格尔财产权批判及其正义观建构进路的阐释主要是在这一层面展开。

二、"贱民"的反抗

如果说在"抽象法"和"道德"环节，黑格尔对财产权的批判，主要是通过引入"生命权利"视角来剖析财产权的内在限度，那么在"市民社会"部分，黑格尔则从生命需要、劳动、财富以及政治经济制度等方面，把财产权批判拓展到对以保护财产权为核心的现代社会政治经济制度的剖析，进而也把财产权批判的视角从"生命的权利"转换到"穷人的权利"。

从"生命的权利"视角剖析财产权的内在限度，只是从法权哲学内部对其矛盾本质的揭示，因为尽管强调生命权高于财产权，但是生命权的设定仍然体现了一种对人的自然法权的界定。所以这一批判虽然是对洛克和康德财产权论证发起的实质挑战，但要从根本上批判财产权，需要对财产权所诞生的现实政治经济环境加以批判。因为财产权的诞生本身就与现代市民社会的政治经济结构结合在一起，而黑格尔法哲学的每一个概念，只有结合其所处的社会历史才能得到真实的理解。对于当时社会历史的把握，英国古典政治经济学无疑是最为敏锐和深刻的，黑格尔的辩证法也正是在其内在影响下才从根本上走出了德国古典哲学的抽象思辨，成为面向社会现实本身的逻辑。正如卢卡奇所言："黑格尔不仅在德国人中对法国革命和拿破仑时代持有最高和最正确的见解,而且他同时是唯一的德国思想家,曾认真研究了英国工业革命问题;他是唯一的德国思想家,曾把英国古典经济学的问题与哲学问题、辩证法问题联系起来。"[1]"如果以为黑格尔哲学的这种倾向仅只表现在他明确地直接地讨论资本主义社会问题的那些论著里,那就大错了。他对这种问题的分析研究,毋宁决定着他的哲学体系的整个构造并且构成他的辩证法的特性和伟大。他的哲学,他的辩证法,之所以比他的同辈优越,其中一个重要根源就在这里。"[2]

由此,笔者认为,黑格尔的财产权批判绝不仅仅是关于意志自由及其实现形式的抽象哲学思辨,而是以思辨的法哲学体系实现对近代以来的社会政治、经济重大变革的理论再现。进而,当我们探讨黑格尔的财产权批判思想时,必须把视野从所有权作为法的直接形式拉伸到市民社会作为法的现实实现形式中去,并自觉结合英国古典政治经济学基于需要、劳动等要素对于市民社会的政治经济结构的分析,从而才能真正触及黑格尔市民社会领域中的财产权批判思想的本质。

众所周知,黑格尔把市民社会界定为个人为了满足生命需要而相互依赖所组成的需要的体系。在这个体系中,个人劳动在满足自己私人需要的同时,也增加社会的财富。同时,劳动分工的细化,进一步增强了人与人之间的依附关系。进而,黑格尔基于对英国古典政治经济学的理解,以思辨哲学的形式不仅再现了市民社会的政治经济学结构,而且剖析了这一结构的内在矛盾和危机。

黑格尔认为,市民社会发展所固有的普遍性的方面和特殊性的方面,必然导致市民社会的内在矛盾。这个矛盾就是,一方面,人们基于个人需要而形成的人与人之间的普遍联系,而普遍联系起来的个人为满足他人需要,必将进一步细化和扩大分工的普遍性。结果,两种普遍性共同推动了社会财富的增长。但另一方面,劳动分工的细化也使得人的活动更加狭隘,劳动者阶级对他人的依赖性越来越强,而且越来越造成劳动者难以满足自身需要的匮乏的蔓延。因此,市民社会的这一矛盾式发展,必将导致社会分化,劳动的阶级"没有能力感受和享受更广泛的自由,特别是市民社会的精神利益"[3]。结果,不可避免地,市民社会的内在否定性阶级——"贱民"随之产生。

---

[1] 卢卡奇.青年黑格尔(选译)[M].王玖兴,译.北京:商务印书馆,1963:23.
[2] 同[1]24.
[3] 黑格尔.法哲学原理[M].范扬,张企泰,译.北京:商务印书馆,1961:244.

"当广大群众的生活降到一定水平——作为社会成员所必需的自然而然得到调整的水平——之下,从而丧失了自食其力的这种正义、正直和自尊的感情时,就会产生贱民。"因此,在黑格尔看来,"贱民"的产生是市民社会发展的必然结果,但是对于"贱民"本质的认识并不能停留于"穷人","穷人"不直接就是"贱民",因为穷人仅仅是无法满足物质需要的人,而"贱民"则是被排除在市民社会法权体制之外的人,是"正义、正直和自尊"的丧失。而这种丧失正是由市民社会的财产权体制所造成的,即把"穷人"不断推向"贱民"的处境。

黑格尔强调,尽管穷人意味着物质生活资料的缺乏,但穷人不必然是贱民,贱民是由于政治经济关系对人的自由的彻底剥夺,是以保护财产权为根本目的的市民社会的必然结果。"在英国,最穷的人相信他们也享有权利,这与其他国家所给予穷人的满足有所不同。贫困自身并不使人就成为贱民,贱民只是决定于跟贫困相结合的情绪,即决定于对富人、对社会、对政府等等的内心反抗。"[1]由此可见,黑格尔的贱民概念所揭示的正是穷人何以能够成为市民社会权利体系的一个否定性的元素。穷人的反抗不在于贫困,也不在于贫困所表现出的财产权的丧失,而在于贫困所导致的人的自由被完全剥夺,人变成被役使的物的不满情绪。正是在这个意义上,黑格尔的贱民概念实际上再次把批判的矛头指向财产权。

因为财产权实际上正是人的自由的定在形式或客观形态,而贱民的不满并不是对物质生活条件匮乏的不满,而是对财产权以权利的形式对人的自由完全剥夺的不满,这种不满的本质所指向的是对社会政治经济制度对人作为人的完全掠夺。而这种基于财产权对人的自由的完全剥夺所导致的"贱民",实际上是"人格的异化"。所谓"人格的异化",黑格尔在论述奴隶、农奴和无所有权的人的时候提出,"如果我把在劳动中获得具体化的全部时间以及我的全部作品都转让了,那就等于我把这些东西中实体性的东西、我的普遍活动和现实性、我的人格,都转让给他人所有了"[2]。由此可见,"人格的异化"实际上就是人的自我丧失,而这种丧失在市民社会中不是通过暴力和胁迫完成的,而是通过承诺个人对事物的所有权实现的。贱民作为市民社会发展的必然结果,它所表现的正是现代社会的新型的"人格的异化"。在这个意义

---

[1] 黑格尔.法哲学原理[M].范扬,张企泰,译.北京:商务印书馆,1961:244.
[2] 同[1]75.

上,贱民具有内在反抗财产权及其塑造的社会关系的"不满情绪",这正是市民社会的法权正义的内在矛盾之所在,它所揭示的也正是"穷人的权利"对权利体制本身的挑战。

透过黑格尔财产权批判视角从"生命的权利"到"穷人的权利"的转换,我们看到,这一转换所体现的是黑格尔正义观建构进路的内在转换。在强调"生命的权利"高于财产权的批判进路里,黑格尔对正义的理解仍然内蕴着自然正义的意味,也就是说,正义意味着充分保障人的自然权利,而生命权是高于财产权的人的原初自然权利,所以,以财产权牺牲生命权是不正义的,以牺牲财产权来保障生命权才是正义的。

黑格尔基于生命权利的正义理解尽管主张超越以财产权为基础的法权正义的抽象性,然而生命权较之财产权的整全性只有在具体的社会政治经济结构中才能体现出来,所以仅仅以生命权超越财产权来重新理解法权正义是不够的,还必须对法权正义诞生的社会存在基础给予总体批判。换言之,保障生命权的正义性之所以能够克服法权正义的局限性,就在于对生命权的维护是一个现实的社会制度建构的结果,而不是抽象思辨的结果。正是在这个意义上,黑格尔在对市民社会的政治经济学结构的考察中,自觉把财产权批判的重心转换到对"穷人的权利"的关注,进而也把对正义的理解纳入对社会阶级结构的分析之中。

为什么只有充分维护穷人的权利才是正义的,即使以挑战财产权的合法性为前提？这构成理解黑格尔正义观的关键问题。与洛克和斯密等自由主义者把造成贫困的根源述诸个人并对现代性的贫困加以辩护不同,在黑格尔看来,贫穷并不是个人的自然原因诸如懒惰、视野狭隘等造成的,而是现代社会政治经济结构导致的财富分配两极分化的必然结果。贫困的产生不是自然的结果而是社会的结果,不是个人的事务而是社会的事务。所谓社会结果和社会事务是指,造成贫困并维持一部分人相对贫困的症结在于,保障富人对财富的持续占有的财产权被看作具有神圣不可侵犯的天然正义性。但问题的关键在于,财富是劳动者的劳动创造的,而不是抽象的财产权创造的。《精神现象学》对于"主奴辩证法"的戏剧性反转的精彩剖析,深刻揭示了劳动者在劳动过程中的对象性活动是对自身"人格"和"自由"的真实确证,而以财产权为前提占有劳动所创造财富者,则由于"不劳而获"陷入"人格"和"自由"的异化境地。在这个意义上,黑格尔是在对财产权构建的正义原则的自我反转中,透视到现代社会法权正义的制度性缺陷,通过主张从"劳动的主体性"

到"穷人的权利"的理论重心的转变,谋划了一条在超越法权正义的内在矛盾中重构社会正义的思想进路。

既然社会正义的支点不能依靠财产权,因为财产权所支撑的正义不仅是抽象的,而且由于其所导致的社会分化,使得一部分人陷入被财产权所奴役的"人格的异化"的境地,那么社会正义究竟靠什么加以维系?黑格尔认为,对于财产权及其正义原则的超越必须从市民社会的原子化个体中走出来,走向伦理共同体。为此,黑格尔引入"同业公会""国家"等伦理实体以克服市民社会伦理普遍性的丧失,弥合个体自由与公共善之间由于财产权所造成的分裂。

在市民社会中之所以会产生"生命的权利""穷人的权利"与财产权的内在冲突,其根本原因在于,财产权所塑造的共同体是基于个人利益的需要和劳动分工相互依附而形成的外在结合的产物,以财产权为基础的法权正义进而只是基于个体性原则所创立的"权宜之计",而不具有实体性的精神支撑。正因如此,黑格尔才主张,只有从个体性本位转向实体本位,从市民社会转向国家,个体劳动及其所创造的财富才能超越财产权的狭隘性结构,而成为确证自身生命权利和生命自由的真实支点。同时,市民社会所发展起来的普遍交往与社会分工才能由于公共善的支撑,而避免陷入富人以财产权的名义完成对穷人的"贱民"式剥夺,推动主体间相互的真实承认与交往,正义进而才能获得普遍性。

黑格尔对财产权本质的剖析,揭示了市民社会何以借助财产权构建现代政治经济的统治结构,并立足于这一统治结构构建了现代社会的法权正义的意识形态观念。黑格尔立足于"生命的权利"和"穷人的权利"对财产权合法性的批判,不仅深刻揭露了法权正义自相矛盾的理论实质,而且开创了以伦理正义超越法权正义的新的思想进路。而这为马克思继续立足市民社会本身的矛盾,转向从政治经济学批判视角,以资本批判完成对法权正义存在论基础的批判,进而重构现代社会的正义观念奠定了坚实的思想基础。

黑格尔的财产权批判思想是深入阐释马克思正义观的重要资源。正如前文所言,在近代政治哲学语境中,正义是一种为了维护个人利益和社会秩序的权宜之计,财产权则构成判断这种"权宜之计"是否有效的法权标准。黑格尔对于财产权、市民社会与国家正义之间关系的思辨考察,不仅揭示了现代性法权正义的上述理论本质,而且催生了马克思回到市民社会考察正义的思想进路。既然现代性正义本质上是基于财产权构建的市民社会意识,那么对市民社会的物质生产关系的考察,就应当成为破解这种社会意识之谜的钥匙。从而,不再诉求国家正义,而将正义还原到其所依存的物质生产方式,将财产权批判与资本批判、超越法权正义与扬弃私有制结合起来,构成马克思正义观的独特出场方式。

第三节 从权利到资本:马克思批判视角的转换

不管是基于"生命的权利"还是基于"穷人的权利",黑格尔财产权批判的视角始终是"权利"。"权利"视角一方面使得黑格尔对财产权的批判能够从内部揭示财产权的哲学本质,但另一方面也使得黑格尔解决财产权内在危机的思路局限在引入更高的权利实体,也就是强调国家作为更高的权利实体,可以容涵生命权与财产权的矛盾、紧张关系,可以通过警察、同业公会等政府和社会组织克服穷人的权利与富人的财产权的矛盾关系。正是在这个意义上,马克思在《黑格尔法哲学批判》中揭示了黑格尔财产权批判的理论局限,这就是,以国家作为伦理实体层面的逻辑先在地解决市民社会的财产权问题,实质上是一种本末倒置的思想方案。

一、市民社会"要素"的批判

实际上,财产权作为一种市民社会中的法的社会关系,只有立足于市民社会本身才能获得澄清,只有立足于市民社会的物质生产关系才能获得真实的解决方案。正如后来马克思在《〈政治经济学批判〉序言》所明确指出的:"法的关系正像国家的形式一样,既不能从它们本身来理解,也不能从所谓人类精神的一般发展来理解,相反,它们根源于物质的生活关系。这种物质的生活关系的总和,黑格尔按照18世纪的英国人和法国人的先例,概括为'市民社会',而对市民社会的解剖应该到政治经济学中去寻求。"[1]

因此,黑格尔对财产权作为抽象法的本质的剖析,所倡导的生命权高于财产权以及主张穷人反抗财产权所带来的奴役和压迫的权利,对于青年马克思所立足于人本质就是人本身这一原则高度,发现无产阶级作为人的完全丧失的革命的物质力量,具有重要的思想启蒙意义。而这种思想启蒙意义,主

---

〔1〕 马克思,恩格斯.马克思恩格斯选集:第2卷[M].2版.中共中央马克思恩格斯列宁斯大林著作编译局,编译.北京:人民出版社,1995:32.

要体现在《德法年鉴》时期马克思对市民社会与财产权的相关论述中。而《德法年鉴》时期也构成马克思对黑格尔法哲学的批判性清理过程中,逐步确立其自己对于财产权问题理解的关键时期。

首先,马克思通过对黑格尔法哲学中隐含的观念的形而上学本质的揭示,把财产权批判的论域从国家拉回到市民社会。在系统研读黑格尔法哲学思想著作《黑格尔法哲学批判》中,马克思明确指出了黑格尔法哲学的"神秘主义"本质,这就是通过把"观念变成主体",把国家与市民社会的关系理解为"观念的内在想象活动",结果国家作为观念发展的高级形态将市民社会作为自身的存在方式。与之不同,马克思认为:"家庭和市民社会都是国家的前提,它们才是真正活动着的;而在思辨的思维中这一切都是颠倒的。"[1]也就是说,黑格尔基于观念的主体性"颠倒"了国家与市民社会的真实关系,把从市民社会到国家的现实存在过程理解为观念的自我生存过程。而马克思则基于现实的主体性,强调市民社会是国家的现实存在方式,市民社会发展为国家是市民社会本身的生存过程的结果。

简而言之,对于黑格尔而言,市民社会的秘密只能在国家这一观念发展的成熟形态中获得解释,而马克思则认为,恰恰相反,不仅市民社会的秘密只能在市民社会本身的现实中加以破解,而且国家的秘密也只能到其真正的诞生地即市民社会中获得破解。进而,通过对黑格尔法哲学观念主体性的批判与颠倒,马克思对法和国家的批判重心落脚到对市民社会本身的剖析上。

其次,马克思揭示了对于财产的私人占有即财产权是市民社会的基础,剖析市民社会必须以剖析财产权的本质为前提。对于财产权的本质,在《论犹太人问题》中,马克思明确指出:政治国家所许诺的公民自由,本质上是抽象的政治自由,而作为具体的自由则表现为作为市民社会成员之间的相互分隔的"单子的自由"[2],而这种"单子的自由"的现实表现正是通过对私有财产的占有实现的。所以"私有财产这一人权是任意地、同他人无关地、不受社会影响地享用和处理自己的财产的权利,这一权利是自私自利的权利。这种个人自由和对这种自由的应用构成了市民社会的基础。这种自由使每个人不是把他人看作自己自由的实现,而是看作自己自由的限制"[3]。

---

[1] 马克思,恩格斯. 马克思恩格斯全集:第3卷[M]. 2版. 中共中央马克思恩格斯列宁斯大林著作编译局,编译. 北京:人民出版社,2002:10.

[2] 同[1]183.

[3] 同[1]184.

既然财产权在本质上不仅无法实现人与人之间的结合,相反,它只会导致人与人之间的相互排斥,那么,市民社会就孕育了自身的矛盾和发展的动力。这就是,本来以物质需要为纽带并通过劳动分工而相互依附的市民社会成员,它们在个体劳动过程中生成了现代社会的交往普遍性。然而,由于财产权的排他性本质,市民社会成员的交往普遍性是以自私的排他性为前提,这就使得市民社会的普遍性只能依靠创立现代国家而塑造政治普遍性以对抗私利的普遍性。黑格尔的国家哲学以思辨哲学的形式再现了这一市民社会问题的自我治愈机制。然而,马克思的深刻之处在于,他看到了政治国家所塑造的普遍性实质上是一种虚幻的普遍性,它实际上遵从的仍然是市民社会的自私自利的逻辑。"从政治上废除私有财产不仅没有废除私有财产,反而以私有财产为前提。"[1]也就是说,政治国家并不能从根本上解决市民社会财产权问题所造成的个人存在的普遍性与特殊性的冲突。解决这一冲突在马克思看来,只能通过市民社会本身的自我革命,而这个革命的主体正是市民社会发展的一个结果。

最后,马克思财产权批判立足于市民社会本身的矛盾,揭示了解决矛盾的主体不能依靠现代政治国家,而只能依靠体现市民社会本身发展矛盾的一个群体,这个群体既表明作为市民社会阶级权利的丧失,又表明作为人的存在的自我丧失。在《〈黑格尔法哲学批判〉导言》中,马克思强调,这个群体就是作为市民社会革命的物质力量的无产阶级。无产阶级是"一个被戴上彻底的锁链的阶级,一个并非市民社会阶级的市民社会阶级,形成一个表明一切等级解体的等级,形成一个由于自己遭受普遍苦难而具有普遍性质的领域,这个领域不要求享有任何特殊的权利,因为威胁着这个领域的不是特殊的不公正,而是普遍的不公正,它不能再求助于历史的权利,而只能求助于人的权利"[2]。因此,无产阶级革命并不是寻求在财产权方面的肯定,也不是追求在财产权上的正义对待,而恰恰是以对财产权的否定为前提。

在马克思看来,无产阶级对财产权的否定,不是市民社会的一部分为了自身的特殊利益而进行的斗争,而是社会本身发展的必然结果,或者说,无产阶级对财产权的否定实际上是市民社会由于自身发展而进行的自我否定。

---

[1] 马克思,恩格斯. 马克思恩格斯全集:第3卷[M]. 2版. 中共中央马克思恩格斯列宁斯大林著作编译局,编译. 北京:人民出版社,2002:172.

[2] 马克思,恩格斯. 马克思恩格斯选集:第1卷[M]. 2版. 中共中央马克思恩格斯列宁斯大林著作编译局,编译. 北京:人民出版社,1995:14-15.

"无产阶级要求否定私有财产,只不过是把社会已经提升为无产阶级的原则的东西,把未经无产阶级的协助就已作为社会的否定结果而体现在它身上的东西提升为社会的原则。"[1]正是在这个意义上,马克思认为,无产阶级的解放不是"部分的纯政治的革命",而是真正的"人的高度革命",是"彻底的革命,全人类的解放"。

如果说《德法年鉴》时期的马克思仍然在市民社会与国家的框架下反思财产权问题,那么在《德法年鉴》之后,马克思则逐渐形成了财产权批判的独特思想路径。这就是立足市民社会本身的物质生产关系来揭示以财产权为核心的资本主义法权正义的本质,通过对英国古典政治经济学的存在论批判,实现对资本主义社会政治和经济体系所奠基的劳动价值论的批判。进而,马克思既继承了黑格尔基于权利视角从内部实现财产权批判的辩证法精神,更开创了从现实的社会关系——"资本"出发批判财产权及其塑造的法权正义的思想进路。

在《1844年经济学哲学手稿》中,马克思通过揭示私有制条件下人类劳动的异化,不仅明确提出了共产主义就是对私有财产的积极扬弃,而且更重要的是把财产权批判直接聚焦于黑格尔财产权批判所提出的核心问题,即私有财产与人的劳动的矛盾问题。

对于这个问题,黑格尔认为,人在劳动中确证人的自我意识与自由,劳动成果是劳动的外化即人的自我意识的对象化和具体化。但是,财产权所确立的个体性原则与劳动外化的上述普遍性原则产生对立,进而,在这一矛盾中,财产权应当让位于生命权。对此,马克思虽然明确肯定了黑格尔的贡献,即强调人的自我意识是在劳动过程中得到确证,并指出这是黑格尔辩证法的"伟大之处"[2]。但是,马克思紧接着更明确地提出,黑格尔虽然把劳动看作人的本质,但是他站在国民经济学家的立场上,只看到了劳动的积极方面,没有看到劳动的消极方面。因为"黑格尔唯一知道并承认的劳动是抽象的精神的劳动"[3],所以黑格尔所理解的劳动只是抽象的精神劳动,而精神劳动的外化和外化的扬弃,同样只是一个精神的抽象过程。在这样一种对劳动本质

---

[1] 马克思,恩格斯. 马克思恩格斯选集:第1卷[M]. 2版. 中共中央马克思恩格斯列宁斯大林著作编译局,编译. 北京:人民出版社,1995:15.

[2] 马克思,恩格斯. 马克思恩格斯全集:第3卷[M]. 2版. 中共中央马克思恩格斯列宁斯大林著作编译局,编译. 北京:人民出版社,2002:320.

[3] 同[2]320.

的观念论理解模式下,马克思所强调的现实的私有制条件下人的劳动的异化,是黑格尔无论如何也无法把握到的。

《1844年经济学哲学手稿》中对黑格尔自我意识哲学和劳动外化思想的批判,对于理解马克思财产权批判何以摆脱黑格尔的"权利"视角而走向"资本"视角,具有重要的理论价值。正是由于马克思看到了黑格尔精神劳动无法触及劳动的"异化",马克思才把财产权批判重心转移到对一个问题的持续追问:究竟是什么导致了本来应当确证人的真实存在的劳动,反倒与人相疏离,反过来反对和奴役人?由此,马克思把批判的重心聚焦到对资本主义生产方式及其所有制关系的剖析上,进而也就把对现代社会财产权批判的重心转移到对其所立足的资本逻辑及其剥削体系的批判上。

二、《资本论》的财产权批判

如果说在《1844年经济学哲学手稿》中,马克思只是"发现了问题",那么在《资本论》中,马克思则系统"解答了问题"。通过系统剖析资本与劳动的辩证关系,马克思揭示了资产阶级财产权的本质是将劳动作为资本增殖的工具而加以私人占有的权利,也深入剖析了财产权作为资本主义社会关系的构筑基础与资本主义生产方式的耦合关系,进而系统地论证了共产主义作为自由人联合体何以必然以扬弃私有财产及其私有制度为前提。

与青年时期基于市民社会与国家的关系这一政治批判视角开展财产权批判不同,经由《1844年经济学哲学手稿》完成批判视域的政治经济学转变,马克思后期对财产权批判主要聚焦于资本与劳动的关系。如果说"私有财产"的本质是异化劳动的结果,这是青年马克思财产权批判最为重要的结论,那么在《资本论》及其手稿中,马克思则不再直接基于异化劳动批判私有财产的"不人道",而是通过对资本生产与再生产机制的剖析,揭示资本对劳动的占有与资本生产与再生产机制的内在关联,从而既把财产权批判的重心落到其所维系的资本主义生产方式上,也把对资本生产方式的批判聚焦到资本对劳动的所有权关系上。

在对资本生产与再生产机制的剖析过程中,马克思发现,财产权与劳动之间理想的同一关系实际上并不存在,财产权不是对自己劳动以及劳动成果的直接确证,而是维系资本生产与再生产得以可能的权利义务机制。这种权利义务机制表现在,"所有权在资本方面就辩证地转化为对他人的产品所拥有的权利,或者说转化为对他人劳动的所有权,转化为不支付等价物便占有他人劳动的权利,而在劳动能力方面则辩证地转化为必须把它本身的劳动或它本身的产品看作他人财产的义务。所有权在一方面转化为占有他人劳动的权利,在另一方面则转化为必须把自身的劳动的产品和自身的劳动看作属于他人的价值的义务"[1]。在这一权利义务机制中,一方面,资本家把自己对于劳动和劳动产品占有的权利看作天然权利,另一方面,工人也把自己的劳动和劳动产品供他人使用看作天然义务。

结果,在资本的生产与再生产过程中,财产与劳动之间的关系在形式层面是同一的,但在实质层面则是分离的。因为财产虽然是劳动生产的结果,但是劳动者并不占有财产,而占有财产者并不劳动。财产与劳动的对立统一关系在马克思看来,所暴露的正是资产阶级财产权的固有矛盾,这就是"所有权最初表现为以自己的劳动为基础。现在所有权表现为占有他人劳动的权利,表现为劳动不能占有它自己的产品。所有权同劳动之间,进一步说,财富同劳动之间的完全分离,现在表现为以它们的同一性为出发点的规律的结果"[2]。

资产阶级财产权的固有矛盾表明,在资本生产过程中,资本对劳动的肯定实质是对劳动的否定,因为资本作为积累起来的财富是与劳动相分离的,资本家对财产的占有既是对他人劳动产品的占有,更是对他人劳动再生产能力的占有。因此,比劳动产品被资本所否定更重要的是,在以财产权为基础的资本生产过程中,资本与劳动、资本家与工人之间相互依附又相互否定的社会关系和生产关系不断获得再生产。"在这个过程中工人把他本身作为劳动能力生产出来,也生产出同他相对立的资本,同样另一方面,资本家把他本身作为资本生产出来,也生产出同他相对立的活劳动能力。每一方都由于再生产对方,再生产自己的否定而再生产自己本身。资本家生产的劳动是他人的劳动;劳动生产的产品是他人的产品。资本家生产工人,而工人生产资本家。"[3]

由此可见,马克思基于资本生产与再生产对财产权的批判,旨在揭示的是资本与财产权的合谋及其奴役劳动的本质。资本对劳动的奴役不仅通过财产权所确证的资本家对劳动和劳动产品的所有权来实现,而且更重要的是通过财产权确立起资本与劳动之间的再生产关系不断剥夺工人对劳动产品

---

[1] 马克思,恩格斯.马克思恩格斯文集:第8卷[M].中共中央马克思恩格斯列宁斯大林著作编译局,编译.北京:人民出版社,2009:106-107.

[2] 同[1]107.

[3] 同[1]107.

的所有权。正是在这种再生产关系中,资本对劳动的统治关系被不断再生产出来并被进一步强化。"工人丧失所有权,而对象化劳动拥有对活劳动的所有权,或者说资本占有他人劳动——两者只是在对立的两极上表现了同一关系——,这是资产阶级生产方式的基本条件,而绝不是同这种生产方式毫不相干的偶然现象。"[1]

正是由于资本对劳动在财产权意义上的"占有",并非资本主义生产方式的"偶然现象",而是构成资本主义生产方式"基本条件"的"必然现象",我们才能理解,马克思后期的财产权批判何以总是与资本主义生产结合起来,马克思对于资本主义生产方式的批判何以总是以对资产阶级财产权的分析为切入点。

《政治经济学批判大纲》中资本与劳动关系视域中的财产权批判在《资本论》中获得进一步的升华。这就是进一步剖析了资本与劳动权利的义务关系实质上是一种资本对"无酬劳动"的支配权。马克思指出:"资本不仅像亚当·斯密所说的那样,是对劳动的支配权。按其本质来说,它是对无酬劳动的支配权。一切剩余价值,不论它后来在利润、利息、地租等等哪种特殊形态上结晶起来,实质上都是无酬劳动时间的化身。资本自行增殖的秘密归结为资本对别人的一定数量的无酬劳动的支配权。"[2]

马克思这里所揭示的资本对"无酬劳动"的支配权,深刻揭示了简单商品流通中"权利"关系向资本生产过程中的"权力"关系的转变,而这正切中了自洛克以来自由主义政治哲学的理论软肋。这就是,劳动作为财产权合法性的基础只有在前资本主义生产方式下才具有真实解释力,而一旦社会生产方式进入以商品交换价值实现为主导逻辑的资本主义生产方式中,劳动与财产权的分离将不可避免,资本对"无酬劳动"的支配也不可避免。因此,"创造资本关系的过程,只能是劳动者和他的劳动条件的所有权分离的过程,这个过程一方面使社会的生活资料和生产资料转化为资本,另一方面使直接生产者转化为雇佣工人。因此,所谓原始积累只不过是生产者和生产资料分离的历史过程"[3]。

---

[1] 马克思,恩格斯.马克思恩格斯文集:第8卷[M].中共中央马克思恩格斯列宁斯大林著作编译局,编译.北京:人民出版社,2009:208.

[2] 马克思,恩格斯.马克思恩格斯文集:第5卷[M].中共中央马克思恩格斯列宁斯大林著作编译局,编译.北京:人民出版社,2009:611.

[3] 同[1]822.

劳动与财产权分离的结果是,以财产权为基础所确立起来的自由、平等、正义的价值体系随之轰然倒塌。因为财产权一旦脱离开劳动及其产品的现实支撑,它必然变成只有在形式层面才具有解释力的抽象价值,而且劳动者在生产活动中不仅丧失了对劳动产品的所有权,而且沦为被劳动产品所役使的工具,这更从前提上瓦解了财产权所支撑的个体利益与共同利益一致的理论预设。

正如马克思所指出的:"劳动力的买和卖是在流通领域或商品交换领域的界限以内进行的,这个领域确实是天赋人权的真正伊甸园。那里占统治地位的只是自由、平等、所有权和边沁。自由!因为商品例如劳动力的买者和卖者,只取决于自己的自由意志。他们是作为自由的、在法律上平等的人缔结契约的。契约是他们的意志借以得到共同的法律表现的最后结果。平等!因为他们彼此只是作为商品占有者发生关系,用等价物交换等价物。所有权!因为每一个人都只支配自己的东西。边沁!因为双方都只顾自己。使他们连在一起并发生关系的唯一力量,是他们的利己心,是他们的特殊利益,是他们的私人利益。正因为人人只顾自己,谁也不管别人,所以大家都是在事物的前定和谐下,或者说,在全能的神的保佑下,完成着互惠互利、共同有益、全体有利的事业。"[1]透过上述论断,我们不难看到,对于资本主义生产关系中生产者与生产资料分离所带来的社会分化,对于财产权在商品交换与商品生产两大领域内所发挥作用及其所形成的形式自由与实质奴役的鲜明对比,马克思均有着清醒的认识。正是基于这种清醒的认识,马克思透视到,财产权批判对于资本主义社会而言,不仅构成了资本主义生产方式的核心要素,而且构成资本主义社会统治的前提条件。只有彻底扬弃资产阶级私有制的社会关系,才能真正实现人的自由、平等和对劳动产品的所有。在这个意义上,笔者认为,马克思的财产权批判实现了对资产阶级财产权的根本批判。

因此,《资本论》及其手稿对于财产权的批判所指向的不仅仅是现代政治哲学所塑造的一种权利观念,更是指向借助这种权利观念所构造的现代社会的所有制关系。正是在这种所有制关系中,劳动者所创造的劳动产品不再是属于自身的生活和生产资料,而反过来是剥削和奴役自身的资本。正如马克思在《共产党宣言》中所强调的,"难道雇佣劳动,无产者的劳动,会给无产者

---

[1] 马克思,恩格斯. 马克思恩格斯文集:第5卷[M]. 中共中央马克思恩格斯列宁斯大林著作编译局,编译. 北京:人民出版社,2009:204-205.

创造出财产来吗？没有的事。这种劳动所创造的是资本，即剥削雇佣劳动的财产，只有在不断产生出新的雇佣劳动来重新加以剥削的条件下才能增殖的财产。现今的这种财产是在资本和雇佣劳动的对立中运动的"[1]。而揭示"资本和雇佣劳动的对立"正是马克思财产权批判思想的理论实质。

综上，如果说黑格尔基于"权利"视角内在揭示了财产权的哲学本质，并在此基础上构建了内含着个体权利的伦理体系，那么马克思则从根本上跳出了黑格尔的"权利"视角，而把目光转移到对财产权的诞生地即市民社会本身的解剖。而对市民社会的解剖只能在政治经济学语境下展开。由此，马克思实现了财产权批判视角的根本转换，即批判论域从思辨的法哲学转移到政治经济学，批判重心从"权利"转移到"资本"。

从"权利"到"资本"的批判重心的转移表明，马克思主张批判财产权不仅要从自然法权的权利层面批判，而且要从权利的存在论前提即自然法权形成的现实物质基础层面加以批判，也就是通过资本批判揭示现代性劳动结构的内在矛盾和张力，以资本批判理论瓦解古典政治经济学劳动价值论对财产权合法性的"经验"支撑，只有如此才能触及财产权内在矛盾和困境的本质。在这个意义上，马克思对财产权的批判从根本上超越了自由主义的视域，不仅对财产权作为一种市民社会的抽象法权给予了彻底批判，而且是对以财产权为基石所构建的资本主义法权正义体系的前提批判和内在超越。

第四节 马克思对法权正义的批判与超越

众所周知，在马克思不同时期的文本中，对正义都做出了批判性的论断。这些论断不仅集中在对资产阶级正义伪善性的批判中，而且表现在对拉萨尔等庸俗的社会主义者基于正义立场的资本主义批判中。正因如此，马克思的批判正义观一度成为国内外学界对马克思正义观研究的主要定位。

诚然，马克思的确对正义做出了众多批判性的论断，以艾伦·伍德为代表的国内外学者关于马克思批判正义的解读也确实有其文本依据。然而，我们暂且不谈对于马克思批判正义的论断学界尚存在诸多不同的观点，即使基于马克思持有批判正义观这一前提，马克思与正义的关系实际上仍有一系列

---

[1] 马克思,恩格斯. 马克思恩格斯选集：第1卷[M]. 2版. 中共中央马克思恩格斯列宁斯大林著作编译局,编译. 北京：人民出版社,1995：286-287.

问题有待澄清：马克思缘何批判正义？马克思所批判的正义仅仅是资产阶级意识形态语境中的正义观念，还是对正义本身的拒斥？马克思在批判正义的同时是否对正义新的形态有所期许？对于以上问题的追问要求我们重新审视已被国内外学界所普遍接受的一种观点，即马克思的正义批判主要是对法权正义的批判。

毫无疑问，正义是一个古老的人类政治追求，正义的形态随着社会历史的变迁也发生了重大变化。在古典城邦时代，正义是基于城邦和个人共同追求的最高伦理美德，而在现时代，随着启蒙理性对个人价值的高扬，正义转变为保障个体权利不可侵犯的社会最高价值规范。从伦理美德到价值规范的转变，意味着正义经历了从德性正义向法权正义的转变，也意味着法权正义成为现代人对于社会正义理解的基本形态。

正因如此，我们对于马克思正义观的探讨必须正视以上背景。因为马克思在相关文本中所做出的正义论断，主要是在现代社会的法权正义而非古典时代的德性正义语境下展开的。那么，这里就有一个问题，马克思对正义的批判在法权正义语境下展开，是否意味着马克思对于正义的理解也局限于法权正义？或者说，马克思对法权正义的批判是否定了正义还是重构了正义？

对于这个问题，艾伦·伍德提出："马克思对正义进行批判的根源，及其社会思想的根本原创性，就在于他拒绝接受这种政治的或法权的社会概念。"[1]由于"马克思对资本主义的谴责根本没有依靠某种正义概念（不管是明确的还是含蓄的）"，所以"那些试图从马克思对资本主义的诸多谴责中重构'马克思正义理念'的人，顶多只是把马克思对资本主义（或资本主义某些方面）的批判，转换成被马克思本人一贯视为虚假的、意识形态的或'神秘的'形式"[2]。伍德上述论断的逻辑很清楚：马克思拒绝现代社会的法权正义观念，这决定了他不可能基于正义批判资本主义。既然马克思不是基于正义批判资本主义，那么凡是基于资本主义批判视角重构马克思正义观的尝试，只能把马克思对资本主义的批判理解为抽象的意识形态批判，而这种抽象的意识形态批判恰恰是马克思所反对的。因此，马克思对于正义只有否定而没有重构。

伍德的上述观点在国内外学术界产生了广泛的影响并引发了持续至今

---

[1] 李惠斌,李义天.马克思与正义理论[M].北京：中国人民大学出版社,2010：5.
[2] 同[1]29.

的争论,而伍德论证也一度成为坚持马克思不持有积极明确正义观念阵营的核心理论支撑。然而,伍德论证看似严密,但是有一个非常重要的前提性问题伍德似乎始终没有真正触及,这就是财产权与法权正义的关系。笔者认为,如果这一关系不充分加以澄清,我们便无法真正理解马克思何以"拒绝接受法权的社会概念",也无法真正理解马克思何以"对资本主义的谴责根本没有依靠某种正义概念",更无法理解马克思的正义观念何以并非是虚假的意识形态和"神秘形式"。

为什么财产权与法权正义的关系如此重要?众所周知,马克思对法权正义的批判在诸多论断上早已被国内外学界所熟知,然而马克思相关论断背后对于法权正义批判的学理依据,则仍有待进一步阐释。而这一学理依据在笔者看来,正是构成法权正义基础的财产权。因为在法权正义所保障的诸个人权利中,个人对自身财产的所有权即财产权具有基础意义,财产权是现代性法权正义的支点。所以法权正义作为一套新型的社会价值规范体系,主要围绕着对财产权的守护展开。进而,当我们尝试深入阐释马克思对于法权正义的批判时,其阐释的切入点首先就在于,深入阐释马克思的财产权批判思想对于理解其法权正义批判思想的重要意义。

正如前文所述,马克思的财产权批判主要在"资本"批判的语境下展开,而这一转换也正是对黑格尔财产权批判的"权利"批判视角的根本变革。批判视角从"权利"到"资本"的转变,不仅标志着马克思基于人类社会的高度而非市民社会的论域,重新理解了财产权对于现代社会的消极影响,而且意味着马克思以超越性的视野走出了财产权自我辩护的合法领地,完成了对以财产权为基础的法权正义的黑格尔式批判进路的根本转变。

不同于黑格尔所尝试的将现代国家重构为伦理实体的正义进路,马克思始终在对市民社会的政治经济学批判中,揭示财产权与资本逻辑的媾和关系,从而通过资本批判实现财产权批判,再通过财产权批判实现正义批判。而这意味着马克思法权正义的批判是在"资本批判—财产权批判—正义批判"三者统一的框架下展开的。那么,这一思想框架对于我们深入阐释马克思对于法权正义的批判与超越究竟意味着什么?对于这一问题的回答,可以述诸对子问题的反思。

一、财产权批判中的法权正义批判

深入阐释马克思对法权正义的批判必须与深入阐释马克思的财产权批

判思想结合起来。对于法权正义,马克思并非简单地加以拒斥,也拒绝脱离法权正义立足的财产权支点抽象地探讨法权正义,而是紧紧围绕对法权正义的支点——财产权的批判展开。

关于马克思对法权正义的批判和拒斥,我们通常的理解大多从历史唯物主义的基本原理出发,强调包括正义在内的意识形态观念,并不具有独立的存在形式,而总是与其产生的社会生产方式紧密联系在一起的。换言之,马克思从来不是基于法权正义观念去理解和判断人类社会生活是否合理,而是相反,总是基于人类社会生活奠基其上的社会生产方式去认识和揭示法权正义的抽象本质。

诚然,历史唯物主义确实构成我们理解马克思法权正义观的基本哲学视角,但是如果仅仅把历史唯物主义的社会存在决定社会意识简单地套用到法权正义批判问题上,则使得法权正义与资本主义生产方式之间复杂的合谋关系被掩蔽起来。因为法权正义作为一种以权利保障为核心的正义观念,其保障的并不是抽象的一般权利,而是具体的财产权。同时,与法权正义相适应的社会生产方式也并不是抽象的一般生产方式,而是具体的资本主义生产方式。在这里,财产权作为维系法权正义与其社会存在基础之间的适应关系的纽带发挥了重要作用。因为资本主义生产方式之所以能够支撑法权正义,就在于资本主义生产方式是以财产权为前提来巩固财产权合法地位的社会存在。在此意义上,当我们深入理解马克思对于法权正义的批判时,就不可能绕过财产权与资本主义生产方式的内在关联,直接断言马克思拒斥法权正义。

因此,马克思对法权正义的批判就是对以财产权为前提的资本主义生产方式的批判,而以财产权为前提的资本主义生产方式在马克思看来,不仅仅是一种物质生产方式,同时也是一种以资本所有权为实质的社会关系和权力统治模式。正如马克思在《资本论》中所指出的:"物质财富的对立的社会规定性——物质财富同作为雇佣劳动的劳动之间的对立——,离开生产过程,已经表现在资本所有权本身中。这个要素是资本主义生产过程本身不断产生的结果,并且作为这样的结果又是它的不断存在的前提。"[1]

由此可见,以财产权为基础的法权正义作为一种社会价值体系,通过资本主义生产方式把一切社会存在资本化,并进一步把资本化的社会存在转变

---

〔1〕 马克思,恩格斯. 马克思恩格斯文集:第 7 卷[M]. 中共中央马克思恩格斯列宁斯大林著作编译局,编译. 北京:人民出版社,2009:398.

为支配他人劳动的权力。结果,财产权以资本所有权的方式保证了资本家占有"无酬劳动"和工人出卖"无酬劳动"是一种权利和义务相"对等"的具有法权正义性的社会关系。因此,法权正义对于马克思而言,并不是一种仅在理论层面对权利观念的维护,而是具体而实践地以财产权为核心内嵌于资本逻辑的生产与再生产机制中,并通过这种内嵌不断加强自身作为一种社会意识对社会存在的控制。

正是在这个意义上,我们才能理解,马克思何以总是拒绝立足法权正义来探讨问题,因为不是法权正义不为马克思所关注,而是马克思总是将法权正义与资产阶级财产权及其所主导的资本主义生产方式结合起来加以探讨。通过这种探讨,马克思对于法权正义的理解和批判,就不是简单的拒斥和否定,而是在对法权正义存在方式的总体把握中,揭示其发挥作用的内在机制及其限度,从而把握法权正义作为资本主义社会权力体系的本质。

二、资本批判中的法权正义批判

深入阐释马克思财产权批判必须与深入阐释马克思的资本逻辑批判思想结合起来。因为对于马克思而言,财产权并非仅仅规定了与财产所有相关的权利关系,而是内嵌于资本主义生产方式的社会关系。财产权推动了生产资料与生产者、财产与劳动的分离,正是这种分离保证了资本的生产与再生产的循环得以可能。所以在这个意义上,如果说财产权批判是马克思法权正义批判的前提,那么资本逻辑批判则是马克思财产权批判的前提,也是马克思法权正义批判的前提。

关于马克思的财产权批判思想,上文已经从黑格尔财产权的视角进行了比较,并对马克思自身思想历程的转变做了梳理。通过这一比较和梳理,我们基本上可以从纵向层面对马克思财产权批判思想的发展轨迹有比较系统的了解。而这一把握基本可以归纳为两个结论。其一,财产权塑造了一种资本主义社会独有的权利—义务机制,这就是资本家无偿占有"无酬劳动"的权利和工人将"无酬劳动"看作他人财产的义务。其二,依靠财产权所塑造的权利—义务机制,资本逻辑以榨取"剩余价值"为核心的资本生产和再生产的循环机制得以运行。纵向梳理固然可以把握思想的发展轨迹,但代替不了对思想结构的深度把握。所以接下来,我们就循着以上两点结论,尝试在资本逻辑批判语境下,对财产权及其所构筑的法权正义体系加以横向剖析。

如前文所述,在资本主义生产方式中,财产权使得生产资料与生产者相分离,而这种分离的直接结果是工人不占有生产资料而只占有自己的劳动能力即劳动力,而资本家则占有生产资料并通过货币购买工人的劳动力。进而,工人在与资本家的劳资关系中,只拥有对自己劳动力及其价格的所有权,而不具有对自己劳动成果的全部所有权,因为劳动对象即生产资料是资本家的财产,工人的财产只有劳动力。换言之,资本家与工人在财产权层面的权利—义务机制,实质上只有在劳动与劳动力相分离这个层面才能获得合理的解释。而财产权之所以构成资本主义生产方式得以可能的前提,就在于财产权推动了现代劳动二元结构的产生即劳动与劳动力的分离,这一分离也被马克思看作理解政治经济学的"枢纽"[1]。

为什么劳动与劳动力的分离是理解政治经济学的"枢纽"?众所周知,劳动与劳动力的区分是马克思发现"剩余价值"并由此突破古典政治经济学劳动价值论体系的关键。在马克思看来,古典政治经济学家们虽然创造性地发现了劳动作为商品价值的来源,但是对于劳动的理解只是从一种抽象的人类活动的角度加以理解,而没有对资本主义生产方式中的劳动进行具体考察,更不可能理解"剩余价值"的真实意义。正如在李嘉图那里,他虽然看到"剩余价值"是资本生产的前提,但是由于无法把握"剩余价值"作为超出劳资关系之外的对象化劳动的结果,所以他只能把"价值和财富"绝对对立起来[2]。

与之不同,马克思则深刻地指出,在资本主义生产方式中,资本家所购买的并不是抽象的劳动,而是具体的劳动力。资本家之所以购买劳动力,就在于劳动力作为一种特殊的商品,除了以工资形式确认工人对其的所有权,还能创造超出这一所有权范围的"剩余价值"。正如马克思所言:"包含在劳动力中的过去劳动和劳动力所能提供的活劳动,劳动力一天的维持费和劳动力一天的耗费,是两个完全不同的量。前者决定它的交换价值,后者构成它的使用价值。维持一个工人24小时的生活只需要半个工作日,这种情况并不妨碍工人劳动一整天。因此,劳动力的价值和劳动力在劳动过程中的价值增殖,是两个不同的量。资本家购买劳动力时,正是看中了这个价值差额。"[3]

而这意味着,资本家以购买劳动力的价格占有了工人的劳动本身,本来

---

[1] 马克思,恩格斯.马克思恩格斯文集:第5卷[M].中共中央马克思恩格斯列宁斯大林著作编译局,编译.北京:人民出版社,2009:55.

[2] 马克思,恩格斯.马克思恩格斯全集:第30卷[M].2版.中共中央马克思恩格斯列宁斯大林著作编译局,编译.北京:人民出版社,1995:288.

[3] 同[1]225.

发生在流通领域内的法权交换关系,现在却构成了决定生产领域内生产得以可能的前提条件。换言之,劳资关系中的权利义务本来只在劳动力的买卖层面才具有财产权的合理性,但是在实际的资本与雇佣劳动的关系中,资本家不仅以提供薪酬的方式占有了劳动力,而且占有了工人除自身工资之外所创造的"价值差额"即"剩余价值"。因为"剩余价值总是超过等价物的价值。等价物,按其规定来说,只是价值同它自身的等同。所以,剩余价值绝不会从等价物中产生;因而也不是起源于流通;它必须从资本的生产过程本身中产生"[1]。

因此,"剩余价值"被资本家以财产权的理由占有意味着,资产阶级财产权逾越了自身的限度,进而也暴露了自身的内在矛盾。这个矛盾就是,本来以劳动作为自身存在基础的财产权,反倒敌视和反对劳动本身。因为劳动本身并不是抽象的观念,而就是在对劳动对象的改造中创造劳动产品。资产阶级财产权却以劳动与劳动产品的所有权的分离为前提,使得"对过去的或客体化了的他人劳动的所有权,表现为进一步占有现在的或活的他人劳动的唯一条件"[2]。

资产阶级财产权的限度及其内在矛盾决定了,以财产权为基础所支撑的资本主义社会的法权正义体系,只有在将劳动抽象化为劳动力的资本生产方式中才具有所谓的"正义性"。一旦我们跳出劳动力买卖这一抽象的权利关系所在的"流通领域",进入劳动的具体生产活动所在的"生产领域",那么劳资关系之间"等价交换"的"正义性"的内在矛盾就必然会暴露出来,资产阶级法权正义的价值体系也必然被超越。

三、私有制批判中的法权正义批判

深入阐释马克思对法权正义的批判必须与深入阐释马克思的资本逻辑批判思想结合起来。虽然马克思不是基于法权正义批判资本主义,但是马克思的确是在资本主义生产方式的批判中完成法权正义批判的。马克思是在剖析法权正义的社会存在基础的同时,揭示法权正义超越自身限度的可能性。从而,既以生产方式批判揭示私有制的生产关系及其构筑的法权正义观念的伪善性,又以生产方式变革推动社会所有制的根本变化,推动正义实现

---

[1] 马克思,恩格斯.马克思恩格斯全集:第30卷[M].2版.中共中央马克思恩格斯列宁斯大林著作编译局,编译.北京:人民出版社,1995:285.

[2] 同[1]449.

方式的自我革新。

马克思资本批判语境下财产权批判及其基础上的法权正义批判，紧紧围绕资本、财产权、劳动三者的关系展开。资本批判的直接目的是揭示财产权是资本增殖的前提条件，其更为深层的目的则在于揭示财产权与劳动之间的相互耦合又相互冲突的辩证关系。正是通过对这一关系的深度剖析，马克思认识到，要想从根本上瓦解法权正义观念，就必须彻底颠覆法权正义观念产生和维持的现实基础，而这个基础正是由财产权与劳动的辩证关系所构筑的资本主义财产私有制度。"共产主义革命就是同传统的所有制关系实行最彻底的决裂；毫不奇怪，它在自己的发展进程中要同传统的观念实行最彻底的决裂。"[1]马克思这里所强调的"传统的所有制"正是资产阶级的所有制，即财产私有制度，所强调的"传统的观念"正包括正义在内的资本主义社会的"永恒真理"。

那么，共产主义与资产阶级财产私有制及其构筑的法权正义观念的彻底决裂，是否也意味着共产主义必然消灭个人自由呢？因为财产以及财产权近代以来一直被看作个人自由的基础。对此，马克思指出，资本主义生产方式所创造的财产只确证资本家的自由，而不可能确证工人的自由。因为在资产阶级财产权制度中，只有资本家拥有对财富的所有权，而工人只具有出卖自身劳动力的权利，所以资本家的财产权实际上构成了剥削工人剩余价值的"权力"。因此，只有消灭资本家对财产的私人占有的权利合法性，才能真正消灭"资本与雇佣劳动"对立所构筑的社会权力，而消灭"资本与雇佣劳动"对立所构筑的社会权力意味着，一方面必须"把资本变为公共的、属于社会全体成员的财产"，另一方面必须消灭工人只能够依靠自己的劳动"勉强维持他的生命的再生产"的个人占有。在这个意义上，马克思坦言：消灭资产阶级财产私有制"正是要消灭资产者的个性、独立性和自由"。因为在资产阶级社会里，只有"资本具有独立性和个性，而活动着的个人却没有独立性和个性"[2]。

由此可见，马克思主张消灭资产阶级私有制，不仅不是要消灭一般的所有制，而恰恰是要重建个人和社会对劳动产品的占有，"我们决不打算消灭这种供直接生命再生产用的劳动产品的个人占有，这种占有并不会留下任何剩

---

[1] 马克思,恩格斯.马克思恩格斯选集：第1卷[M].2版.中共中央马克思恩格斯列宁斯大林著作编译局,编译.北京：人民出版社,1995：293.
[2] 同[1]287.

余的东西使人们有可能支配别人的劳动"[1]。因此,与资产阶级社会"过去支配现在"不同,共产主义社会是"现在支配过去"[2]。而马克思这里所强调的从"过去支配现在"到"现在支配过去"的转变,所指的正是由"以死劳动支配活劳动"的财产私有制转变为基于现实的生产生活需要支配劳动产品的社会所有制。而这一转变意味着,社会正义的实现方式不再是对以财产权为核心的抽象权利的保障,而恰恰是通过消灭这样一种以维护财产权为正义标尺的法权正义,重构社会产品的分配机制。

关于社会产品的新型分配机制,马克思在《哥达纲领批判》中曾做出明确的说明。马克思认为,对于共产主义社会的分配机制应该从共产主义的两个发展阶段去认识。

在共产主义的第一个阶段,也就是刚刚从资本主义社会发展而来的阶段,尽管生产方式已经发生根本变革,但是由于"经济、道德和精神方面都还带着它脱胎出来的那个旧社会的痕迹",所以分配难免会保有资本主义社会的"框框",也就是说平等权利仍然是社会分配的基本原则,尽管这一分配的标准是劳动者为社会提供的劳动量。"这里通行的是调节商品交换(就它是等价的交换而言)的同一原则。内容和形式都改变了,因为在改变了的情况下,除了自己的劳动,谁都不能提供其他任何东西。另一方面,除了个人的消费资料,没有任何东西可以转为个人的财产。至于消费资料在各个生产者中间的分配,那么这里通行的是商品等价物的交换中通行的同一原则,即一种形式的一定量劳动同另一种形式的同量劳动相交换。"[3]由于这种分配方式所坚持的平等权利原则仍然带有法权正义的局限,所以马克思强调,为避免社会的贫富分化,适当的超越权利平等原则的"矫正"是必要的。

在共产主义的高级阶段,社会分工不再基于外在的社会安排,而是基于个人在劳动中自我实现的需要,"劳动已经不仅仅是谋生的手段,而且本身成了生活的第一需要"。这时,个人的全面发展与社会生产力的增长实现了统一,社会财富充分"涌流"。只有在上述条件下,资产阶级社会的基于抽象权利所理解的法权正义的"狭隘眼界"才能被完全超越。"社会才能在自己的旗

---

〔1〕 马克思,恩格斯. 马克思恩格斯选集:第1卷[M]. 2版. 中共中央马克思恩格斯列宁斯大林著作编译局,编译. 北京:人民出版社,1995:287.

〔2〕 同[1]287.

〔3〕 马克思,恩格斯. 马克思恩格斯文集:第3卷[M]. 中共中央马克思恩格斯列宁斯大林著作编译局,编译. 北京:人民出版社,2009:434.

帜上写上：各尽所能，按需分配！"[1]

尽管对共产主义的分配方式做出了明确的说明，但是马克思紧接着还强调了他之所以做出以上论述，根本目的不是为了刻画一种理想社会的理想分配形式，而是为了纠正和批判以拉萨尔等人为代表的庸俗社会主义者将共产主义革命狭隘地理解为旨在追求分配正义。对此，马克思指出："消费资料的任何一种分配，都不过是生产条件本身分配的结果；而生产条件的分配，则表现生产方式本身的性质。……庸俗的社会主义者仿效资产阶级经济学家（一部分民主派又仿效庸俗社会主义）把分配看成并解释成一种不依赖于生产方式的东西，从而把社会主义描写为主要是围绕着分配兜圈子。既然真实的关系早已弄清楚了，为什么又要开倒车呢？"[2]

可见，对于分配的正义性问题，马克思始终拒绝脱离与之相应的生产方式加以抽象的探讨，因为与生产方式相比，分配方式总是附属性的，生产方式的性质决定了分配方式的性质。因为生产方式本身已经包含着生产资料的分配形式，那么消费资料的分配形式不过是生产资料的分配形式的结果而已。正是在这个意义上，马克思才提出，庸俗的社会主义者脱离生产方式探讨分配正义是在开理论的"倒车"。也正是基于此，笔者认为，深入阐释和理解马克思对于法权正义的批判与超越，决不能再开理论的"倒车"，而应当牢牢立足于对法权正义所植根的资本主义生产方式的考察。在这一考察中，"劳动价值论"作为马克思资本主义生产方式批判的"拱心石"，既构成国内外学界关于马克思正义观争论的焦点场域，更构成马克思在资本批判中完成正义批判的基本"枢纽"，尤其值得关注。

---

[1] 马克思,恩格斯.马克思恩格斯文集：第3卷[M].中共中央马克思恩格斯列宁斯大林著作编译局,编译.北京：人民出版社,2009：435-436.
[2] 同[1]436.

第三章

劳动价值论：马克思解读正义的枢纽

阐释马克思的正义观必须回到政治经济学语境，不仅在于政治经济学批判从抽象到具体的总体性辩证法是马克思运思正义的方法论基础，也不仅在于政治经济学批判是马克思揭示法权正义的抽象本质及其固有限度的基本场域，更在于政治经济学批判构成马克思解读正义的理论"枢纽"。这一"枢纽"意义不但体现在马克思关于正义问题的探讨经历了从法哲学批判到政治经济学批判的视角转换，马克思的正义判断大都蕴含在其政治经济学批判论著中，而且体现在政治经济学批判是马克思批判和阐发正义理解的基本"问题域"，劳动价值论所关涉的劳动、劳动力、交换价值、使用价值和剩余价值等概念与正义的关系，成为深入阐释马克思正义观必须加以系统解析的核心问题。

毋庸置疑，在政治经济学批判语境下探讨马克思的正义观点，已经逐渐成为国内外学界的理论共识。然而，究竟如何在政治经济学批判语境下推进马克思正义观研究，学术界虽然已经从不同视角给予不同的阐发，但既有研究似乎很少对马克思政治经济学批判的思想基础——"劳动价值理论"中的正义问题做专门探讨。即使劳动、工资、剩余价值、生产方式与正义的关系早已被国内外学界所触及，但究竟如何在马克思劳动价值理论的"问题域"中再现其正义观意蕴，似乎仍然缺乏系统和深入的探讨。对此，笔者认为，在政治经济学批判语境下探讨马克思正义观，必须深入反思马克思劳动价值理论中三个经常被提及却仍晦暗不明的正义问题：正义何以与劳动相关？剩余价值是否正义？正义与生产方式的一致意味着什么？只有在清理地基的意义上重新剖析这些问题，政治经济学批判作为阐释马克思正义观的"枢纽"意义才能真正获得澄清。

第一节　正义何以与劳动相关

尽管学界关于马克思哲学中是否存有一种正义理论有着不同的理解，但一般不会否认马克思结合劳动概念对正义做出过相关探讨，也不会否认马克思探讨正义总是与劳动相关联。那么，当我们姑且悬置关于马克思是否持有一种正义理论的判断，而面向马克思探讨正义的视角时，一个亟须反思的前提性问题凸显出来：马克思缘何从劳动出发探讨正义？正义何以与劳动相关？

一、从古典劳动概念到现代劳动概念

在古典时代，由于物质生产活动被看作满足人的生命需要的活动，与人的肉体欲望和生物存在相关，因而从事物质生产活动的人及其劳动被排除在政治活动之外。既然劳动是奴隶从事的满足肉体生存需要的非公民活动，那么它就无法进入公共性的政治领域。劳动是不自由的表现，因为自由的人是不劳动的。

而且更重要的是，古典时代的自由人恰恰通过奴役劳动的人以免于被生命必需品所统治，进而达到自由，或者说，一部分人的自由是以另一部分人的不自由为前提的。正如阿伦特所言："劳动意味着被必然性所奴役，而这种奴役内在于人类生活状况中。因为人受到生命必需品的统治，他们就只能通过统治那些由于被迫而服从必然性的人，来赢得他们的自由。"[1]因此，在古典政治哲学视域中，劳动是私人性的个人为满足生命需要从事的活动，是受到自然需要限制的非自由的活动。与之不同，政治行动是为谋划城邦社会德性和公共善而进行的自由活动，它是发生在自由民即非劳动者之间的对话和行动。因此，劳动与政治在古典时代，被看作两个层级的人类活动方式，分别对应私人领域和公共领域。换言之，与追问形而上学对象的哲学活动和谋划城邦理想政制的政治实践活动相比，劳动总被看作人类活动的最低级形式。政

---

[1] 阿伦特.人的境况[M].王寅丽,译.上海：上海人民出版社,2009：62.

治公共领域并不关心劳动，劳动也不能为政治公共领域问题的解决提供方案。

由于在古典政治语境中，劳动被排除在外，进而古典政治哲学所关注的核心问题——"正义"也就不可能诉诸劳动来加以探讨。既然劳动与政治无关，那么劳动也就与正义无关，古典政治哲学把劳动排除在探讨正义的语境之外，正义无须也不可能从劳动中获得价值支撑。在古典政治哲学视域中，正义在个人层面是公民按其本性生活的美德，在公共性层面是理想政制设计遵循的至善。在柏拉图和亚里士多德的政治哲学语境中，正义要么被理解为一种先验的精神理念，要么被理解为城邦共同体追求的至善。

众所周知，《国家篇》（又译《理想国》）是柏拉图探讨正义最为集中也最为著名的文本。在这里，柏拉图借苏格拉底之口，通过对正义与不正义在功利和伦理德性等方面的价值和影响，详细阐述了要想创建一个正义的国家，需要遵循哪些标准和原则，需要对个人的生命、德性和行为进行哪些规训和调教。然而，尽管柏拉图就正义及其实现方式做了细致的分析，但是就正义本身而言，柏拉图认为，正义作为理想国家应遵循的最高理念实际上是无法实现的。正是由于正义是无法实现的，所以它才作为先验的国家理念用来规范现实城邦的政治生活。

更让我们印象深刻的是，翻遍整个《国家篇》，我们丝毫找不到柏拉图关于劳动与正义关系的论述，反而明显看到柏拉图对于英雄和德性高尚的人物在引导国家正义上所发挥的重要作用的强调。同时，既然正义意味着对理想的城邦生活做出一系列理性的规制，那么在这些规制中，最为重要的是一定要让哲学家成为国家的王。因为只有当统治者的政治权力与其聪明才智合而为一的时候，才能保证国家为公民造福的正义性[1]。"只要让真正的哲学家，或多人或一人，掌握这个国家的政权。他们把今人认为的一切光荣的事情都看作下贱的无价值的，他们最重视正义和由正义而得到的光荣，把正义看作最重要的和最必要的事情，通过促进和推崇正义使自己的城邦走上轨道。"[2]

由此可见，在柏拉图的政治哲学视域中，正义意味着一种理性的先验构造的结果，正义的国家就是由哲学王根据自身的理性能力对政治生活的普遍

---

[1] 柏拉图.理想国[M].郭斌和，张竹明，译.北京：商务印书馆，1986：215.
[2] 同[1]310.

性谋划。换言之,柏拉图认为政治的正义性必须借助理论哲学的合理性规制来实现。不仅正义的理念需要哲学思辨来完成,而且正义的实践也只有通过哲学家才能实现。因为只有哲学家能够在最高的善的层面上把握正义作为一种理念的内涵和价值,也只有哲学家能够以正义这一最高的善来进行相应的统治。这表明,正义对于柏拉图而言,始终与人的物质生产活动无关,而是哲学这一超越了功利性纠缠的纯粹思辨性活动的对象。换言之,正义作为规范城邦政治之实践的先验理念,始终与劳动无关,而只与哲学相关。

不同于柏拉图的理念论哲学视域中的正义理论的建构模式,亚里士多德关于正义的探讨是在其实践哲学的框架下展开的。在《尼各马可伦理学》和《政治学》中,亚里士多德辨析了两种正义形态,一种是城邦政治在制度设计上所秉持的伦理德性之善,另一种是个人在社会经济活动中秉持的社会事实之善。而且在辨析过程中,亚里士多德始终对正义的理论建构持有实践哲学的审慎态度,这就是,"在政治科学或伦理学中不存在任何普遍的或科学的真理,因此也不存在定义'平等'的普遍方式"[1]。

因此,在亚里士多德看来,正义不应仅仅被看作关涉德性品质的道德问题,也不应仅仅被看作关涉财富利益分配的社会问题。正义的实质是将上述两个层面统一起来,它关涉的是在具体的社会生活中,城邦共同体能否为个体的自我实现和充分发展提供合理的制度保障和伦理引导。因此,正义既是一个政治共同体问题,又是一个社会伦理问题。

出于这样一种正义理解,亚里士多德提出了两种正义理论形态。一种是特殊正义,它关涉财富的分配机制和原则,包括分配正义、调节正义和互惠正义,另一种是普遍正义,它关涉政治共同体之善与个体之善的关系。通过这一区分,亚里士多德为柏拉图的形而上学正义观念注入了现实性的社会伦理内涵,开创了一种作为社会伦理形态的正义观念的思想谱系。

尽管对于柏拉图基于理念论哲学所创立的先验正义观,亚里士多德在实践哲学层面做出了较大的修正,并且自觉认识到物质财富分配的正义对于城邦正义的构建的重要作用。然而,需要强调的是,亚氏的正义探讨仍然没有自觉把劳动纳入分析正义的语境中,因为我们暂且不谈城邦内的物质财富的分配问题只是自由民和城邦公民的经济事务,根本不可能将财富的创造者即

---

[1] 麦卡锡.马克思与古人:古典伦理学、社会正义和19世纪政治经济学[M].王文扬,译.上海:华东师范大学出版社,2011:114.

劳动者考虑在内，即使就亚里士多德所强调的分配正义及其原则与措施本身而言，也根本不可能把生产过程或劳动过程的正义问题考虑在内。

因为对于古希腊城邦而言，人与人之间的不平等即奴隶劳动而不占有劳动产品，是作为城邦的本性而存在的。换言之，劳动过程中是否奴役了劳动者和不劳动者是否占有财富的问题，对于古希腊城邦的哲学家们而言，并未构成真实的正义问题。正是在这个意义上，我们看到，柏拉图和亚里士多德尽管都以正义作为其哲学思考的重要内容，但是正义始终与劳动无关，劳动始终被排斥在正义探讨的语境之外。

古典政治哲学之所以将劳动排除在探讨正义的语境之外，其根本原因在于古典时代，城邦的政治生活与社会经济生活在精神价值上是一致的，或者说，城邦政治生活所寻求的作为政治理念的公共善与人们社会生活所遵循的作为伦理德性的公共善是一致的。而决定这种一致性的社会根源在于，古典时代人们的经济生活并没有从政治生活中分离出来，而是作为政治生活的要素而存在。换言之，由于人类的物质生产活动是附属于人类的政治意识形态生活的，所以作为物质生产活动的核心要素——劳动自然只能处于从属地位，而并不具有影响人们对于公共善理解的作用。

劳动与正义发生关联肇始于现代社会的政治生活与经济生活的分离。在现代社会，政治生活逐渐从经济生活中分离出来，这使得正义由一种表征个人美德和理想政治的"崇高德性"，转变为为政治权力合法性提供理论支撑的"权宜之计"。既然是"权宜之计"，就必须有充足的理由加以论证，而劳动在这一背景下走进正义，现代性正义以劳动为支点获得充足的政治存在理由。

在《政府论》中，洛克说："我的马所吃的草、我的仆人所割的草皮以及我在同他人共同享有开采权的地方挖掘的矿石，都成为我的财产，无须任何人的让与或同意。我的劳动使它们脱离原来所处的共同状态，确定了我对它们的财产权。"[1] 可见，在洛克看来，之所以"得其所应得"是正义的，是因为决定"应得"的"得"是"劳动所得"，也就是说是我的劳动赋予我对我的劳动成果的所有权以正当性。进而，洛克关于劳动与所有权内在关联的论证，为现代社会的财产权理论奠定了理论基础。不止于此，洛克进一步提出，在现代社

---

[1] 洛克.政府论：下篇：论政府的真正起源、范围和目的[M].叶启芳，瞿菊农，译.北京：商务印书馆，1964：19.

会中,政府的存在之所以是必要的,就在于它能够保护我对我的财产所拥有的所有权即财产权不受侵犯,"人们联合成为国家和置身于政府之下的重大的和主要的目的,是保护他们的财产"[1]。因此,在洛克政治哲学视域中,判断一种制度和一个人的行为是否正义的标尺在于,它是维护还是损害了作为现代性政治合法性基础的财产权,是维护还是损害了人类在"得其所应得"中对自身劳动所创造财产的确证。由此可见,劳动不仅与现代性的正义理解密切相关,而且是现代性法权正义之基石。

不仅是洛克,在西方近代政治哲学契约论和功利主义两大传统中,哲学家们都注重从劳动着手为财产权的合法性以及政治权力的正当性提供充足理由。在契约论传统中,政治契约订立的前提即在于克服自然状态对个体劳动所得的威胁,以让渡自然权利的形式实现对公民财产权的确证。在功利主义传统中,政府的唯一任务就是保护劳动者对其所创造财富的所有权,激发劳动者通过劳动创造财富的积极性,从而最大限度地增进社会福祉[2]。

二、马克思对现代劳动概念的分析

基于上述思想史语境,我们才能理解,为什么马克思尽管很少直接探讨正义,但只要涉及正义相关的话题,总是从劳动出发。因为劳动作为现代性契约政治获取自身理论合法性的重要来源,是由现代政治革命的本性所决定的。

在马克思看来,"政治革命"的本质是"市民社会革命"。"市民社会革命"意味着把市民社会从其作为政治国家附庸的地位解放出来。"消灭了市民社会的政治性质"[3],意味着将市民社会中的财产、家庭、劳动方式等本来作为"国家生活的要素",上升为"社会的要素"[4],意味着通过打倒统治者的权力统治,把国家政治事务这一公共性事务提升为人民事务。政治公共性不再以国家意志的形式表现出来,而成为每个个体的普遍事务[5]。

因此,现代政治革命所完成的政治解放,本质上是将市民社会从政治中

---

[1] 洛克.政府论:下篇:论政府的真正起源、范围和目的[M].叶启芳,瞿菊农,译.北京:商务印书馆,1964:77.

[2] 施特劳斯.政治哲学史:下[M].李天然,译.石家庄:河北人民出版社,1993:865.

[3] 马克思,恩格斯.马克思恩格斯全集:第3卷[M].2版.中共中央马克思恩格斯列宁斯大林著作编译局,编译.北京:人民出版社,2002:187.

[4] 同[3]187.

[5] 同[3]187.

解放出来，也就是将市民社会的要素——财产和劳动等经济生活要素从政治生活中解放出来。结果，政治公共性的支点不再是政治国家的公共善，而是个体对自身劳动所得即财产的权利。市民社会的解放意味着利己的个体的人的诞生，也意味着劳动由私人领域进入公共领域。"封建社会已经瓦解，只剩下了自己的基础——人，但这是作为它的真正基础的人，即利己的人。因此，这种人，市民社会的成员，是政治国家的基础、前提。他就是国家通过人权给予承认的人。"[1]在这个意义上，马克思对现代政治革命本质的把握，深刻揭示了现代市民社会诞生的本质及其效应，这就是劳动及其所创造的财产摆脱了政治公共性的束缚，而获得了社会公共性的意义。劳动在人类政治思想史上首次由私人性的活动转变为能够深刻影响人类政治生活和社会生活的公共性活动。结果，在现代社会探讨公共性的正义问题，便不可能把劳动排除在外。因为道理很清楚，既然劳动构成现代社会生活和政治生活的支点，那么要想探寻现代性正义问题，就必须以反思现代性的劳动概念为切入点。

究竟如何在现代政治革命的诸多效应中反思劳动概念呢？马克思指出："政治革命把市民生活分解成几个组成部分，但没有变革这些组成部分本身，没有加以批判。它把市民社会，也就是把需要、劳动、私人利益和私人权利等领域看作自己持续存在的基础，看作无须进一步论证的前提，从而看作自己的自然基础。"[2]可见，既然政治革命只能去除市民社会的政治性质，而不可能触及市民社会本身的要素，那么，马克思市民社会批判的入手处正是作为市民社会存在基础的需要、劳动、私人利益和私人权利。而在这些要素中，劳动作为人类满足物质需要的前提，作为私人利益和权利的来源，构成批判的核心要素。

需要着重强调的是，在马克思政治哲学视域中，劳动既不是一个政治学概念，也不是一个经济学概念，而是一个政治经济学批判语境下的哲学概念。尽管阿伦特颇具见地地看到马克思劳动理论的政治哲学革命意义，"马克思学说真正反传统的倒是一个未曾有的侧面，即对劳动的赞美。它却是哲学发轫以来经常遭到蔑视的，被认为没有必要特意去理解、解释那不中用的人及其营生活动，也没有必要重新评价被轻视的工人阶级和劳动。马克思是19

---

[1] 马克思,恩格斯.马克思恩格斯全集：第3卷[M].2版.中共中央马克思恩格斯列宁斯大林著作编译局,编译.北京：人民出版社,2002：187-188.

[2] 同[1]188.

世纪唯一使用哲学用语真挚地叙说了19世纪的重要事件——劳动的解放的思想家"[1]。但是,阿伦特只看到了马克思劳动概念的政治哲学向度与古典政治哲学的差别,却没有看到马克思的劳动作为一个政治哲学概念是在批判古典政治经济学劳动概念的基础上构建起来的。

众所周知,以亚当·斯密和大卫·李嘉图为代表的英国古典政治经济学实现了对经济学一般劳动概念的提炼。但是,古典政治经济学的劳动是为现代社会财富增殖逻辑提供动力来源的经济学概念。与之不同,马克思政治经济学批判之所以能够完成对古典政治经济学的批判,就在于它首先把劳动理解为一个开放性的哲学概念,并以此揭示和批判现代社会财富增殖逻辑背后的权力统治逻辑。在这个意义上,马尔库塞对劳动的经济学意蕴和哲学意蕴的区分对于理解马克思的劳动概念具有重要价值,"劳动之本质的事实情况并不建筑在财物的缺乏之上,也不在于现有的、可支配的财物世界落后于人的需求。相反,劳动的本质在于人的此在对于他自身和世界之每一种可能的状态均具有本质上的超越性:人的存在总是多于他当时的此在,——它超越每一种可能的状态,因而它就恰好处于同自身的不可消除的矛盾之中。这种矛盾要求一种持续的劳动以达到对这种矛盾的克服,虽说此在永远不可能止息于对它本身以及它的世界之占有"[2]。可见,经济学的劳动概念实质是一种封闭性的作为财富价值合法性来源的抽象概念,而哲学的劳动概念则是一个开放性的表征人类矛盾存在方式的具体概念。马克思政治经济学批判对劳动与劳动力的区分,对雇佣劳动与资本之间的矛盾关系的揭示,正体现了马克思劳动概念的哲学意蕴。正如恩格斯所指出的:"他(指马克思)研究了货币向资本的转化,并证明了这种转化是以劳动力的买卖为基础的。他以劳动力这一创造价值的属性代替了劳动,因而一下子就解决了使李嘉图学派破产的一个难题,也就是解决了资本和劳动的相互交换与李嘉图的劳动决定价值这一规律无法相容这个难题。"[3]

在《雇佣劳动与资本》中,马克思指出:"看起来好像是资本家用货币购买工人的劳动,工人是为了货币而向资本家出卖自己的劳动,但这只是假象。

---

[1] 阿伦特.马克思与西方政治思想传统[M].孙传钊,译.南京:江苏人民出版社,2007:12.
[2] 马尔库塞.现代文明与人的困境[M].李小兵,译.上海:上海三联书店,1989:231.
[3] 马克思,恩格斯.马克思恩格斯选集:第2卷[M].2版.中共中央马克思恩格斯列宁斯大林著作编译局,编译.北京:人民出版社,1972:280.

实际上，他们为了货币而向资本家出卖的东西，是他们的劳动力。"[1]"劳动力是一种商品，是由其所有者即雇佣工人出卖给资本的一种商品。"[2]不难发现，马克思上述论断着重强调了资本主义雇佣劳动的实质并不是对抽象劳动概念的买卖，而是对活生生的人类生命活动即劳动力的买卖。所以，资本家以雇佣劳动的形式从工人那里购买的并不是抽象的劳动力，而是具体的劳动。

劳动与劳动力的区分是马克思劳动概念与古典政治经济学劳动概念的实质差别，也是我们深入阐释马克思劳动价值理论中的正义问题的前提。马克思通过强调劳动在确证人的类本质方面的存在论意义，揭示资产阶级政治经济学劳动价值论的反劳动本质，以此打破雇佣劳动与资本之间的正义"假象"，进而从内部瓦解现代性政治的"得其所应得"的狭隘正义观，把对正义的批判和理解聚焦于对资本主义生产方式及其所构建的社会关系的总体考察。

马克思追问："他（指工人阶级）为什么出卖它（指劳动力）呢？"[3]答案是：为了生活。但是，"劳动力的表现即劳动是工人本身的生命活动，是工人本身生命的表现。工人正是把这种生命活动出卖给别人，以获得自己所必需的生活资料。可见，工人的生命活动对于他不过是使他能够生存的一种手段而已。他是为了生活而工作的。他甚至不认为劳动是自己生活的一部分。相反，对于他来说，劳动就是牺牲自己的生活。劳动是已由他出卖给别人的一种商品。因此，他的活动的产物也就不是他的活动的目的"[4]。所以，劳动的商品化是指工人的作为人的生命活动的商品化，而劳动的商品化使得劳动不再是生活的目的而成为生活的手段。也就是说，劳动与人自身的生命活动相疏离，雇佣劳动是一种异化劳动。如果说上述论述仍然带有青年马克思对劳动的人道主义关切意味，那么接下来，马克思则在道义谴责的基础上进一步揭示了资本逻辑对劳动制度性侵占的机制原理。

马克思指出："劳动力并不向来就是商品。劳动并不向来就是雇佣劳动，即自由劳动。"[5]"黑人就是黑人。只有在一定的关系下，他才成为奴隶。纺

---

[1] 马克思,恩格斯.马克思恩格斯选集：第1卷[M].2版.中共中央马克思恩格斯列宁斯大林著作编译局,编译.北京：人民出版社,1995：333.
[2] 同[1]335.
[3] 同[1]335.
[4] 同[1]335-336.
[5] 同[1]336.

纱机是纺棉花的机器。只有在一定的关系下,它才成为资本。脱离了这种关系,它也就不是资本了。"[1]所以在马克思看来,劳动的商品化是社会关系作用的结果。那么这个社会关系是如何产生的呢?"各个人借以进行生产的社会关系,即社会生产关系,是随着物质生产资料、生产力的变化和发展而变化和改变的。生产关系总和起来就构成所谓社会关系,构成所谓社会,并且构成一个处于一定历史发展阶段上的社会,具有独特特征的社会。"[2]由此可见,社会生产关系与社会关系存在着固有的内在一致性,生产关系的生产与社会关系的再生产是一个过程的两种表现形态。雇佣劳动的产生就是生产关系自身发展的结果,所以雇佣劳动的产生是资本主义生产方式及其构筑的资本主义社会关系所决定的。透过这个社会关系,就不难看出"资本的实质并不在于积累起来的劳动是替活劳动充当进行新生产的手段。它的实质在于活劳动是替积累起来的劳动充当保存自己并增加其交换价值的手段"[3]。在这个意义上,如果说现代政治哲学和古典政治经济学揭示了劳动确证现代性正义的支点,那么马克思的劳动价值理论则进一步揭示了以劳动为支点的现代性正义的自反性。

由于死劳动或劳动力作为资本要素而存在,活劳动或劳动作为雇佣劳动而存在,劳动走向了反劳动,劳动确证的自由结果走向了反自由,以劳动为支点的正义走向了不正义。因此,马克思的深刻之处在于,他揭示了现代性正义与资本逻辑的耦合关系,揭示了资本与正义的辩证法。这个辩证法视域下的不正义不仅是目的与手段反转的不正义,而且是社会生产关系及其构建的社会价值体系和制度的总体不正义。因为资本作为一种社会生产关系,资本的躯体可以由于生产要素的不同经常改变,但资本本身作为一种价值关系的总和不会有丝毫改变[4]。所以只有借助劳动这一特殊化商品的内在张力即劳动与劳动力的差别,才能真正把握商品的使用价值与交换价值之间的矛盾关系,进而跳出雇佣劳动与资本之间制度性的侵占机制,揭露资本现代性塑造的正义幻象。

通过对劳动与劳动力的区分,马克思洞察到在资本主义生产方式中,个

---

[1] 马克思,恩格斯. 马克思恩格斯选集:第1卷[M]. 2版. 中共中央马克思恩格斯列宁斯大林著作编译局,编译. 北京:人民出版社,1995:344.

[2] 同[1]345.

[3] 同[1]346.

[4] 同[1]345.

体劳动的重心从具体劳动转向抽象劳动,社会价值的重心从使用价值转向交换价值,结果个体劳动的异质性被社会价值同质化。资本生产不仅是物质的生产,也是社会关系的再生产,劳动既是破解现代人经济存在之谜的钥匙,也是破解现代人社会存在困境的钥匙。在这个意义上,马克思劳动价值论为正义的现代理解注入新的内涵。这个内涵不在于劳动者是否"得其所应得",即劳动者对自身劳动的所有权和劳动者对劳动创造物的所有权是否得到尊重的形式正当性,也不仅仅在于劳动作为人的生命活动是否与人的类本质相疏离和异化的道义正当性,它关涉的重点在于,劳动何以被自身所创造的社会关系以正义的名义所"奴役"。揭示这一具有反讽色彩的现象背后的本质,正是马克思正义批判理论的思想高度和理论特质之所在。

因此,马克思关于劳动与劳动力的区分对于正义理解的重要性在于,马克思把劳动价值论进一步推进到劳动力价值论,正义的现代支点从抽象的政治劳动和经济劳动转变为现实社会关系中的劳动力。马克思劳动价值理论对劳动辩证结构的把握意味着,马克思始终在劳动的使用价值和交换价值的张力关系中把握劳动价值形态,把握劳动价值论的社会历史基础。进而,劳动所创造的价值与劳动力的交换价值的错位关系及其暴露的资本主义制度的正义问题,在马克思的剩余价值理论中被进一步透视。

马克思对正义观念的考察以对现代性劳动概念的分析为切入点,这一分析的展开是在政治经济学批判语境下进行的。在政治经济学批判语境下,马克思强调现代劳动在其具体的实践活动中,是作为雇佣劳动出场。因为现代劳动与古典时代劳动的最大差别在于,现代劳动随着政治革命的完成以及市民社会的去政治化,已经从一种人奴役人的手段,转变成为市民社会每个个体获取自身物质生活资源以及社会认同的核心要素。进而,劳动脱离了政治性质而获得了社会性。

在这个意义上,马克思政治经济学批判语境下的劳动与正义关系问题的考察,所考察的便不是前现代社会的劳动奴役是否正义,而是考察现代社会将劳动作为社会经济、政治和文化基础的制度是否正义。或者说,马克思考察的不是国家权力支配下的劳动是否正义,而是考察作为社会运行核心要素的自由劳动是否正义的问题。

第二节 剩余价值与正义的关系

马克思政治经济学批判语境下对劳动与正义关系的考察,始终聚焦于对现代经济关系中的劳动与劳动力关系的分析。在这一分析过程中,剩余价值成为马克思最为重大的理论发现,正是基于这一重大发现,劳动与正义关系问题的反思和探讨获得了完全不同的理论视域。

一、劳资交换视域中的剩余价值与正义

众所周知,剩余价值是马克思政治经济学批判最为重大的理论发现,也是马克思劳动价值论最为核心的内容。在《资本论》及其手稿中,马克思深刻地揭示出,剩余价值的实质是工人在生产偿付自身所得工资的劳动之外无偿被资本家占有的"无酬劳动"。这种"无酬劳动"是资本主义社会存在和发展的内生动力,没有剩余价值的创造与榨取,资本主义的生产方式和社会形式就无法存在下去。因此,资本主义的本质就存在于其生产方式所创造的独特的价值体系中,而这个价值体系的核心和灵魂正是剩余价值。正如恩格斯所言:"社会上一切不劳动的分子,都是依靠这种无酬劳动维持生活的。……全部现存的社会制度,都是建立在这种无酬劳动之上的。"[1]

关于剩余价值与正义的关系,马克思在《资本论》中有关工资关系有一段经典论述:"货币占有者支付了劳动力的日价值,因此,劳动力一天的使用即一天的劳动就归他所有。劳动力维持一天只费半个工作日,而劳动力却能发挥作用或劳动一整天,因此,劳动力使用一天所创造的价值比劳动力一天的价值大一倍。这种情况对买者是一种特别的幸运,对卖者也绝不是不公平。"[2] 表面来看,马克思的这一论述探讨的是资本家以工资购买劳动力并获取其创造的价值是否公平的问题,或者简言之即工资是否正义的问题。但实际上,这一论述通过对在劳资关系的实现过程中,劳动力作为商品的价值与劳动所真正创造价值关系的探讨,揭示的正是资本家占有剩余价值是否正义的问题。

正如马克思所强调的,货币占有者或资本家所出资购买的是劳动力而不是劳动。劳动力的价值在劳资关系这一契约形式签订后就已经完成了,这就是所谓的工资。结果,工人出卖劳动力拿到了工资,资本家付出工资所获得的是劳动者的劳动而非劳动力。换言之,劳动力是一种在商品买卖关系中的

---

[1] 马克思,恩格斯. 马克思恩格斯选集:第2卷[M].2版. 中共中央马克思恩格斯列宁斯大林著作编译局,编译. 北京:人民出版社,1972:272.

[2] 马克思,恩格斯. 马克思恩格斯文集:第5卷[M]. 中共中央马克思恩格斯列宁斯大林著作编译局,编译. 北京:人民出版社,2009:226.

抽象存在,而劳动则是劳动者实实在在的劳动活动,资本家通过雇佣契约所获得的表面上是劳动力,实质上是工人的具体劳动。因为正如马克思所指出的,资本家所看中的正是劳动力的价格总是低于工人劳动所创造的价值,否则资本家就没有购买劳动这种特殊商品的理由。

因此,劳动力与劳动之间的价值之差或剩余价值,正是马克思这段话所分析的核心和焦点。而最后,"这种情况"即剩余价值的存在究竟是否正义,马克思也给出了一个耐人寻味的结论:对资本家是一种"幸运",即恰恰劳动这种商品是创造剩余价值的价值,而对工人也绝不是"不公平",或者是,剩余价值被资本家无偿占有也不能用是否公平来加以衡量。

这个最后的结论之所以是耐人寻味的,是因为紧接着这段论述马克思马上指出,"我们的资本家早就预见到了这种情况,这正是他发笑的原因"[1]。这里的"预见"一词表明,劳动作为商品买卖会产生剩余价值,这并不是一个偶然发生的结果,而是早已被将在这一买卖过程中获益的资本家所"预见"到。进而,所谓的"幸运"实际上并不是命运偶然的垂青,而是资本家早已预先想到并推向这一过程发展的必然结果。正如马克思所指出的:"当资本家把货币转化为商品,使商品充当新产品的物质形成要素或劳动过程的因素时,当他把活的劳动力同这些商品的死的对象性合并在一起时,他就把价值,把过去的、对象化的、死的劳动转化为资本,转化为自行增殖的价值,转化为一个有灵性的怪物,它用'好像害了相思病'的劲头开始去'劳动'。"[2]

由此可见,劳资关系的买卖过程及其所产生的有利于资本家的结果,并不是真正的"幸运",而是由资本主义生产方式追问价值增殖的本质所决定的,而这一本质的实现必须以活劳动的引入为前提,只有如此,作为死的劳动的商品才能焕发生机而转化为资本。在这一过程中,工人之所以没有被"不公平"地对待,就在于工人只是作为劳动力的出卖方而存在,这正如简单流通中普通商品的买卖关系一般,是在自由和平等的原则下展开的。然而,如果深入马克思以上分析所揭示的资本主义生产方式的本质之中,那么工人作为资本增殖的手段和工具,是否遭到了不正义的对待,就应当加以重新和深入的考察。

这意味着,正如上文所言,剩余价值究竟是否正义不能仅局限在商品简

---

〔1〕 马克思,恩格斯.马克思恩格斯文集:第5卷[M].中共中央马克思恩格斯列宁斯大林著作编译局,编译.北京:人民出版社,2009:226.

〔2〕 同〔1〕227.

单流通的劳资关系视域中,而应当放到整个资本生产方式的实现形式及其本质的层面加以分析,或者说,应当深入考察资本主义生产方式为了获取剩余价值和实现资本增殖所害的"相思病"究竟是否正义。然而,围绕着马克思《资本论》中的这一著名论断及其衍生的相关问题,由于分析视角和理论立场的差异,能否基于正义角度认识和理解剩余价值,国内外学界一直以来仍然存在着诸多争议。

我们首先来看英美马克思主义分析学派的相关探讨。英美马克思主义学界在关于马克思正义观的探讨中,尽管都把支撑自身观点的论据聚焦于马克思的这一论断,聚焦于剩余价值理论,但却得出了截然不同的结论。

一种观点认为,剩余价值揭露了工人所获得的工资与其所创造的价值之间的非对等关系,所以马克思在论述剩余价值的过程中才总是伴随着诸多道义性的评判。这表明,剩余价值对于马克思而言,不仅是对资本主义生产方式特质的事实性陈述,而且蕴含着一种包括正义在内的伦理道德批判的意蕴。剩余价值揭示了资本主义生产方式中的劳资关系以隐蔽的形式盗取了工人的劳动成果,是一种被掩盖和隐藏了的分配不公平、道德不正义。

另一种观点认为,剩余价值的发现是马克思基于对资本主义生产的科学分析的结果,标志着马克思对资本逻辑本质结构的伟大科学发现,剩余价值与包括正义在内的诸多道德价值判断无关。而且,即使从公平正义的角度看,资本主义的生产方式不仅不是非公平、非正义的,而且恰恰相反,按照资本生产的内在逻辑,劳资关系是最为公平正义的。因为所谓剩余价值被资本家拿走,那是资本家的幸运,因为他们幸运地购买了一种能够创造价值的价值。而工资与劳动之间的等价交换正说明了资本家以自由和平等的方式购买了工人的劳动。所以,剩余价值不能构成马克思对资本主义做出非正义性判断的理论支撑,恰恰相反,剩余价值在某种意义上印证了资本主义生产方式的内在正义性。

显然,一个吊诡的现象出现了,上述探讨和争论虽然面向同一个文本,但却得出了完全相反的结论。对此,英国学者诺曼·杰拉斯认为,造成这一矛盾现象的根源之一在于,马克思本人对这个问题的态度就是"模棱两可"的[1]。而罗尔斯则直接将这一现象总结为马克思正义观的"悖论"[2]。

---

[1] 李惠斌,李义天. 马克思与正义理论[M]. 北京:中国人民大学出版社,2010:167.
[2] 罗尔斯. 政治哲学史讲义[M]. 杨通进,李丽丽,林航,译. 北京:中国社会科学出版社,2011:348.

马克思在对待剩余价值是否正义的问题上的态度真的"模棱两可"吗？马克思在剩余价值是否正义的判断上确实存在"悖论"吗？笔者认为，马克思的正义观之所以被看作"模棱两可"和"悖论"，不在于马克思本人态度的暧昧不清，而在于各方为了"澄清"马克思对剩余价值是否公正的描述，都没有对剩余价值产生的前提即劳动和劳动力的区分给予辩证的总体考量，结果反倒"遮蔽"了剩余价值与正义关系的真实意蕴。

一方面，从将劳动力作为商品的买卖关系的角度出发，自然可以得出，马克思至少不认为资本家以雇佣劳动的方式占有剩余价值是非正义的。因为劳动力的买卖关系在资本侵占劳动力的具体使用所创造的价值之前就已经完成，而这时的交易形式显然符合资产阶级的法权平等理论，剩余价值并非是不正义的。

另一方面，从劳动的具体使用即劳动活动的角度出发，自然也可以得出，由于资本家以购买劳动力的价格占有了劳动力使用及其所创造的价值，因而前者的付出比后者的回报所得要少，这个差额就是剩余价值。所以认为资本家的这种隐蔽占有是不平等的，与其承诺的法权平等相矛盾，因此剩余价值在交易内容层面是不正义的。

问题的关键在于，应该以辩证法的总体性视角，重新回到马克思关于劳动与劳动力的区分这一重大理论发现上。从量的层面看，剩余价值源自劳动的劳动力化及其带来的量差，即资本家总能够通过支付"劳动力"交换价值的工资购买到"劳动"所创造的全部使用价值。对此，马克思认为，资本家其实早就预见到这种对自己有利的状况，并且正因为资本家预见到这种状况，看中了劳动力作为能生产"剩余价值"的特殊价值，他们才会愿意购买劳动力。显然，劳动力的交换价值与劳动的使用价值之间的量的差额，无疑是剩余价值的来源，也是资本形成的前提。但是，关于这一"差额"，马克思却做出了上文所提到的"特别的幸运"和"不是不公正"的判断。

对此，美国学者海尔布隆纳认为，马克思并不是对剩余价值做一种实证的量化分析，从而得出资本主义生产方式的非正义性，或者说，在对于将剩余价值作为一种价值量的分配关系的考量层面，剩余价值理论的确不是关于"不公正"的理论[1]。换言之，在海尔布隆纳看来，剩余价值理论的提出不是为了判断资本主义生产方式是否正义，或者说，剩余价值理论实际上与正义

---

[1] 海尔布隆纳.马克思主义：赞成与反对[M].马林梅,译.北京：东方出版社,2016：76.

无关。那么,如果剩余价值不是以量化分析工资关系的方式来判断其是否正义的问题,那么剩余价值所欲道说的究竟是什么?

实际上,剩余价值不仅是资本主义生产方式的灵魂,而且构成资本主义社会得以存在和运行的灵魂。马克思正是抓住这一"灵魂",才超越了资产阶级政治经济学家们关于资本主义实证研究的狭隘视野,从政治经济学走向了政治经济学批判,从劳动价值论走向了剩余价值论。正如恩格斯在《在马克思墓前的讲话》中所言,马克思不仅发现了人类历史的发展规律,而且发现了现代资本主义生产方式和它所产生的资产阶级社会的特殊的运动规律。而后者的伟大发现,正是由于剩余价值的发现才得以成为可能。"由于剩余价值的发现,这里就豁然开朗了,而先前无论资产阶级经济学家或者社会主义批评家所做的一切研究都只是在黑暗中摸索。"[1]

因此,剩余价值之于马克思资本主义批判的意义,不仅体现在作为透视资本主义生产方式实质的一把钥匙,而且是构成我们认识和把握马克思关于资本主义社会的本质规律的钥匙。进而,我们在政治经济学批判语境下探讨马克思正义观的过程中,一方面必须突显剩余价值与正义关系问题的重要性,另一方面更要在把握资本主义社会的本质和规律这一"质"的层面,重新思考这一问题。只有如此,剩余价值是否正义这一看似只涉及劳资关系中雇佣与被雇佣方是否完成公平交易的问题,才能真正被超越,从而提升到对整个资本主义生产方式及其社会制度是否正义的高度上。也只有在这一高度上,剩余价值与正义的关系问题才能获得真实澄明。

二、资本生产视域中的剩余价值与正义

毋庸置疑,劳动价值论对于马克思而言,并不如古典政治经济学家们所强调的是劳动与自然之间的价值转换形式,也不是空间层面的一般形式转换关系,而是立足于马克思哲学的历史唯物主义视角,透视资本主义社会总体运行方式及其本质特征的核心要素。因此,在马克思那里,劳动价值理论对于劳动和劳动力的区分不是形而上学的二元割裂,二者的关系是动态的而不是静态的,是时间性的而不是空间性的。进一步说,劳动价值理论关于劳动与劳动力的区分也不仅是马克思对于资本主义生产方式的

---

〔1〕 马克思,恩格斯. 马克思恩格斯选集:第3卷[M]. 2版. 中共中央马克思恩格斯列宁斯大林著作编译局,编译. 北京:人民出版社,1995:776.

生产正义批判,而是超越了生产、分配、交换和消费任何一个单一环节的总体性批判。

在马克思看来,分配方式只是生产方式的表现形式而已,是由相应的生产方式所决定的,一旦生产方式改变,分配方式必然随之改变。"例如,资本主义生产方式的基础是:生产的物质条件以资本和地产的形式掌握在非劳动者手中,而人民大众所有的只是生产的人身条件,即劳动力。既然生产的要素是这样分配的,那么自然就产生现在这样的消费资料的分配。如果生产的物质条件是劳动者自己的集体财产,那么同样要产生一种和现在不同的消费资料的分配。"[1]所以,探讨剩余价值是否正义或能否以正义视角理解剩余价值,必须正视马克思对于资本主义生产方式及其所构筑的社会关系总体的批判,只有如此,关于剩余价值理论是否蕴含正义观点的争论才能真正引向深入。

因此,劳资关系视域中剩余价值与正义的关系只有在资本生产视域中才能获得真实的理解。劳资关系表面上是资本家与工人之间就劳动这一特殊商品所展开的买卖关系,但实质上,劳资关系是资本生产体系的一个环节,只有在资本生产体系中,才能把握劳资关系、商品交换关系背后的资本增殖逻辑。换言之,由于工人作为活劳动构成激发死劳动价值增殖的动力之源,所以工人与资本家之间的交换关系与商品简单流通关系具有本质差别。而这决定了,劳资关系中工人劳动价值与劳动力价值的差额作为资本家的所谓"特别的幸运",其实是资本生产固有逻辑的结果。

在这个意义上,我们考察剩余价值与正义的关系问题,就不能仅仅停留在资本家与工人之间关于劳动力买卖是否符合简单商品流通所塑造的自由和平等原则,简言之,停留在劳资关系是否符合正义原则,而应当在资本主义生产方式的总过程中考察剩余价值之于资本家和工人以及二者的关系,究竟意味着什么。

正如马克思在《资本论》中分析资本生产的总公式时所指出的:"商品的价值在简单流通中所采取的独立形式,即货币形式,只是商品交换的中介,运动一结束就消失。相反,在 G—W—G 流通中,商品和货币这二者仅仅是价值本身的不同存在方式:货币是它的一般存在方式,商品是它的特殊的也可

---

[1] 马克思,恩格斯.马克思恩格斯文集:第3卷[M].中共中央马克思恩格斯列宁斯大林著作编译局,编译.北京:人民出版社,2009:436.

以说只是化了妆的存在方式。"[1]由此可见,在资本生产的过程中,货币和商品只是资本的存在方式而已,进而货币与商品之间的交换关系也与简单流通(W—G—W)中的货币与商品的交换关系存在本质差别。在简单流通过程中,货币在买者购买完商品后即完成了自身作为货币的功能和尺度而以商品的方式存在,同样商品在被卖者出让后也获得了货币的存在形式,在这里买者和卖者所关注的都是商品的使用价值,或者说使用价值确实是作为使用价值而存在的。

与之不同,在资本生产(G—W—G)的过程中,买者与卖者所关注的不再是商品的使用价值,而是交换价值,或者说,商品的使用价值在资本家"为卖而买"的过程中,并不是真正作为使用价值而存在,商品的使用价值不过是一个"物"的表象,其背后价值的形式法则才是真实的东西。更何况在资本与劳动相交换的雇佣劳动的实现过程中,劳动作为一种特殊的商品其简单交换过程背后的剥削过程,使得资本家与工人之间的自由平等的交换关系走向了自身的对立面。对此马克思指出,资本与劳动的交换包含两个相互对立的过程,第一个过程是资本家的工资与工人的商品即劳动的交换,第二个过程是资本家获得工人劳动使用权后,借助工人的劳动所创造的价值实现资本的保存和增殖[2]。第一个过程是简单交换的形式,而第二个过程已经超出了简单交换的形式,构成两个过程的最终目的。也就是说,利用劳动这一特殊商品实现资本的保存和增殖,是整个资本与劳动交换的最终目的,而第一个过程不过是为第二个过程服务的前提条件而已。对此,马克思强调:"在资本和劳动的交换中第一个行为是交换,它完全属于普通的流通范畴;第二个行为是在质上与交换不同的过程,只是由于滥用字眼,它才会被称为某种交换。这个过程是直接同交换对立的;它本质上是另一个范畴。"[3]那么这个不同于交换的"另一个范畴"是什么呢?结合马克思的论述语境,不难看到,这个范畴就是资本。也就是,资本与劳动的交换只有在资本范畴中才能获得真实的认识。

资本与劳动的交换同货币与商品的简单交换的本质差别决定了,在资本

---

[1] 马克思,恩格斯. 马克思恩格斯文集:第3卷[M]. 中共中央马克思恩格斯列宁斯大林著作编译局,编译. 北京:人民出版社,2009:179.

[2] 马克思,恩格斯. 马克思恩格斯全集:第30卷[M]. 2版. 中共中央马克思恩格斯列宁斯大林著作编译局,编译. 北京:人民出版社,1995:232.

[3] 同[1]233.

生产过程中,商品交换关系中的货币和商品都是客体,只有资本才是主体。商品交换关系只是资本主体完成自我增殖的手段和中介。正如马克思所言:"价值不断地从一种形式转化为另一种形式,在这个运动中永不消失,这样就转化为一个自动的主体。如果把自行增殖的价值在其生活的循环中交替采取的各种特殊表现形式固定下来,就得出这样的说明:资本是货币,资本是商品。但是实际上,价值在这里已经成为一个过程的主体,在这个过程中,它不断地变换货币形式和商品形式,改变着自己的量,作为剩余价值同作为原价值的自身分出来,自行增殖着。既然它生出剩余价值的运动是它自身的运动,它的增殖也就是自行增殖。"[1]

基于以上分析,我们再回过头来反思剩余价值与正义的关系问题时,就将比较清楚地看到,资本家以货币购买工人的商品即劳动力,工人出卖劳动力这一商品以获取工资,这一买卖关系是否构成了一种公平的交易,不应当只放在简单流通的层面加以看待,因为这一买卖关系实质上是被资本主体所控制的。换言之,劳资关系中的剩余价值与正义的关系问题,不应当仅仅局限在劳资关系这一简单流通层面加以考察,而应当将其纳入对资本生产的全过程加以考察。因为只有在这个层面上对其加以考察,劳动力在"价值形成过程"和"价值增殖过程"中的差别才能表露出来,进而剩余价值作为服务于"价值增殖过程"的资本要素本质才能被揭示出来。马克思指出:"作为劳动过程和价值形成过程的统一,生产过程是商品生产过程;作为劳动过程和价值增殖过程的统一,生产过程是资本主义生产过程,是商品生产的资本主义形式。"[2]由此可见,马克思把生产过程划分为两个方面,一方面是商品的价值的生产过程,另一方面是商品生产作为资本生产环节的生产过程。在前者中,劳动过程主要表现为它所消耗时间的量的方面。在后者中,劳动过程实质是资本主义生产形式的基本内容。进而,我们也就有理由认为,在劳动过程中所产生的"价值差额"实际上也涉及两个方面:一个是作为商品"价值形成过程"中的"差额",另一个是作为商品"价值增殖过程"中的"差额"。

正是在这个意义上,笔者认为,判断剩余价值是否正义的关键,不在于工人劳动创造的价值量是否被资本家所占有,而在于剩余价值不应该仅仅被看

---

[1] 马克思,恩格斯.马克思恩格斯文集:第5卷[M].中共中央马克思恩格斯列宁斯大林著作编译局,编译.北京:人民出版社,2009:179-180.

[2] 马克思,恩格斯.马克思恩格斯选集:第2卷[M].2版.中共中央马克思恩格斯列宁斯大林著作编译局,编译.北京:人民出版社,1995:187.

作马克思基于分配正义视角对资本主义生产方式分配不公的判断。如果我们把视野再放大一些,即把剩余价值理论看作马克思对资本主义社会总体或资本主义社会本质的判断,那么这个问题或许可以获得更好的解决路径。而海尔布隆纳关于剩余价值与正义无关的判断就是在这个意义上做出的。

马克思指出:"资本家和工人之间的交换关系,仅仅成为属于流通过程的一种表面现象,成为一种与内容本身无关的并只是使它神秘化的形式。劳动力的不断买卖是形式。其内容则是,资本家用他总是不付等价物而占有的他人的已经对象化的劳动的一部分,来不断再换取更大量的他人的活劳动。"[1]所以,较之剩余价值的形式合理性,马克思更关注的是剩余价值如何在内容层面进一步转变为资本,如何在资本的生产与再生产过程中强化以死劳动奴役活劳动的制度性机制。因为剩余价值不仅是交换价值的"剩余",更是劳动与劳动力、具体劳动与抽象劳动、使用价值与交换价值关系的错位。这种"错位"只能在资本主义的生产关系与其所构筑的社会关系的总体意义上加以认识,只有如此,才能跳出关于工资关系及其所暴露的剩余价值的剥削形式是否符合法权正义的细节纠缠。

实际上,马克思剩余价值理论所揭示的不仅是工资关系背后的剥削关系,更是资本生产逻辑及其生成的社会关系(含法权意识形态)媾和所创造的现代奴役关系。因为剩余价值中的劳动力价值与劳动价值的差额,实质是资本主义生产方式及其所构建的社会价值体系对劳动作为人的这一质性维度的制度性改变。而这种"制度性改变"对于劳动之于人的内在价值相契合还是相背离,构成判断剩余价值是否正义或正当的真正尺度。我们只有在这个意义上探讨剩余价值是否正义才真正符合马克思劳动价值理论的本意。正如恩格斯在《资本论》第二卷的序言中总结马克思剩余价值理论的开创性意义时所强调的:"这里的问题不是在于要简单地确认一种经济事实,也不是在于这种事实与永恒公平和真正道德相冲突,而是在于这样一种事实,这种事实必定要使全部经济学发生革命,并且把理解全部资本主义生产的钥匙交给那个知道怎样使用它的人。根据这种事实,他研究了全部既有的经济范畴。"[2]

---

[1] 马克思,恩格斯.马克思恩格斯文集:第5卷[M].中共中央马克思恩格斯列宁斯大林著作编译局,编译.北京:人民出版社,2009:673.

[2] 马克思,恩格斯.马克思恩格斯选集:第2卷[M].中共中央马克思恩格斯列宁斯大林著作编译局,编译.北京:人民出版社,1972:280.

因此,对于马克思发现剩余价值的重大意义,我们不能仅仅局限于剩余价值是否有违道德和公平交换的正义,而是应当看到剩余价值的发现构成了马克思对整个资本主义经济关系及其背后的社会关系的再发现。这种再发现意味着,马克思政治经济学批判通过对古典经济学范畴的重构,不仅实现了"全部经济学的革命",而且实现了对资本主义全部社会关系的创造性、革命性重构。

在这个意义上,马克思的资本批判理论既是资本批判,更是对资本主义生产方式所构筑的社会价值体系的批判。换言之,对于资本主义社会价值体系的批判必须诉诸对于资本生产关系及其在经济范畴上的表现的批判。马克思指出:"雇佣工人只有为资本家(因而也为同资本家一起分享剩余价值的人)白白地劳动一定的时间,才被允许为维持自己的生活而劳动,就是说,才被允许生存;整个资本主义生产体系的中心问题,就是用延长工作日,或者提高生产率,增强劳动力的紧张程度等等办法,来增加这个无偿劳动;因此,雇佣劳动制度是奴隶制度,而且劳动的社会生产力越发展,这种奴隶制度就越残酷,不管工人得到的报酬较好或是较坏。"[1]由此可见,工资的高低、劳动力价格的高低并不被马克思所关注,因为它只是分配方式的细枝末节,生产方式所建立的雇佣劳动制度才是马克思关注和批判的焦点。"他们(指工人阶级)应当懂得:现代制度除了带来一切贫困外,同时还造成对社会进行经济改造所必需的种种物质条件和社会形式。工人应当摒弃'做一天公平的工作,得一天公平的工资!'这种保守的格言,而要在自己的旗帜上写上革命的口号:'消灭雇佣劳动制度!'"[2]

马克思这里为何舍弃保守的"公平"主张而强调激进的"消灭雇佣劳动制度"? 这是由于,一方面,资本主义的生产制度使得雇佣劳动与资本的关系固化为现代社会生产的基本逻辑,工人和资本家的依附关系在这一逻辑中形成并得以强化。"只要雇佣工人仍然是雇佣工人,他的命运就取决于资本。这就是一再被人称道的工人和资本家利益的共同性。资本越增长,雇佣劳动量就越增长,雇佣工人人数就越增加,一句话,受资本支配的人数就越增多。"[3]

---

[1] 马克思,恩格斯.马克思恩格斯文集:第3卷[M].中共中央马克思恩格斯列宁斯大林著作编译局,编译.北京:人民出版社,2009:441.

[2] 马克思,恩格斯.马克思恩格斯选集:第2卷[M].中共中央马克思恩格斯列宁斯大林著作编译局,编译.北京:人民出版社,1972:203-204.

[3] 马克思,恩格斯.马克思恩格斯选集:第1卷[M].2版.中共中央马克思恩格斯列宁斯大林著作编译局,编译.北京:人民出版社,1995:349.

另一方面，资本主义的生产制度不仅仅是一种现代社会的生产关系，而且是在生产关系的基础上再生产出现代社会的社会关系。"资本不仅包括生活资料、劳动工具和原料，不仅包括物质产品，并且还包括交换价值。资本所包括的一切产品都是商品。所以，资本不仅是若干物质产品的总和，并且也是若干商品、若干交换价值、若干社会量的总和。"[1]所以在这双重意义上，马克思的剩余价值理论既不能被看作对资本主义的经济事实的科学描述，也不能被看作对资本主义分配方式的价值控诉。

因此，马克思剩余价值理论是对资本主义生产方式作为一种社会现实的总体性揭示。这里面既蕴含着事实判断，也蕴含着价值判断，或者说，它以事实判断的表现形式完成着价值判断的内在超越。只有基于以上论述，我们才有理由指明，判断剩余价值是否正义的标准，不能遵循在工资关系中劳动力价值与劳动价值是否获得等价尊重的"等价标准"。剩余价值的不正义性不在于劳资关系中的"量"的不正义，而是在于资本主义生产方式及其构筑的社会制度的"质"的不正义。进而，接下来就有必要进一步澄清马克思关于"正义与生产方式的一致"的论断究竟意味着什么。

第三节　正义与生产方式一致

剩余价值理论作为马克思劳动价值论的核心内容，是反思马克思劳动价值论视域中的正义观点的重要内容。判断剩余价值是否正义不能仅局限在劳资关系视域，而应当在资本主义生产方式的总体中加以把握。只有如此，我们才能突破简单流通语境中的劳动与货币交换是否体现"量"的公平的视角，跳出关于剩余价值是否正义的英美马克思主义分析学派的争论，而从剩余价值作为资本主义生产方式和社会关系组建逻辑的核心的层面，把握剩余价值所造成的资本主体性对人的主体性的遮蔽以及对物的客观性的扭曲。进而也才能把握到剩余价值的正义问题不是劳资关系是否遵循等价交换的问题，而是资本主义生产方式所构筑的正义模式及其内在限度的问题。在这个意义上，马克思关于"正义与生产方式一致"的判断，对于把握劳动价值论视域中的诸正义问题，就既具有犀利的批判力，也具有广泛的解释力。

---

[1] 马克思,恩格斯.马克思恩格斯选集：第1卷[M].2版.中共中央马克思恩格斯列宁斯大林著作编译局,编译.北京：人民出版社,1995：345.

一、何谓"正义与生产方式一致"

众所周知,正义尽管是马克思主义理论研究中的一个重要问题,但马克思本人却极少专门将这一问题述诸笔端,即使在不多的探讨正义问题的相关论述中,也更多的是在批判或消极的语境中展开。结果,马克思并不持有积极和明确的正义观点,似乎在其自身的文本中也得以印证。与这样一种比较明显的正义消极判断形成鲜明对比的是,马克思在《资本论》中曾做出了少有的关于正义的积极论断。

在《资本论》第三卷中,马克思指出:"生产当事人之间进行的交易的正义性在于:这种交易是从生产关系中作为自然结果产生出来的。这种经济交易作为当事人的意志行为,作为他们的共同意志的表示,作为可以由国家强加给立约双方的契约,表现在法律形式上,这些法律形式作为单纯的形式,是不能决定这个内容本身的。这些形式只是表示这个内容。这个内容,只要与生产方式相适应,相一致,就是正义的;只要与生产方式相矛盾,就是非正义的。在资本主义生产方式的基础上,奴隶制是非正义的;在商品质量上弄虚作假也是非正义的。"[1]

对于这一论断,马克思正义观的反对者和捍卫者做出了截然相反的判断,并形成了被英美马克思主义学界称为区别于"等价标准"(劳动力买卖关系是否符合交易等价原则)的"相适应标准"(劳动力买卖关系与资本主义生产方式是否相适应)[2]。

抽象地坚持"相适应标准"的学者,要么从交易形式出发,认为既然交易不是人为操作的,而是与生产方式相适应而自然产生的,那么交易形式即工人与资本家之间签订的基于意志自由基础上的买卖契约就具有法权效力,就是正义的。或者说,资本主义生产方式的自然性决定了其交易方式的正义性,而非相反。要么从交易内容出发,认为作为交易内容的生产方式的产生首先并不是一个自然而然的过程,而是由资本逻辑的生产与再生产结构所控制的过程。所以,交易形式上的自由平等掩盖的是交易内容上的不自由和不平等。因为在交易过程中,交易内容是被交易形式所控制的,所以强调内容与形式的一致就是正义,不一致就是不正义的,而这恰恰落入资本逻辑控制

---

[1] 马克思,恩格斯. 马克思恩格斯文集:第7卷[M]. 中共中央马克思恩格斯列宁斯大林著作编译局,编译. 北京:人民出版社,2009:379.

[2] 李惠斌,李义天. 马克思与正义理论[M]. 北京:中国人民大学出版社,2010:113.

的资本主义生产关系的窠臼中,即资本逻辑自我证成自身的正义性。

如果说在关于剩余价值是否正义的探讨中,"等价标准"在争论劳资关系是否正义的过程中,对雇佣劳动交易中的劳动与劳动力两者加以割裂理解,从而导致马克思正义观陷入被视为"模棱两可"和"悖论"的境地,那么"相适应标准"由于对雇佣劳动的交易形式与交易内容两者加以割裂理解,因此同样存在无法克服的理论硬伤。

这一理论硬伤体现在,马克思所强调的"正义与生产方式相一致",也就是强调对于正义的把握既不能脱离特定物质对生产方式抽象地加以探讨,也不能把正义完全还原为等价交换意义上的量的交换关系,而是应强调正义只有在相应"生产方式"中才能获得真实的理解。在这个意义上,如何理解"生产方式"概念对于把握马克思的这一命题就显得尤为重要。

众所周知,"生产方式"是马克思历史唯物主义理论的基本概念。在《德意志意识形态》中,马克思明确强调人们的物质生产方式既是人类生产自己物质生活资料的方式,也是人类的存在方式,因为人类正是在物质生产活动中生产着人自身,也就是生产着人赖以生存的物质基础及其基础上形成的社会结构。社会结构在现实的人的物质生产方式及其生活过程中产生:"以一定的方式进行生产活动的一定的个人,发生一定的社会关系和政治关系。……但是,这里所说的个人不是他们自己或别人想象中的那种个人,而是现实中的个人,也就是说,这些个人是从事活动的,进行物质生产的,因而是在一定的物质的、不受他们任意支配的界限、前提和条件下活动着的。"[1]

由此可见,物质"生产方式"不仅是马克思历史唯物主义理论的一个概念,而且是构成历史唯物主义把握和认识包括正义观念在内的一切人类意识形式的核心概念,换言之,生产方式构成了马克思意识形态分析和批判的解释原则。在这个意义上,深入理解马克思所强调的"正义与生产方式的一致",就应当看到这一命题实际上正符合历史唯物主义意识形态批判理论的基本逻辑,也就是说,马克思的这一命题所彰显的正是历史唯物主义视域中的正义观点的基本原则,这就是,对于正义的考察始终要立足于正义所处的物质生产关系,不能脱离物质生产关系抽象地探讨正义。"正义与生产方式一致"命题构成了马克思正义观最为基本的理论特质。

既然"生产方式"视角构成马克思把握正义的理论特质,那么"生产方式"

---

[1] 马克思,恩格斯.德意志意识形态:节选本[M].北京:人民出版社,2003:15-16.

视角究竟是一种怎样的视角？如前文所述，"生产方式"对于马克思而言，不仅是物质生产的基本形式，而且蕴含和决定着人类社会关系的组建形式。因而，在"生产方式"视角下，马克思对于意识形态观念的考察，既不是一种经验直观的思维方式，也不是一种抽象思辨的思维方式，而是在人的物质生产这一感性实践活动中考察意识形态观念产生的现实基础及其本质。而这表明，"生产方式"视角下的正义理解，所体现的正是历史唯物主义基于历史总体性的观点的正义理解。因为由与生产方式相联系的交换关系所组成的市民社会，正构成历史的真实基础，而从市民社会出发理解国家的政治形式，理解宗教、哲学和道德等意识形态观念的产生过程，正构成马克思所创立的唯物史观的基本内涵[1]。所以，历史唯物主义基于生产方式对意识形态观念的产生及其本质的考察，内含着"正义与生产方式一致"这一命题。

马克思生产方式概念的历史唯物主义内涵决定了，生产方式是理解正义观念的产生、变迁和发展这一历史进程的基本标尺。生产方式的变化必然揭穿既有正义观念的伪善本质，为正义观念内涵的革新提供现实基础。但这是否意味着，马克思对正义采取了一种相对主义的理解，也就是说正义总是相对于某一个时代才具有确定性的内涵，正义本身没有确定性的内涵，或者说，不存在超越于相应生产方式的决定正义原则。

诚然，透过马克思的这一命题，我们不难看出马克思的确否认超越于生产方式之上的绝对正义的存在。但是，恰恰由于马克思强调要结合生产方式来考察正义，所以马克思对正义的理解才并不是相对主义的。换言之，对于马克思而言，生产方式并非不可比较和会通的孤立形式，而是必然随着生产力的发展而发展的社会有机体的组成部分，所以不同时代生产方式的变迁也伴随着生产力的发展变迁，是与生产方式相一致的价值观念的变迁。因此，不同时代的生产方式及其基础上的正义观念，并非不可比较和会通的向度价值，而是由于与生产方式相联系而必然发生联系的价值观念体系。在这个意义上，正义对马克思而言，既不是绝对价值观念，也不是相对价值观念，而是一种"相对中的绝对"。

马克思之所以能够在一种"相对中的绝对"中把握正义，正如前文所言，就在于"生产方式"视角所基于的是政治经济学批判的总体性辩证法视角。在这一视角下，资本主义的经济形式与其经济内容总是具有很强的同构性。

---

[1] 马克思,恩格斯.德意志意识形态：节选本[M].北京：人民出版社,2003：36.

马克思从来都不是以形式与内容相割裂的视角切入对资本主义生产关系的考察,而是通过赋予古典政治经济学诸经济范畴以社会历史的内涵,在人类历史发展的总体中把握资本主义生产方式及其所构筑的社会价值规范体系。

众所周知,在《哲学的贫困》中,马克思明确反对蒲鲁东以"无人身理性的自我运动"的抽象经济范畴对资本主义做超历史的形式考察。"谁用政治经济学的范畴构筑某种思想体系的大厦,谁就是把社会体系的各个环节割裂开来,就是把社会的各个环节变成同等数量的依次出现的单个社会。其实,单凭运动、顺序和时间的唯一逻辑公式怎能向我们说明一切关系在其中同时存在而又相互依存的社会机体呢?"[1]可见,马克思政治经济学批判所完成的是对政治经济学形而上学的彻底颠倒,即不是"经济范畴"的自我运动决定社会关系的自我运动,而是相反,基于物质生产方式的自我变迁揭示"经济范畴"自我运动背后所蕴含的社会关系的变迁。

因此,马克思政治经济学批判的理论视角是总体性的辩证法,其切中的既不是抽象的经济形式,也不是孤立的经济内容,而是借助资本与劳动的辩证关系揭示资本主义生产方式"形式"逻辑背后所隐藏的"内涵"逻辑,并以此真实切中资本主义社会现实这个有机总体。在这个意义上,我们对于"正义与生产方式一致"命题真实意义的理解,必须既立足于历史唯物主义的历史总体性思维方式,同时也要回到这一命题发生的政治经济学批判语境,只有如此,才能真正触及这一命题思想内涵的实质。

二、"正义与生产方式一致"的真实意义

那么,"正义与生产方式一致"究竟意味着什么呢?从字面上看,马克思强调的当然是不能离开具体的生产方式抽象地探讨正义,社会生产方式而非社会价值观念才是判断一种制度、一种行为是否正义的标尺。如果仅就这一表述而言,学界的相关理解固然不错。但是这种理解似乎有意无意地回避了一个重要问题:是否能够离开这一论述的理论语境对之加以认识和理解?或者说,离开了理论语境的片段式探讨的可靠性如何保证?循着这一追问,我们不妨先不谈这一论述是否足以真实表明马克思的正义观点,而先对马克思做出这一论述的理论语境加以还原,或许会有新的发现。

---

[1] 马克思,恩格斯.马克思恩格斯选集:第1卷[M].2版.中共中央马克思恩格斯列宁斯大林著作编译局,编译.北京:人民出版社,1995:143.

回到该论断所在的《资本论》第三卷第五篇"利润分为利息和企业主收入。生息资本",有三重语境需要进一步澄清。

首先,从该思想提出的"问题域"上来看,马克思这一论断的提出有一个前置性背景,这就是为了探讨生息资本的所有者对资本利息占有是否正义的问题。"很清楚,100镑的所有权,使其所有者有权把利息,把他的资本生产的利润的一定部分据为己有。如果他不把这100镑交给另一个人,后者就不能生产利润,也就根本不能用这100镑来执行资本家的职能。"[1]显然,从这里不难看出,马克思的答案是很清楚的,生息资本家有权获取利息,这种获取从资本生产的内在性意义上是正义的。在上述论述之后,马克思引出了关于正义与生产方式关系的论述。

其次,从该思想提出的针对性上来看,这一论断有一个不可忽视的前缀,即批判以吉尔巴特为代表的资产阶级经济学家对天然正义的独断。吉尔巴特认为,"一个用借款来牟取利润的人,应该把一部分利润付给贷放人,这是不言而喻的天然正义的原则"[2]。而马克思则强调,"在这里,同吉尔巴特一起说什么天然正义。这是毫无意义的"[3]。换言之,尽管马克思认为基于资本生产的内在性,生息资本家占有利息是合法的,但这种合法性不应该被理解为"天然正义",因为这种理解"毫无意义"。那么进一步追问,为什么从"天然正义"的角度论证生息资本家获取利息是"毫无意义"的呢?正是为了解答这一追问,马克思接着指出了自己对正义的生产方式的解读,强调了正义只有在相应生产方式内部言说才有意义。

最后,从该思想提出的纵深性上来看,马克思的这一论断指向的是政治经济学批判的主题——资本与劳动的对立。"货币,商品也一样,自在地,潜在地,在可能性上是资本,它们能够作为资本出售,并且以这个形式支配他人的劳动,要求占有他人的劳动,因而是自行增殖的价值。这里也清楚地表明了:占有他人劳动的根据和手段,就是这种关系,而不是资本家方面提供的任何作为对等价值的劳动。"[4]可见,马克思对生息资本作为资本主义生产方式隐含的内在矛盾的剖析,根本目的是揭示资本主义生产方式及其构筑的

---

[1] 马克思,恩格斯.马克思恩格斯文集:第7卷[M].中共中央马克思恩格斯列宁斯大林著作编译局,编译.北京:人民出版社,2009:379.
[2] 同[1]379.
[3] 同[1]379.
[4] 同[1]398.

资本主义生产关系所导致的劳动的资本化,揭示剩余价值产生的生产关系及其基础上的社会关系。在这个意义上,马克思认为,透过资本生产的典型形式——生息资本即资本的资本化来获取利息的"天然正义"实际上并不"天然"。因为尽管生息资本家获取利息是正义的,但是如果把这种正义理解为"自然正确",那么它实际上是基于资本生产的内在性原则给予辩护,这种辩护不过是资本生产对自身合法性的自我确证,当然是"毫无意义"的"同义反复"。也就是说,生息资本家获取利息只有在资本主义生产方式内部才具有正义性,一旦生产方式变革,那么其正义性自然就会消失。

基于以上分析,我们看到,"正义与生产方式一致"意味着,虽然资产阶级的正义观与资本主义的生产方式相一致,但资产阶级正义"只适合于"资本主义的生产方式。换言之,如果资本主义生产方式发生变革,那么资产阶级正义也就发生变革。所以,正义不是脱离相应物质生产方式的抽象价值形式,而是依存于其产生的物质基础的社会现实。作为社会现实的正义是一个批判性的概念,一切正义观念都必须接受生产方式的检验,只要生产方式发生变革,正义的形态也必然发生变革,不存在独立于生产方式之外和之上的绝对正义。作为社会现实的正义也是一个建构性的概念,生产方式的发展必然推动正义的发展,新的生产方式必然孕育新的正义形态。在这个意义上,马克思的劳动价值理论对于资本主义生产方式结构性矛盾的揭示,既批判性地设定了资产阶级正义的限度,也建构性地谋划了超越资产阶级正义的新的正义形态。

毋庸置疑,资本主义生产方式的实质是资本以雇佣劳动的方式将劳动资本化为劳动力,通过榨取劳动力价格即工资与劳动所创造的价值之间的差额——"剩余价值"实现自身的增殖。马克思的劳动价值理论不仅揭示了这一实质,而且揭示了这一实质必将陷入的结构性矛盾:资本生产的私人性与劳动生产的社会性的冲突。所以基于对马克思劳动价值理论的基本理解,我们不难看出,尽管资产阶级正义与资本主义生产方式一致,但这丝毫不影响马克思对资产阶级正义的批判。因为道理很清楚,既然与资产阶级正义相一致的资本主义生产方式存在结构性的矛盾,那么资产阶级正义就不可能是无矛盾的永恒价值。恰恰相反,资本主义生产方式的固有限度决定了,资产阶级正义有着自身无法克服的界限。

既然正义与生产方式相一致,那么资产阶级正义观念的边界正是源于资本主义生产方式的边界,这个边界就是劳动的资本化。因为一旦劳动被资本化,那么它必然陷入劳动与劳动力并存的"二律背反"中,即劳动作为人类质性活动的整全性,被分裂为创造价值的劳动和以换取工资而存在的雇佣劳动。吊诡之处在于,资本主义生产方式必须跨越这一边界才能实现自身,也就是说,资本必须通过劳动的资本化才能榨取劳动与雇佣劳动之间产生的剩余价值,并借助剩余价值实现增殖和再生产。

因此,资本主义生产方式的"边界"与"越界"决定了资产阶级正义的边界和局限,即看似在劳动中突显人类存在的价值实现形式恰恰遮蔽了人类真正的存在价值。劳动作为人类确证自身丰富可能性的存在论意蕴,在资本主义生产方式及其塑造的价值体系中被遮蔽了,劳动只能以雇佣劳动的方式出场才能获取社会的价值认同。那么合乎逻辑地,只有从根本上变革生产方式,才能变革与生产方式相一致的社会价值体系,进而也才能推动现代劳动的价值回归。正是在这个意义上,马克思才以哲学的劳动概念批判经济学劳动概念的限度,主张现代劳动应从雇佣劳动回归到社会劳动。诚如马尔库塞所言:"具有决定意义的是由此而构成的由经济活动向人类此在本身所发生的回复,因为涉及的不再是作为满足需要之手段的财富,不再是服务于财富形式的'成就'等等——而是关系到人类此在在它丰富的可能性中的发生能力。"[1]由此可见,马克思"正义与生产方式一致"的论断不仅具有批判性,而且具有建构性。以对劳动作为确证人类整全性存在支点的强调为前提,马克思力主推动以生产方式变革为基础的社会关系变革,这不仅是对劳动整全性复归的期许,更是对包括正义观念在内的新型社会价值观念的重构。马克思为资产阶级正义划定边界的同时,也为正义新的可能形态留下了地盘。

综上,在《资本论》中,马克思借助剖析生息资本的运行机制深入揭示了资本主义生产方式与其所有权正义的一致关系。这种一致关系表面上是一个人类生产方式自然生长的结果,但实际上是一个充满矛盾的社会历史建构的结果。对于这一结果,马克思不仅运用唯物史观的过程性视角加以历史梳理,强调资产阶级所有权正义的社会历史性,而且运用唯物辩证法的总体性视角加以辩证剖析,揭示资产阶级正义立足的资本主义生产方式的自反性。在这个意义上,当我们阐释马克思"正义与生产方式一致"的论断时,要看到这其中不仅蕴含着一个历史唯物主义的马克思,而且还蕴含着一个辩证唯物主义的马克思。只有把历史唯物主义的马克思和辩证唯物主义的马克思有

---

[1] 马尔库塞.现代文明与人的困境[M].李小兵,译.上海:上海三联书店,1989:228.

机结合起来,我们才能真正理解马克思做出"正义与生产方式一致"这一思想判断的真实内涵,也才能真正澄明政治经济学批判作为马克思批判正义和重塑正义的语境意义。

第四节 马克思正义观的论域革命

马克思劳动价值理论中的上述三个正义问题,是深化马克思正义观研究的前提性问题。马克思对正义的理解立足于对现代性劳动结构的辩证剖析,通过揭示剩余价值作为资本主义生产关系和社会关系构筑的隐匿机制,还原资产阶级正义与资本主义生产方式的耦合关系,为正义的现代理解及当代实践开辟了独特的思想空间。我们只有在清理地基的意义上,深入阐发劳动价值理论之于马克思正义理解的基础性意义,才能拨开学界关于马克思正义观的争论之迷雾,真实发现政治经济学批判之于马克思正义观研究的语境意义,把马克思正义观的当代阐释引向深入。在这个意义上,劳动价值论中的相关正义问题,对于深入阐释马克思正义观的基本结构及其内在逻辑与理论旨归,具有承上启下的重要意义,构成在政治经济学批判语境下深入阐释马克思正义观理论内涵的重要枢纽。

一、正义研究范式的转换

马克思在劳动价值论视域中以总体性的辩证法完成对现代性劳动概念新的剖析,不仅自觉揭示了资本与劳动之间彼此依赖又相互否定的矛盾关系,而且在劳动与劳动力的区分中,揭示了剩余价值剥削这一资本主义生产方式及其社会关系组建的隐秘逻辑,从而把对于正义的把握牢牢锁定在政治经济学批判语境下,自觉运用政治经济学批判的方法透视现代性法权正义的固有缺陷,实现了正义论域从"劳动价值论"到"剩余价值论"、从"分配方式"到"生产方式"、从"法权正义"到"社会正义"的"问题域"革命。

其一,马克思在批判地继承古典政治经济学劳动概念的基础上,把劳动与正义关系的分析论域由"劳动价值论"转变到"剩余价值论",从而破除了古典政治经济学劳动与资本相交换符合正义原则的幻象,揭露了资本与劳动之间的非对等关系,以及资本剥削劳动的非正义本质。

在古典政治经济学语境中,社会财富的适度匮乏是正义观念存在的现实基础,而社会财富的增长更是正义实现的客观条件。也就是说,正义作为一种现代性观念就存在于社会财富的分配之中,而这种分配关系之所以存在,是由于财富并没有富足到不需要分配,同时也没有匮乏到无财富可分配的境地。而政治经济学劳动一般概念的提出,正标志着现代社会正义获得了全新的理论支点。劳动作为现代社会财富的来源,为社会财富的增殖提供了无穷的动力,同时,财富分配的标尺和逻辑进而也紧紧围绕劳动的资本化展开。这就是说,劳动以雇佣劳动这一商品形式出卖给以货币购买劳动使用权的资本家,在这一交换关系中,劳动的价值表现为劳动作为商品的价值,也就是劳动作为资本实现自身增殖的中介和工具的价值。

因此,劳动的资本化在其作为商品买卖关系的流通层面符合等价交换原则,体现的是资本家与工人之间的人与人的自由、平等关系,或者说,劳动价值的资本化遵循了正义原则。然而,马克思的深刻之处在于,他揭示了劳动与资本之间的交换关系,仅仅是二者关系的表象,如果囿于古典政治经济学的实证主义视角,那么二者的关系在交换关系实现后即已完成,但马克思却基于总体性的辩证法认识到,劳动作为商品与资本相交换以实现自身的价值,这只是资本运动的第一个环节,即劳动力的商品化。资本运动的第二个核心环节是,商品化的劳动力以具体的劳动活动,为资本家创造额外的自己劳动力的商品价值以外的"剩余价值"。在这里,第一个环节的平等和自由的幻象被破除,劳动与劳动力、价值与剩余价值之间的差别,使得资本家与工人表面上的分配正义被实质上的分配不正义所揭穿。

更为深层的问题在于,劳动商品化所推动的社会财富的增长,虽然在表象上也为工人在出卖劳动力的过程中,卖出更好的价格或者说换取更多的社会财富提供了条件,这似乎也更有利于维护工人的物质利益。但是,马克思基于"剩余价值"理论所揭示的资本增殖逻辑却深刻揭示了,社会财富的增长实质上也意味着剥削工人力量的增长,也就是说,工人的劳动力价值越高,其所创造的剩余价值也就越大,进而剥削和统治自身的资本的力量也就越强大,而劳动与资本关系在实质上就越不对等。

正是在这个意义上,马克思通过对劳动与劳动力、价值与剩余价值、交换关系与剥削关系等实质正义所关涉的内容的揭示,实现了对古典政治经济学劳动概念及其正义理解的根本颠覆,而把正义探讨的论域彻底转换到对剩余价值及其所彰显的资本主义生产方式的正义假象的批判上,完成了在劳动价值论视域中探讨正义的论域转变。

其二,马克思通过对古典政治经济学劳动概念的社会历史分析,不仅瓦解了劳动一般概念所支撑的资本主义分配正义，而且在将"剩余价值"作为推动资本生产得以可能的动力机制的意义上，把正义的论域从对劳动者的劳动价值是否获得平等对待的考察，转变为对现代社会分配正义发生的根源即资本主义生产方式本身的批判性考察上。简而言之，马克思通过对"剩余价值"的考察，把探讨正义的论域由"分配方式"转变为"生产方式"。

从"劳动价值论"到"剩余价值论"这一政治经济学理论重心的变革，使得马克思跳出了工人的劳动价值是否得到公平对待这一分配正义问题，而把关注正义的视界转移到"剩余价值"的生产和再生产机制。因为"剩余价值"对于马克思而言，固然有着揭示资本剥削和掠夺工人劳动成果的分配正义层面的非正义性，但更重要的是马克思是以"剩余价值"揭示了资本主义生产方式的固有矛盾，从而揭示了资本主义社会由于其生产方式的矛盾而必然崩溃的结果。在这个意义上，大多"剩余价值"昭示的资本主义的不正义，就不仅是分配正义层面的劳资关系的利益的非公平和非对等关系，而且更是在生产方式层面揭示的资本主义社会本质上所存在的"正义悖论"，即以正义的形式掩盖非正义的实质。

马克思通过"剩余价值"将正义的论域从"分配方式"转变为"生产方式"，意味着生产方式这一原本被看作与正义这一价值理念无关的事实存在，被引入为考察正义的基本范式。

以生产方式为范式考察正义之所以可能，是因为马克思对于生产方式的认识并非基于经验实证主义的角度，把生产方式仅仅看作纯粹的人类物质生产形式，而是将生产方式看作理解人类社会历史发展这一总体过程的核心要素，换言之，生产方式之于马克思并非一个单纯的经济学范畴，而是一个总体性的存在论范畴。这意味着生产方式既是人确证存在的事实性的方式，也是人类确证自身存在的价值性的方式。正如马克思所强调的："人们用以生产自己的生活资料的方式，首先取决于他们已有的和需要再生产的生活资料本身的特性。这种生产方式不应当只从它是个人肉体存在的再生产这方面加以考察。它在更大程度上是这些个人的一定的活动方式，是他们表现自己生活的一定方式、他们的一定的生活方式。个人怎样表现自己的生活，他们自己就是怎样。因此，他们是什么样的，这同他们的生产是一致的——既和他们生产什么一致，又和他们怎样生产一致。因而，个人是什么样的，这取决于他们进行生产的物质条件。"[1]

可见,生产方式在马克思看来,既作为人类物质生活资料来源确立了人类的生命存在,又作为人类生活方式的实现形式确证了人类独特的存在方式。因此,历史唯物主义视域中生产方式概念的总体性特征决定了,马克思基于生产方式考察正义,实际上正是对资产阶级正义观局限于分配正义这一物质层面理解的根本挑战,把正义探讨转换到对生产方式的考察,也就把正义从一个单纯的政治哲学概念,转变为对关系人的物质存在和精神存在的存在论概念加以考察。

其三,马克思立足于生产方式考察正义之于现代社会的存在论意义,是对西方政治哲学史上正义的形而上学传统的根本颠覆。正义不再是一个只有基于相应的形而上学支点才能存在的理论概念,而是本身就内嵌于人类现实存在方式之中的实践概念。从作为理论概念的正义到作为实践概念的正义,马克思推动了正义理解从理论哲学到实践哲学、从抽象正义到具体正义的"问题域"变革。

在西方政治哲学史上,正义虽然一直被看作一个实践哲学概念,但这个实践哲学概念必须要有理论哲学概念的支撑才得以可能。换言之,正义必须以相应的形而上学对象为支点才能获得充分的理论根据,或者说,正义始终是形而上学体系的一个"附属"问题,而不是中心问题,这是由西方政治哲学考察正义的形而上学思维方式所决定的。

不管是柏拉图的基于理念论所支撑的"正义理念",还是亚里士多德基于形而上学体系对正义的"至善"理解,不管是霍布斯和洛克的基于"自然法"意义上的"法权正义"定位,还是卢梭对于政治正义的"公意"解读,都表明一点,在西方政治哲学视域中,正义作为一种规范人类实践活动的价值,都需要一种基于人类理论认识前提的理论支撑。

在这一思想史背景下,马克思将正义研究的论域从分配方式转变为生产方式,就不仅把正义从一种脱离现实的抽象价值规范转变为表征人类存在方式的具体总体的社会规范,而且是对西方政治哲学的正义形而上学理解的根本变革。在生产方式论域中,任何对于正义的形而上学解读和论证,都把正义变成脱离其所处的现实社会关系的抽象观念,或者说,都把正义变成了与

---

[1] 马克思,恩格斯.马克思恩格斯选集:第1卷[M].2版.中共中央马克思恩格斯列宁斯大林著作编译局,编译.北京:人民出版社,1995:67-68.

人的现实存在相疏离的意识形态。而这一结果实际上恰恰与正义作为一个实践哲学的概念自相矛盾。

与之不同，在马克思看来，正因为正义是实践概念，所以正义的解读和论证不能脱离人的现实实践活动，而人的现实实践活动就体现在他们创造自己的物质生活资料过程中所形成的生产方式。因此，生产方式作为人类的感性实践活动并不以形而上学思辨为前提，而恰恰相反，任何形而上学思辨的神秘性都可以在人的感性实践活动中加以破除，"我们的出发点是从事实际活动的人，而且从他们的现实生活过程中还可以描绘出这一生活过程在意识形态上的反射和反响的发展。甚至人们头脑中的模糊幻象也是他们的可以通过经验来确认的、与物质前提相联系的物质生活过程的必然升华物。因此，道德、宗教、形而上学和其他意识形态，以及与它们相适应的意识形式便不再保留独立性的外观了"[1]。"不是意识决定生活，而是生活决定意识"[2]，在这个意义上，马克思将生产方式而不是分配方式作为探讨正义的重心，也就是拒绝正义的纯粹形式化乃至形而上学的考察，而是把正义看作一个实践概念，将其固有的实践内涵在现实的人的活动中加以还原。

这意味着，马克思对于正义的理解从来不是将其作为绝对的和永恒的价值规范，而是总强调正义所处的具体社会历史前提，或者说，马克思所秉持的从来不是一种"绝对"的绝对正义，而是一种"相对"的绝对正义。"相对"的绝对正义，看似是一个矛盾的判断，但它所体现的是马克思在生产方式视角下对人类作为物质存在与精神存在相统一的整全性价值与尊严的坚守，同时这种整全性价值与尊严的实现往往受到相对的生产关系和生活关系的制约，在不同的时代，其实现形式必然有所差异。在这个意义上，从分配方式视域中的"绝对"的绝对正义到生产方式视域中的"相对"的绝对正义，就构成了马克思正义观对西方正义形而上学研究范式的根本变革。

二、正义批判进路的开启

马克思在劳动价值论视域中所完成的正义论域转换，自觉以总体性辩证法超越古典政治经济学的劳动一般概念，深刻揭示了资产阶级正义观念的社会存在基础，从而在劳动与劳动力、资本与劳动、交换价值与使用价值、分配

---

[1] 马克思,恩格斯.德意志意识形态：节选本[M].北京：人民出版社,2003：17.
[2] 同[1]17.

方式与生产方式等辩证关系中,为正义的现代理解开辟了全新的理论语境。在这一语境下,马克思开启了批判与重构现代性正义观念的三重进路,马克思正义观自身的理论逻辑也在这三重进路中逐步确立起来。

其一,资本批判视域中超越资本正义的进路。马克思的正义批判总是以资本批判的方式展开,资本批判是马克思正义论所呈现的显性逻辑。

考察现代社会正义问题,必须以对现代性劳动所处的生产结构的考察为前提。现代社会劳动是在资本主义生产方式下获得的自身的存在形式,或者说,现代性的劳动概念是在资本逻辑控制下的劳动概念。资本逻辑控制下的劳动概念具有内在的限度,这就是劳动力价格与劳动所创造价值之间的差额,即"剩余价值"。剩余价值的发现为马克思立足于资本主义生产方式破解现代社会正义问题谜题提供了理论之钥。

马克思政治经济学批判语境中的劳动价值论,既是关于劳动价值的现代实现形式的"价值论",更是关于雇佣劳动价值在资本逻辑中的存在形式的"剩余价值论"。从单纯的劳动"价值论"到雇佣劳动"剩余价值论",马克思将现代性正义观念的考察视域转换到资本批判视域中。这一转换对于现代性正义的批判和重构具有重大的革命意义,自此,批判和重构正义必须牢牢立足于资本批判。这不是一种批判的策略选择,而是由批判对象本身的性质所决定的,《资本论》的资本批判就是马克思正义批判,《资本论》就是马克思的"正义论"[1]。

《资本论》之所以就是马克思的"正义论",显然不在于《资本论》将正义作为核心的考察对象,因为《资本论》的核心考察对象毫无疑问是资本。《资本论》的"正义论"意义在于,它开创了在资本批判视域中超越资本正义的思想进路。

资本虽然是《资本论》的核心考察对象,但马克思的考察却并不能仅仅被理解为为了考察资本而考察资本,或者说,资本实际上是马克思解读和批判资本主义生产方式及其生活方式的一个切入点。资本的生产与再生产实质上也就是资本主义生活方式的生产与再生产,或者说,是资本主义社会的社会结构的生产和再生产,是资本主义社会中人的存在方式的生产和再生产。在这个意义上,马克思对于资本的考察与古典政治经济学家们对于资本的考察的根本区别在于,前者是要超越资本而后者则是解释资本。

---

[1] 白刚.作为"正义论"的《资本论》[J].文史哲,2014(6):143-151.

这决定了，以超越资本为理论目标的《资本论》，对资本逻辑及其所蕴含的诸多正义问题的考察，本质上不是为了"解释"资本所造成的诸多分配的不公平和不平等，而是在揭示造成这些"不公平"和"不平等"发生的根源，即资本逻辑所主导的生产方式。因此，《资本论》以超越资本为核心的理论创造，在正义论层面体现在以超越资本所维系和塑造的正义体系即"资本正义"为旨趣。

《资本论》超越"资本正义"的思想进路内在于现代性正义观念的内在困境中，或者说，正是因为现代性正义观念自诞生时即存在无法克服的理论硬伤与困境，正义问题探讨的语境才必然转换到政治经济学批判语境下，而马克思的《资本论》正是对于这一理论视域转换的自觉。

正如前文所言，现代性正义观念的诞生以关于人性的自然法界定为前提，自然法权观念的兴起从根本上挑战了古典正义的伦理道德秩序，平等和自由作为现代法权正义的核心要素被确立起来。但是，法权正义所立足的财产权基石表明，现代性正义观念的去经验化恰恰以经验为前提，权利正义与利益正义的矛盾不仅没有被克服，反而在法权正义形态下以更为隐蔽的形式呈现出来，这就是资本主义生产方式中交换价值与法权正义的耦合。在这个意义上，《资本论》对"资本正义"的批判与超越，一方面是对现代性政治存在论前提的揭示和批判，另一方面也是对现代社会权力实现形式的揭示和批判。

其二，在市民社会批判视域中重构社会正义的进路。马克思在资本批判视域中所实现的市民社会及其公共性组建机制批判，是对近代以来人类社会关系的批判和重构。市民社会批判是马克思正义论所内蕴的隐性逻辑。

马克思劳动价值论不仅科学地揭示了资本主义生产方式的本质，更重要的是其通过揭示资本主义生产方式的本质揭示了资本主义社会关系的本质。马克思的政治经济学是批判的政治经济学，而不是实证的政治经济学，这就是说，马克思政治经济学不仅是关于资本主义生产方式的理论，而且是关于资本主义生产方式批判的理论。换言之，马克思政治经济学的根本旨趣是揭示资本主义生产方式的限度和崩溃的逻辑，而不是论证资本主义生产方式的客观规律。而资本主义生产方式的限度和崩溃的逻辑，又不仅是人类历史上一种社会形式的问题，而且构成了现代人类社会所面临的基本正义问题，这就是说，具体的人正在受抽象的"非神圣形象的自我异化"的统治。

对于"非神圣形象的自我异化"，马克思在《〈黑格尔法哲学批判〉导言》中主要指涉的是法、国家等政治实体的实现形式,然而经由《德意志意识形态》中唯物史观的确立,马克思对于"非神圣形象"的理解进一步追溯到其存在的社会历史前提,这就是现代社会生产关系。在《资本论》及其手稿中,"非神圣形象"则进一步被理解为"货币"和"资本"。

由此可见,现代社会所面临的基本问题即具体的人受抽象统治,这是现代社会从政治到经济或者说是由政治与经济共同衍生的问题,换言之,具体的人受抽象统治在马克思看来,既不是一个单纯的政治问题,也不是一个单纯的经济问题,而是二者交织在一起共同形成的政治经济问题。进而,解决这一问题,既不能诉诸政治学,也不能诉诸经济学,而只能诉诸政治经济学批判。在这个意义上,劳动价值中的正义问题,就不仅是关于资本主义生产方式是否正义的问题,而且是关于现代人类社会所面临的社会正义危机。或者说,它不仅关系到一种生产方式以及一种社会关系的正义危机,而且关系到人类当前所处的生存状况以及生命形式的正义危机。马克思的政治经济学批判构成了对现代社会的正义批判。

因此,马克思政治经济学批判语境中的正义批判,不仅体现为物质生活资料的分配状况是否公平的问题,而且是人类在以资本逻辑为主导的生产方式中,其自身的意义与价值和精神状况的虚无主义化危机,以及人类共同生活中所遭遇的公共性扭曲和丧失的伦理危机。正是在这个意义上,笔者认为,马克思劳动价值论视域中的正义问题,既不是一个经济学问题,也不是一个政治学问题,而是一个通过对现代社会政治经济问题的诞生地——市民社会的批判中,对于人类伦理共同体及其公共性的批判与重建的问题。

市民社会作为"整个历史的基础",在马克思看来,是阐释一切意识形态观念如宗教、哲学、道德等理论形式的基本场域[1]。对市民社会的政治经济学把握,构成马克思破解"神圣形象的自我异化",进而揭示包含正义观念在内的一切意识形态秘密的思想特质。由此,市民社会批判尽管并不是马克思政治经济学批判的显性逻辑,但是市民社会所暴露的现代社会正义问题却构成马克思政治经济学批判的隐性逻辑。换言之,马克思正是在政治经济学批判语境下实现了对市民社会正义问题的深度批判与重建。

其三,革命动机批判视域中的寻求解放正义的进路。马克思资本批判中的资本正义批判、市民社会批判中的现代性正义重构,其理论旨归是为了破

---

〔1〕 马克思,恩格斯.德意志意识形态:节选本[M].北京:人民出版社,2003:36.

除资产阶级正义观念的意识形态束缚,激发无产阶级对自身革命动机和历史地位的理论自觉,推翻资本主义社会的生产方式以及意识形态统治,实现人类的自由和全面发展的"解放正义"。

众所周知,马克思在不同时期的不同文本中,对于正义观念的批判性论断远远多于建构性论断。这些批判性论断的针对对象主要有两类:一类是资产阶级政治经济学家们,一类是庸俗的社会主义者们。前者被当作批判对象,主要是批判其以正义的名义为资本主义的生产方式及其社会关系作辩护。后者被当作批判对象,主要是批判其以正义的理由为无产阶级斗争寻求理论的和现实的支持。显然,基于上述理论事实,我们自然有理由强调马克思并不持有积极的正义观点,然而,一旦我们深入马克思正义批判的理论事实背后的思想前提考察中便会看到,马克思批判正义观背后的积极正义立场。

马克思何以不仅批判以正义的名义为资本主义作辩护,也批判以正义的名义批判资本主义?或者说,马克思为何"拒斥"正义?表面上看,自然是由于正义作为一种意识形态话语,并不能触及资本主义的本质,更不能构成消灭资本主义的理由。但更深层的原因在于,正义至少是资产阶级话语体系中的正义观念,但无法作为无产阶级革命的真正动机,换言之,以正义作为无产阶级的革命动机既不能真实地认识资本主义,也不能真实地认识无产阶级自身。在这个意义上,马克思的正义批判背后实际上蕴含着一个非常重要的理论问题,这就是无产阶级的革命动机究竟是否源自正义原则?如果不是基于正义,那么究竟应当如何理解无产阶级革命动机及其理论旨归?

对于这一问题的反思和追问,马克思劳动价值论视域中的正义论域转换具有重要意义。如果仅停留在劳资关系层面的"量"的公平正义视角,那么马克思显然明确强调了,无产阶级革命的动机既不是为了外在的物质利益的公平分配,如提高工资,也不是为了争取资本主义社会价值体系的承认,如劳动的权利、工作的机会等。因为基于分配正义视角来激发无产阶级的革命动机,只会重新落入资产阶级意识形态的圈笼中。与之不同,马克思劳动价值论视域中的正义始终在生产方式语境下展开,生产方式与正义的矛盾关系才是无产阶级自觉到自身历史地位和革命动机的真实理论场域。在这个意义上,马克思批判正义观的消极面相背后所隐含的积极意义在于,无产阶级革命既不能轻信资产阶级的正义说教,也不能简单地诉诸分配正义的公平原则,而必须通过彻底颠覆资本主义生产方式及其所构建的社会价值体系,才能在真正的解放中实现真实的正义。

因此,立足于马克思劳动价值论中的正义问题的真实意义,马克思所强调的无产阶级革命及其人类解放旨归,实际上正蕴含着一种超越资产阶级法权正义和分配正义狭隘视角的"解放正义"的意蕴。因为无产阶级解放就是打破剩余价值所支撑的资本主义生产方式,进而也就是破除与资本主义生产方式相一致的正义观念。而当资本主义生产方式被打破后,新的生产方式必然孕育出新的正义观念。这种正义观念以劳动作为人的自我确证为内容,以劳动产品的社会所有为形式以及人的自由和全面发展为旨归。在此意义上,"解放正义"意指的无产阶级的革命,不是单纯的物质利益的满足,并在此基础上为了获得资产阶级的法权正义的"承认"而斗争,而是"必须推翻那些使人成为被侮辱、被奴役、被遗弃和被蔑视的东西的一切关系"[1]。

---

[1] 马克思,恩格斯. 马克思恩格斯选集:第1卷[M]. 2版. 中共中央马克思恩格斯列宁斯大林著作编译局,编译. 北京:人民出版社,1995:10.

第四章

超越资本正义:马克思正义批判的显性逻辑

　　马克思劳动价值论所关涉的诸多正义问题表明,马克思对于正义的探讨总是在政治经济学批判语境下展开的。政治经济学批判语境下的马克思正义观研究的学理依据来源于马克思基于劳动价值论所实现的正义论域转换。作为自古以来人类追求的美好理念,正义观念并不是现代社会的创造,在古典时代,人类就对正义做出了系统的反思和探究,然而,正义作为一种关系每个个体生命存在的意义、尊严和价值的社会问题,则是启蒙以来才真正诞生的思想事件。而马克思正义观的论域转换在这个意义上,既是对现代性视域内部的正义理解论域的转换,也是对从古典政治哲学到现代政治哲学正义论域转换的理论自觉。因此,政治经济学批判语境下的马克思正义观研究,必须立足于马克思的劳动价值论视域,以资本批判为核心和枢纽。一方面,要基于现代政治哲学诞生的背景,厘清从古典时代到现代社会的正义观念的转变以及现代性正义观念的本质。另一方面,更要立足于马克思政治经济学批判的经典著作,深入阐释《资本论》的资本批判与正义批判的关系,以及《资本论》的正义批判在政治哲学变革和社会权力批判等方面的真实意义。在此基础上,系统梳理马克思政治经济学批判语境下的正义批判与建构的显性逻辑。只有系统梳理这一内在逻辑,马克思正义批判思想的思想内涵和理论价值才能获得深入的阐释。

第一节　现代性正义观念的诞生及其困境

就一般意义而言,马克思对于正义的解读乃至批判始终在现代性语境下展开的。这就要求我们在理解和阐释马克思正义观的过程中,始终对现代性语境下的正义观念有着自觉的理论认知。纵观西方政治哲学史视域中的正义观念演变历程,不难看出,现代性正义观念与古典时代的正义观念不仅有着显著差别,而且现代性正义观念正是在挑战古典正义观念的理论前提中诞生的。换言之,不深入到西方古典政治哲学向现代政治哲学转变的语境中,便无法真实把握现代性正义观念的真实内涵。因此,当我们主张在政治经济学批判语境下阐释马克思正义观的显性逻辑与隐性逻辑时,首先需要阐明的问题便是:马克思正义观所批判和超越的现代性正义观念何以诞生?现代性正义观念在变革古典正义观念的同时,其自身是否存在无法克服的理论困境?而这一困境又何以只有在政治经济学语境下才能获得透彻的理解?对于这些问题的反思、追问和回答,构成了梳理马克思正义观以资本批判完成对资本正义的批判和超越的逻辑前提。

一、现代性正义观念的诞生

正义是一个古老的人类政治诉求,有着深厚的政治哲学渊源。现代性正义观念的诞生始于古典正义向现代正义的转变,在与古典正义观念的比较中,现代性正义观念的内涵与特征突显出来。

在古典时代,判断一项制度和一种行为是否正义,需要结合具体的社会习俗和伦理情境。所以古典正义与人的实践活动密不可分,正义与城邦政治和个人生活紧密相关,有着先天的社会伦理特征。作为古典时代社会生活的写照,荷马史诗中所彰显的正义观可以看作对古典正义这一特征的诠释。诚如英国古典学家哈夫洛克所言:"两首史诗(指《奥德赛》和《伊利亚特》)一点也未将'正义'定性为有着先验基础的原则,不管它是被设想的必要的'法则'还是人性中的道德意识。……这类'正义'仅仅是现存风俗习惯保存的规则,或是对侵犯行为的纠正,但它并未描述风俗习惯普遍上来讲'应该'是什么。"[1]

---

[1] 哈夫洛克.希腊人的正义观:从荷马史诗的影子到柏拉图的要旨[M].邹丽,何为,等译.北京:华夏出版社,2016:219.

所以,在古典政治哲学视域中,正义是一个实践哲学概念而非理论哲学概念,探讨正义问题的主要目的不是寻求关于正义何以可能的真理,而是通过这种探讨引导人类生活走向善和幸福。古典正义观的这一特征在亚里士多德那里获得了系统阐发。

在《尼各马可伦理学》中,亚里士多德首先就正义的性质和范围做了实践哲学的分析和限定。亚氏提出,正义可以从两个层面加以定义:一种是作为总体的正义,一种是作为具体的正义。

作为总体的正义是一种德性,并且是诸种德性之首。而作为德性的正义又分为两类:在个体意义上,它是一种让人做正确的事情的品质,它"使人做事公正,并愿意做公正的事情",不正义则意味着做事不公正或做不公正的事;在城邦共同体意义上,它是"产生和保持政治共同体的幸福或其构成成分的行为"[1]。在个体和共同体两个层面上,正义的性质是"总体的德性",是"一切德性的总括"[2]。

作为具体的正义也分为两类:一类是分配的正义,另一类是矫正的正义。分配的正义就是"表现于荣誉、钱物或其他可析分的共同财富的分配上(这些东西一个人可能分到同等的或不同等的一份)的公正"[3]。既然正义意味着财富分配的平等与均衡,那么判断是否平等的标尺是什么?亚里士多德认为,这个标尺就是适度,适度就是说,分配过程中不能走极端,即过多或过少。而避免过多和过少现象的发生,就要保证在分配过程中,在人的平等和物的平等方面寻求一个恰当的比例,避免平等的人分到的物不平等,不平等的人分到的物平等。因为只有"合比例的才是适度的,而公正就是合比例的"[4]。所以分配正义在这个意义上是一种涉及公共财富以合理比例进行分配的问题。与分配正义关注的公共财富分配中的程序性比例不同,矫正的正义主要是在个体层面上,是"在私人交易中起矫正作用的公正"[5],是在"出于意愿的或违反意愿的私人交易中的公正"[6]。矫正的正义关注的则是在交易结果上的实质性比例问题,因此这种正义的维护者主要是法律,"法律

---

[1] 亚里士多德. 尼各马可伦理学[M]. 廖申白,译注. 北京:商务印书馆,2003:129.
[2] 同[1]130.
[3] 同[1]134.
[4] 同[1]136.
[5] 同[1]134.
[6] 同[1]136-137.

只考虑行为所造成的伤害。它把双方看作平等的。它只问是否其中一方做了不公正的事,另一方受到了不公正对待;是否一方做了伤害的行为,另一方受到了伤害。既然这种不公正本身就是不平等,法官就要努力恢复平等"[1]。

在《政治学》中,亚里士多德虽然关注的问题与柏拉图一致,即正义的城邦意味着什么,同样把正义看作判断政体形式是否善的重要标尺。但亚氏对城邦正义的认识和理解总是在个体与共同体的关系中展开,"公正是为政的准绳,因为实施公正可以确定是非曲直,而这就是一个政治共同体秩序的基础"[2]。可见,在《政治学》中,虽然作为政治的正义代替了作为德性的正义和作为分配的正义,但实际上亚氏的正义观没有变化,它既关注整个城邦政治的正义性,也关注个体公民生活的正当性,并且强调城邦的生活具有多元性和多样性特征。进而,亚里士多德强调,关于政治正义的探讨不应该像柏拉图那样,在哲学理论意义上进行同一性的哲学理论建构。"我现在所提到的,乃是苏格拉底推论的前提,即整个城邦愈一致就愈好。但是,一个城邦一旦完全达到了这种程度的整齐划一便不再是一个城邦了,这是很显然的。因为城邦的本性就是多样化,若以倾向于整齐划一为度,那么,家庭将变得比城邦更加一致,而个人又要变得比家庭更加一致。因为作为'一'来说,家庭比城邦为甚,个人比家庭更甚。所以,即使我们能够达到这种一致性也不应当这样去做,因为这正是使城邦毁灭的原因。"[3]

因此,在亚里士多德看来,政治的正义性从来不可能是一种理性规制的结果,其社会伦理内涵诸如互惠、友爱等才是政治正义的基础。因为政治哲学在亚氏那里是一种实践哲学而非理论哲学,其面向的对象具有实践多样性,其所要达到的目标是异质性和共同性之间的张力关系。在这个意义上,某学者对亚里士多德政治哲学的定位无疑是中肯的:"亚里士多德是第一个认识到没有能力在哲学上确定社会真理和政治真理的哲学家。"[4]

纵观亚里士多德上述关于正义问题的探讨,笔者认为,其贯彻的基本逻辑有两个。在《尼各马可伦理学》中,主要围绕德性正义与具体正义的关系展开,在《政治学》中,主要围绕共同体正义与个体正义的关系展开。再进一步

---

[1] 亚里士多德. 尼各马可伦理学[M]. 廖申白,译注. 北京:商务印书馆,2003:137.
[2] 亚里士多德. 政治学[M]. 颜一,秦典华,译. 北京:中国人民大学出版社,2003:5.
[3] 同[1]30.
[4] 麦卡锡. 马克思与古人:古典伦理学、社会正义和19世纪政治经济学[M]. 王文扬,译. 上海:华东师范大学出版社,2011:113.

观之，德性与城邦的正义是一种总体性关系中的伦理之善，而财富的分配与矫正的正义则是一种涉及社会利益差别及其调整的权宜之计。可见，亚氏探讨正义问题，是在一种总体性的普遍正义与具体性的特殊正义的张力关系中展开，这一探讨背后的隐匿逻辑是个体与共同体的社会伦理定位。

亚里士多德探讨正义既拒绝从普遍性的形上理念出发，也拒绝从特殊性的利益法则出发，其正义观隐匿遵循的是一种总体性的社会伦理思路，即强调在伦理之善与权宜之计的辩证关系中把握正义的性质及其形态。在这个意义上，亚氏的正义区分无疑具有重大的政治哲学意义，这就是，它既是对柏拉图先验正义观的扭转，更开启了强调个体权利与共同善内在辩证一致的新型正义理论传统。

在亚里士多德的伦理学和政治哲学体系中，正义既不是抽象的形式平等理念，也不是狭隘的利益分配机制，而是个体的政治实践与政治共同体的伦理之善之间的和谐状态。也就是说，对于亚氏而言，个体之善与共同体之善是内在一致的，对于个体是正义的则对于共同体也是正义的。这里的正义既不是一个纯粹社会性原则，也不是一个纯粹伦理性原则，而是一种个体的社会性与共同体的伦理性和谐共生的关系。

对于个体而言，正义就是在社会性的交往过程中遵循伦理性的德性规范。"公正最为完全，因为它是交往行为上的总体的德性。它是完全的，因为具有公正德性的人不仅能对他自身运用其德性，而且还能对邻人运用其德性。"[1]对于共同体而言，正义就是为个体社会交往提供具体普遍伦理有效性的公共性保障。"政治的公正是自足地共同生活、通过比例达到平等或在数量上平等的人们之间的公正。"[2]

亚里士多德关于普遍正义与特殊正义的区分，其目的是整合正义的社会性与正义的伦理性。或者说，对于亚里士多德而言，正义作为一个社会伦理概念从来就不存在其社会性内涵与伦理性内涵的冲突，普遍正义就是蕴含在特殊正义中，特殊正义也会自发生成普遍正义。因此，笔者认为，亚氏之所以在《尼各马可伦理学》和《政治学》中就正义的社会性内涵和伦理性内涵加以区分，是因为其从一种社会伦理总体性的视角来对待正义，探讨正义作为一种社会伦理的实现途径，并通过这种探讨构建了一种社会性与伦理性相互渗

---

[1] 亚里士多德.尼各马可伦理学[M].廖申白,译注.北京：商务印书馆,2003：130.
[2] 同[1]147.

透的新型古典正义观念。

这种新型正义观把城邦之善与社会现实结合起来加以考察,强调正义不仅是社会财富的公平分配,更是整个城邦政治与个体生活的和谐一致。正义是个体在城邦生活中、在社会伦理关系中获得自由发展空间和普遍认同的社会现实,总是意味着社会总体之善为个体潜能的发展提供了有效的制度保障,意味着个体行为能够在城邦生活中获得真实的认同。在这个意义上,笔者认为,亚里士多德开创了西方政治哲学史上"伦理正义"传统的先河。

"伦理正义"作为普遍正义与特殊正义的统一,体现了古典政治哲学视域对于古希腊城邦生活中个体与共同体关系的把握。而随着古希腊城邦的衰落和近代启蒙运动的兴起,古典政治哲学关于个体与共同体关系的社会伦理理解,在近代政治哲学的政治理性主义方法论视域下,被肢解为个体理性与公共理性的二元结构。正义的支点不再是共同体的公共善,而是个人的利益。结果,正义的伦理德性形态在现代政治哲学的马基雅维利化的中介下转变为制度形态。正如列奥·施特劳斯所言:"西方思想经过几百年的马基雅维利化,是如何易于给马基雅维利的教诲一种绝对尊崇的氛围。人们能够按如下论证来表述马基雅维利:你想要正义吗?我将向你表明你如何能获得正义。通过宣道和劝告性讲辞,你得不到正义。只有使不义完全无利可图,你才能得到正义。你并不是需要那么多的性格塑造和道德诉求,你需要的是正确类型的制度,有强制力的制度。从塑造性格转向信任制度是相信人的几乎无限可塑性的典型的必然结果。"[1]

为了"保护人的自然权利",作为伦理德性的"普遍正义"随之被诠释为"财产权神圣不可侵犯",作为社会关系的"特殊正义"随之被诠释为"得其所应得"。进而,"伦理正义"被现代政治哲学肢解为两种形态:一个是保障个体在维护自身财产权利方面的天然正确,一个是保障个体在享有社会财富方面的机会均等。

因此,现代正义的诞生是以反思和批判古典正义的社会伦理特征开始的。在现代性视域下探讨正义与在古典时代探讨正义的差别在于,前者的正义作为引导人类行为的实践之善并非不证自明的"事实",而是需要加以反思和批判的"问题"。现代政治哲学对于这一"问题"的反思和批判自马基雅维利开始。

---

[1] 施特劳斯.什么是政治哲学[M].李世祥,等译.北京:华夏出版社,2014:34.

众所周知,马基雅维利政治理论客观上推动了政治哲学从伦理形态向科学形态的转变,或者说,作为政治学家的马基雅维利,其开创性的贡献正在于开启了近代政治科学的先河。马基雅维利政治理论较之古典时代,其最为鲜明的特征便是以对人性的自然判断为根基,重塑了政治合理性的基础,这影响了现代政治哲学的走向。

无论是在霍布斯、洛克开创的"利益政治"传统中,还是在卢梭、康德开创的"道德政治"传统中,我们都能看到现代政治哲学关于人性的相关判断,以及在保护人的自然权利方面做出的巨大努力。因此,现代政治摆脱了古典政治的社会伦理性质,转为立足于人性的自然判断,为经验性的社会生活创立了先验的道德法则和价值规范。现代政治哲学使政治从一种实践活动转变为政治理论。进而,尽管现代政治哲学视角不同,观点各异,但其逐步形成了两个核心的政治观念:平等和自由。平等和自由也构成了现代政治哲学的两个基本法条。

平等和自由成为现代政治的基本法条,是由近代以来的政治理性主义构造的结果。在古典时代,自由首要地意味着共同体自由,共同体基于对话和协商所构造的政治共识是个体自由的实现前提。同样,平等也只有在作为城邦公民的自由民的意义上才被确认,共同体之外的奴隶不配享有平等的正义。与之不同,启蒙以来,自由意味着个体在理性层面的普遍意志自由,个体自由构成共同体自由的前提。平等意味着个体在理性层面的形式平等,与宗教信仰、种族血缘、伦理习俗等特殊要素无关。对于政治哲学的这一古今之变,美国政治哲学家列奥·施特劳斯认为,现代政治哲学实现了正义观念的深刻革命,即从古典政治的美德观念转向现代政治的权利观念。现代政治哲学脱离了古典政治哲学的伦理政治传统,古典政治哲学变成了现代社会理论,它不再关注社会正义和人类幸福本身意味着什么,而是关注实现社会正义和人类幸福的条件,即保护人的自然权利。正如施特劳斯所言:"政治社会的功能不是关注公民是否幸福,也不管他们是否能成为亚里士多德所说的那种举止高尚的君子,而是去创造幸福的条件,去保护他们,或用行话来说,要保护人的自然权利。"[1]

因此,现代政治哲学以去除古典正义的社会伦理特征为前提,在价值规范层面树立起以平等和自由为核心的现代政治观念,为现代政治的合法性做

---

[1] 施特劳斯.苏格拉底问题与现代性[M].彭磊,丁耘,等译.北京:华夏出版社,2008:23.

出理性主义的辩护。然而,政治理性主义在守护了人类存在的个体性的同时,却遗忘了人类存在的共同性。现代政治哲学的事实与价值二分的方法论前提,使得现代人在政治公民的"公人"和市民社会的"私人"之间游走,其无法克服的结构性困境被马克思敏锐把握到。

在《论犹太人问题》中,马克思指出:"政治国家和市民社会的关系,正像天国和尘世的关系一样,也是唯灵论的。政治国家和市民社会也处于同样的对立之中,它用以克服后者的方式也同宗教克服尘世局限性的方式相同,就是说,即它同样不得不重新承认市民社会,恢复市民社会,服从市民社会的统治。"[1]"当政治生活感到特别自信的时候,它试图压制自己的前提——市民社会及其要素,使自己成为人的现实的、没有矛盾的类生活。但是,它只有同自己的生活条件发生暴力矛盾,只有宣布革命是不间断的,才能做到这一点,因此,正像战争以和平告终一样,政治剧必然要以宗教、私有财产和市民社会一切要素的恢复而告终。"[2]可见,在马克思看来,现代政治国家所成就的政治公民的普遍性虽然以去除市民社会的特殊性为前提,但实质上它恰恰需要市民社会的特殊性支撑。

马克思的上述剖析深刻指认了现代政治的固有困境:基于理性主义原则把政治从其社会伦理的经验性存在中抽离出来,但是其政治观念的理性建构不仅无法实现真正的政治解放,反而使得现代政治陷入伪善的境地,即表面上追求公平正义,实则变为市民社会为利己主义服务的工具。

二、黑格尔对现代性正义观念的诊断

马克思基于国家与市民社会二元结构对于现代性政治本质的把握深受黑格尔影响,实际上,古典正义观念的伦理内涵向现代性正义理论的转变,首先在黑格尔的法哲学中得到了思辨的再现。黑格尔以其思辨的法哲学体系深刻地揭示了现代性政治正义的内在紧张,提出现代性正义问题发生的根本原因是现代政治的基本结构,这就是市民社会与政治国家的分裂。

众所周知,在《法哲学原理》中,黑格尔一上来就探讨法的抽象形式即契约,并强调抽象法的最高形态是道德应当,认为二者是自由的初级形式。抽象法之所以抽象,就在于它停留于普遍性的应当,仅仅是一种形式的合理性。

---

[1] 马克思,恩格斯.马克思恩格斯全集:第3卷[M].2版.中共中央马克思恩格斯列宁斯大林著作编译局,编译.北京:人民出版社,2002:173.

[2] 同[1]175.

黑格尔的上述判断是对政治理性主义方法论特征的深刻把握，这就是以抽象理性的事实与价值二分来去除古典政治的经验性特征，追求"完美政治"和"一式政治"[1]。结果，现代契约型政治结构的固有问题——市民社会与国家的分裂暴露了出来。

市民社会与国家的分裂意味着，现代政治的这一结构必然导致作为社会伦理的正义观念只能基于个体理性原则被二元化和抽象化。在正义的社会性层面，个体基于自然权利关注的只是物质利益的所有权，进而"得其所应得"成为现代社会秩序构建的基本逻辑。在正义的伦理性层面，个体基于意志自由关注的只是内在的道德法则，而不关注邻人的幸福，进而"作为总体德性的正义"变成理性主体为自身立法的"道德应当"。结果，现代政治虽然成就了个体权利的至上地位，但是其切断了自身的社会伦理根基，而变成抽象的政治法权。正是在这个意义上，黑格尔之后强调精神的内在逻辑要求正义从抽象法权过渡到社会伦理。

《法哲学原理》的"伦理"部分不应该被仅仅看作黑格尔法哲学体系的一个普通环节，它实际上构成黑格尔把握现代政治基本结构及其基本问题的主要阵地。在这一部分，黑格尔探讨的核心问题正是市民社会与国家的关系。黑格尔首先分析了市民社会的内在属性，这就是市民社会的初级形式是个体基于需要构建的社会体系，每个人都把他人看作实现自身目的的手段，交往之所以必要，并不是基于内在的社会伦理德性，而是外在的个体的特殊性需要。"在市民社会中，每个人都以自身为目的，其他一切在他看来都是虚无。但是，如果他不同别人发生关系，他就不能达到他的全部目的，因此，其他人便成为特殊的人达到目的的手段。"[2]所以，对于黑格尔而言，市民社会的本质是一切人反对一切人的战争，市民社会是现代社会个体性原则的表现形式，它表征的是现代性对传统社会伦理精神的肢解。因此，在市民社会中，正义意味着以他人为中介而满足个体利己的需要，特殊原则是市民社会的行为逻辑。但是，黑格尔同时指出，市民社会也并不意味着普遍性的完全丧失，而是普遍性以特殊性的形式呈现出来。"这里（指市民社会），伦理性的东西已经丧失在它的两极中，家庭的直接统一也已涣散而成为多数。这里，实在性就是外在性，就是概念的分解，概念的各个环节的独立——这些环节现在已

---

[1] 欧克肖特.政治中的理性主义[M].张汝伦，译.上海：上海译文出版社，2003：5-6.
[2] 黑格尔.法哲学原理[M].范扬，张企泰，译.北京：商务印书馆，1961：197.

经获得了它们的自由和定在。在市民社会中特殊性和普遍性虽然是分离的，但它们仍然是相互束缚和相互制约的。"[1]这意味着，社会的伦理规范作为普遍性原则是以特殊性原则表现出来的，是对个体权利尤其是财产权神圣不可侵犯的维护，是在社会财富分配过程中对公平原则的坚守。

黑格尔为什么要在"伦理"部分探讨市民社会？这是因为市民社会是现代社会的基本存在样态，它既是古典政治解体的结果，也是现代政治的具体表现。市民社会突显了现代政治抽象法权正义的内在危机。现代政治基于个体性原则所构造的现代性正义观念在市民社会中暴露了内在缺陷。市民社会的诞生意味着个体与政治共同体矛盾冲突的开始，正义被撕裂为保障个体物质利益的权利原则和维护社会财富公平分配的平等原则。正义由一个社会伦理概念变成道德规范概念。

显然，市民社会是黑格尔再现现代政治正义问题实质的理论场域，但黑格尔对于市民社会的把握是从国家的逻辑在先出发，市民社会只有在国家层面才能获得真实的理解，"市民社会是处在家庭和国家之间的差别阶段，虽然它的形成比国家晚。其实，作为差别的阶段，它必须以国家为前提，而为了巩固地存在，它也必须有一个国家作为独立的东西在它面前"[2]。既然如此，为什么叙述的顺序却是先探讨"市民社会"之后才探讨"国家"？

回答这一问题需要理解黑格尔的国家观。众所周知，现代政治哲学的诞生是以对现代政治权力合法性的反思批判和重新建构开始的。从霍布斯、洛克再到卢梭、康德，尽管对于国家政治权力来源的个体性原则有不同的界定，但是都强调现代国家权力的实质是个体自然权利让渡以达成社会契约的结果，政治权力的基础和目标都是个体权利。契约型国家也被看作现代国家区别于古典政治共同体的标志。对于这种现代国家观，黑格尔指出："近人很喜欢把国家看作一切人与一切人的契约。他们说，一切人与君主订立契约，而君主又与臣民订立契约。这种见解乃是由于人们仅仅肤浅地想到不同意志的统一这一点而来。但在契约中存在着两个同一的意志，它们构成双方当事人，并且愿意继续成为所有人。所以契约是从人的任性出发，在这一出发点上婚姻与契约相同。但就国家而论，情形却完全不同，因为人生来就已是国家的公民，任何人不得任意脱离国家。生活于国家中，乃为人的理性所规

---

[1] 黑格尔.法哲学原理[M].范扬,张企泰,译.北京：商务印书馆,1961：198.
[2] 同[1]197.

定,……所以国家绝非建立在契约之上,因为契约是以任性为前提的。如果说国家是本于一切人的任性而建立起来的,那是错误的。毋宁说,生存于国家中,对于每个人说来是绝对必要的。"[1]可见,黑格尔明确反对把国家当作为了维护个体私利而不得不与其他个体订立的契约,而强调国家就是个体的基本存在方式。换言之,对于黑格尔而言,国家不是主观任意的权宜之计,而是人作为理性存在物的内在要求。在这个意义上,不难看出,国家对于黑格尔而言,不是个体间外在联系的纽带,而是作为意志自由的个人的内在精神确证。黑格尔的国家观具有明显的古希腊城邦特点,这就是政治共同体不是个体基于自身需要而进行物质利益协商的外在场域,而是消弭由于物质利益分配差别所导致精神涣散,以普遍理性团结和凝聚个体意志的伦理实体。

因此,在黑格尔看来,国家作为伦理实体是普遍精神的现实载体,而市民社会的特征是以个体理性为根基的原子化交往模式,因此二者存在内在的冲突,这种冲突是现代契约型政治结构的基本特征,也是现代政治契约型国家观的基本逻辑支撑。在这个意义上,黑格尔对于市民社会和国家的分析具有重要的现代性批判意义。更重要的是,黑格尔的现代性批判不是外在批判,而是从现代性的基本原则内在冲突着手破解现代性的内在问题,对于现代性的政治结构及其正义原则也是如此。黑格尔认为,市民社会的道德主体性和需要原则之间的内在矛盾表明,市民社会不仅仅是一种纯粹的利益交往体系,它是理性自由的内在发展阶段,是理性的普遍性和理性的特殊性形式相分裂的阶段。因此,市民社会必将超越自身的分裂形式而重新走向对更高级的理性普遍性的认同,这个理性普遍性就是既容涵现代性的个体原则,又超越个体抽象自由的伦理实体——国家。

黑格尔对于市民社会和国家关系的论述深刻揭示了现代性正义观念的结构性张力。这就是强调个体"为持存而斗争"和强调个体"自然权利神圣不可侵犯",二者不过是现代政治哲学立足于市民社会个体性原则基础上树立的抽象法权,它必然会超越自身而推动现代"伦理正义"的自我生成。因为市民社会在基于个体需要的经济交往过程中,会逐渐生发出诸如同业公会的共同体形式,这种共同体形式体现了市民社会在推动个体理性与普遍理性从冲突走向和解,推动现代社会个体与共同体的社会伦理统一方面的积极作用。

因而,市民社会对于黑格尔而言,并非仅仅是个体追逐私利的功利性凭

---

[1] 黑格尔.法哲学原理[M].范扬,张企泰,译.北京:商务印书馆,1961:82-83.

借,更是社会伦理总体性的生成之地。正如美国学者艾伦·伍德所言:"市民社会自身也产生了一种特有的社会团结,正是它推动了个体性向普遍性的转换。在黑格尔看来,没有市民社会产生的特殊形式的共同体,个体就不能实现他们的主观自由。如果只将市民社会视为一个市场,经济主体之所以在此相遇是为了满足自身的私人目的,就会完全忽视这个重要的方面。"[1]可见,现代性正义观念发生的基本结构决定了,正义的现代性内涵具有超越自身的张力。而黑格尔准确地把握到了这种张力性结构,并尝试从主体性内部克服主体性的碎片化,在现代性原则基础上重建个体与政治共同体的伦理关系。

黑格尔之所以能以思辨哲学准确把脉现代性正义观念的核心结构,其根本原因在于,其对于政治哲学以及正义观念的理解是以总体性的辩证法为方法论根基的。辩证法作为面向事物自身的存在论逻辑,其总是强调事物的自我运动与生成。因此,现代性正义观念并不是正义的绝对形态,而只是现代市民社会的正义原则,从而它也必然完成自身的内在超越,克服自身的矛盾性结构从而过渡到更为具体的正义理论形态。所以对于黑格尔而言,正义既不是一个抽象的道德法权,也不是一个实在的经验事实,而是只有在辩证思维中才能把握的伦理现实,是事实逻辑与价值逻辑、与应当的和解。

在黑格尔看来,这种作为伦理现实的政治实体即国家,它所维护的既不是强调"得其所应得"的分配平等原则,也不是"个体权利神圣不可侵犯"的道德自由原则,而是个体理性通过主体间承认所生成的伦理精神。伦理精神是个体性的需要原则与政治共同体的平等原则的辩证和解,它依托国家这一伦理实体维护的是一种具有高度现实感的"伦理正义"。因此,黑格尔是以作为伦理实体的国家来超越现代性正义观念的结构性张力,超越个体与共同体的关系的现代性变革及其所导致的契约型政治共同体,而恢复国家作为伦理实体的精神总体性功能。正是在这个意义上,黑格尔既继承了亚里士多德所开创的古典政治哲学"伦理正义"传统,又基于对现代性正义观的批判性分析,重塑了古典时代"伦理正义"的现代性形态。

由上可见,在现代政治哲学视域中,现代性正义观念以去除正义的社会伦理土壤为前提,试图完成对将正义作为一种现代性规范价值的理性建构。然而,现代正义的纯粹化不过是政治理性主义的自恋,正义作为人类对于善和幸福的实践指向,其固有的社会现实内涵在现代社会以新的形式融入自身

---

[1] 伍德.黑格尔的伦理思想[M].黄涛,译.北京:知识产权出版社,2016:396.

的建构之中,这就是资本主义生产方式与现代政治之间的互嵌。在这个意义上,马克思政治经济学批判对于这一互嵌关系的科学剖析,成为马克思现代正义批判的独特思想进路。

第二节 《资本论》的资本批判与正义批判

马克思所开启的政治经济学批判语境中的正义批判进路,主要体现在《资本论》及其手稿中对现代性正义观念的剖析。《资本论》的资本批判不仅是对资本主义生产方式的批判,也是对以资本主义生产方式为基础的资本主义社会观念和意识形态结构的批判。基于历史唯物主义理论的基本观点,马克思认为,一个社会的价值观念和意识形态结构并不具有天然的正义性,而是始终由其所处的历史发展阶段所决定的,而社会的历史发展阶段又是由特定历史时期人类的物质生产方式以及生活方式所决定的。因而,包括正义在内的资本主义社会观念和意识形态结构必然由资本主义的生产方式所决定。换言之,我们要剖析资产阶级正义观念的本质,必须通过剖析资本主义社会生产的本质才能达成。而要完成资本主义社会生产的本质的剖析,只有透过资产阶级政治经济学对资本生产的本质及其限度加以剖析。在这个意义上,马克思《资本论》及其手稿的政治经济学批判既是对资本生产本质的剖析,更是对资产阶级正义观念的剖析,或者说,是在对于资本主义社会的社会历史批判中,完成对资本主义社会的政治的和经济的双重批判。因此,《资本论》的资本观内蕴着马克思的正义观,《资本论》的资本批判就是马克思的正义批判。

一、资本批判中的正义批判

黑格尔对于现代政治国家与市民社会关系的深刻剖析,为马克思在政治经济学批判语境下揭示现代性正义观念的固有限度奠定了基础。政治解放的实质是市民社会从政治中获得解放,而获得解放的市民社会重新又构成现代政治合法性的前提和基础。

现代政治的基本任务是满足市民社会的"自然需要",保障市民社会的"自然权利"。在此基础上,判断现代政治是否正义的标尺在于,它是否维护了市民社会的平等和自由的"人权"神圣不受侵犯。进而,对现代性正义观念的批判就必须对现代政治的市民社会的"前提"和"基础"展开批判,即必须对市民社会的平等和自由的"人权"展开批判。马克思的这一批判是在以《资本论》及其手稿为标志的政治经济学批判体系中完成的。

在现代政治的"特殊正义"视野下,资本逻辑所把控的物质生产方式和分配方式遵循商品经济的自由交换原则和价值互惠原则。因此,资本逻辑是最能体现现代性个体自由和社会公正的正义逻辑。但是在《资本论》的"普遍正义"视野下,资本逻辑所造成的人的异化却暴露出其更为深层的正义问题,即资本主义社会生活的普遍异化。

在马克思看来,产生现代社会正义问题的根源在于资本逻辑造成人类劳动本性的异化:劳动这一原本确证人之为人的活动方式,在资本主义的生产过程中以雇佣劳动的形态反过来与人相疏离。如果说在《1844年经济学哲学手稿》中,马克思对于资产阶级政治经济学的正义批判仍然是一种意识形态式的审美批判,那么到了《资本论》等其后期的著作中,批判则旨在科学揭示资本逻辑的形而上学结构与现代政治的隐秘耦合。马克思对于资本逻辑的正义批判经历了从哲学批判到政治经济学批判这一理论语境的重大转变。

在《资本论》中,马克思对资本主义的正义批判从科学分析资本逻辑的商品交换原则及其所导致的拜物教迷雾开始。马克思认为,劳动之所以被异化,其根本原因在于劳动的抽象化,而劳动的抽象化则是由于具体劳动所生产的使用价值被资本逻辑同质化为可以量化的交换价值。劳动价值的这种"神奇"的转换,从根本上变革了劳动作为发挥人类创造潜能的社会正义功能,结果劳动创造潜能的异质性和多样性被资本逻辑及其商品交换原则所同质化,从而劳动的社会正义功能被转变为一种基于自由、平等交换的现代正义原则,而这种正义原则的同质性无疑遮蔽和窒息了人类劳动本性所固有的多样性。因此,渗透在资本主义整个生产过程中的现代正义原则必然是伪善和虚假的。

在《资本论》的开篇处,马克思首先指出:"最初一看,商品好像是一种简单而平凡的东西。对商品的分析表明,它却是一种很古怪的东西,充满形而上学的微妙和神学的怪诞。"[1]这里所说的商品的"微妙"和"怪诞"是指什么?就商品作为使用价值而言,它并没有神秘性,它不过是自然物质在人类行为作用下的一种形态变化而已。问题的关键在于,商品除了具有使用价

---

〔1〕 马克思,恩格斯.马克思恩格斯全集:第44卷[M].2版.中共中央马克思恩格斯列宁斯大林著作编译局,编译.北京:人民出版社,2001:88.

值,还具有交换价值。商品交换所秉持的量的同一性原则似乎可以摆脱商品实用属性的"纠缠",从而使商品获得一种与任何其他商品进行"普遍交往"的魔力。可见,正是商品交换价值所暴露出的劳动抽象化,使得劳动产品一旦变成商品就获得了"谜一般的性质"。而这种"谜一般的性质"在马克思看来并不神秘,它不过是被抽象化了的人类劳动而已。但是商品形式对劳动的抽象化使得人类经由劳动结成的社会关系被物与物的关系所遮蔽,所以马克思指出,"商品形式的奥秘不过在于:商品形式在人们面前把人们本身劳动的社会性质反映成劳动产品本身的物的性质,反映成这些物的天然的社会属性,从而把生产者同总劳动的社会关系反映成存在于生产者之外的物与物之间的社会关系"[1]。

而这时,商品无疑获得了一种脱离现实的形而上学意味的拜物教性质,"商品形式和它借以得到表现的劳动产品的价值关系,是同劳动产品的物理性质以及由此产生的物的关系完全无关的。这只是人们自己的一定的社会关系。但它在人们面前采取了物与物的关系的虚幻形式。……我把这叫作拜物教。劳动产品一旦作为商品来生产,就带上拜物教性质,因此拜物教是同商品生产分不开的"[2]。结果,在资本主义社会生活的各个层面,人们像虔诚的信众匍匐在图腾面前一样匍匐在商品脚下,人类的精神世界看似得到物质的充实,而实则被其所崇拜的对象所掏空。

因此,商品的形式同一化原则不仅是一种局限于经济交往过程中的基本原则,当商品的拜物教性质变成人类精神生活的根基时,这种形式同一化原则将渗透到社会生活的方方面面。因而,资本逻辑所导致的资本主义社会生活的异化并不是某一生活领域的特殊异化,而是整个社会生活的普遍异化。正如卢卡奇所指出的:"物化现象同它们存在的经济基础、同它们的真正可理解性的基础的这种分离,由于下面这种情况而变得较为容易:要使资本主义生产完全产生效果的前提成为现实,这种变化过程就必须遍及社会生活的所有表现形式。"[3]可见,商品拜物教及其背后所贯彻的资本逻辑已变成主宰资本主义社会生活的普遍性逻辑。在以资本逻辑为主导的商品社会中,形式

---

〔1〕马克思,恩格斯.马克思恩格斯全集:第44卷[M].2版.中共中央马克思恩格斯列宁斯大林著作编译局,编译.北京:人民出版社,2001:89.

〔2〕同[1]89-90.

〔3〕卢卡奇.历史与阶级意识:关于马克思主义辩证法的研究[M].杜章智,任立,燕宏远,译.北京:商务印书馆,1992:161.

同一化原则成为社会生活各个层面贯彻的隐形法则,它逐步被潜移默化地变成大众意识形态和社会文化形式,变成维护资本主义社会现有正义原则的合法化工具。

由上可见,马克思对于资本逻辑的正义批判,所秉持的是西方古典传统固有的"普遍正义"精神,即人在具体的社会实践活动中,充分发挥自身的各种潜能,以实现人的全面发展。所揭示的是西方现代社会非正义的普遍强制结构,这种强制结构被马克思称为"非神圣形象的自我异化",即资本主义社会的法、政治和国家的异化[1]。马克思对资本逻辑的非正义性的批判就是对资本主义社会的这种强制结构的批判。在这个意义上,如果把《资本论》的正义批判简单地看作对商品流通和交换过程中发生的分配不公的批判,这恰恰违背了《资本论》的资本逻辑批判的政治真义。马克思指出:"让我们来赞美资本主义的公正吧! 土地所有者、房主、实业家,在他们的财产由于进行'改良',如修铁路、修新街道等等而被征用时,不仅可以得到充分的赔偿,而且按照上帝的旨意和人间的法律,他们还应得到一大笔利润,作为对他们迫不得已实行'禁欲'的安慰。而工人及其妻子儿女连同全部家当却被抛到大街上来,如果他们过于大量地拥到那些市政当局要维持市容的市区,他们还要遭到卫生警察的起诉!"[2]可见,跳出资本逻辑的商品流通和交换领域所贯彻的现代政治原则及其构筑的政治强制结构,进而剖析资本生产过程中的劳动异化,从而揭示由资本逻辑所导致的资本主义社会生活的"普遍正义"危机,才是《资本论》资本逻辑批判的政治真义所在。

《资本论》的"普遍正义"观及其对于资本逻辑的正义批判表明,《资本论》的资本逻辑批判不仅是对于资本主义经济危机的实证经济学批判,更是对于现代资本主义社会危机的哲学存在论批判。资本主义社会危机的实质是由资本逻辑的形而上学结构所引发的"普遍正义"危机。剖析和解决资本主义的社会危机,必须切断资本逻辑的形而上学结构与现代政治的耦合,瓦解现代正义原则所奠基的现代政治哲学基础。在这个意义上,政治经济学批判成为重新阐发马克思现代政治批判思想的重要切入点。

---

[1] 马克思,恩格斯.马克思恩格斯选集:第1卷[M].2版.中共中央马克思恩格斯列宁斯大林著作编译局,编译.北京:人民出版社,1995:2.

[2] 马克思,恩格斯.马克思恩格斯全集:第44卷[M].2版.中共中央马克思恩格斯列宁斯大林著作编译局,编译.北京:人民出版社,2001:761.

在政治经济学批判体系中，马克思通过对资本主义生产方式的总体性把握，深刻指认了平等和自由作为现代政治秉持的基本法权与资本主义交换价值体系间的辩证关系。交换价值是平等和自由的现实基础，更是瓦解平等和自由的现实力量，从而把对现代性正义观念的批判锁定在政治经济学批判语境下。

在《政治经济学批判大纲》中，马克思指出："如果说经济形式，交换，在所有方面确立了主体之间的平等，那么内容，即促使人们去进行交换的个人和物质材料，则确立了自由。可见，平等和自由不仅在以交换价值为基础的交换中受到尊重，而且交换价值的交换是一切平等和自由的生产的、现实的基础。"[1]因为"从科学的进程来考察，这些抽象规定恰恰是最早的和最贫乏的规定，它们部分地在历史上也是这样出现过的、比较发达的规定是较晚出现的规定。在现存的资产阶级社会的总体上，商品表现为价格以及商品的流通等等，只是表面的过程，而在这一过程的背后，在深处，进行的完全是不同的另一些过程，在这些过程中个人之间这种表面上的平等和自由就消失了。"[2]可见，在马克思看来，批判现代性正义观念必须认清资本主义交换价值体系的本质。一方面，现代政治试图摆脱经济因素的干扰，但是平等和自由却奠基于资本主义交换价值的基础上。另一方面，平等和自由与交换价值的内嵌仅仅是资本主义分配方式的局部逻辑，立足于资本主义生产方式的总体，两者之间的固有矛盾突显出来。

以蒲鲁东为代表的庸俗的社会主义者认为，平等自由与交换价值的内嵌表明，"交换、交换价值等等最初或者按其概念是普遍自由和平等的制度，但是被货币、资本等等歪曲了"[3]。与之不同，马克思明确指出，交换价值是资本主义生产方式的内在逻辑环节，并不存在资本主义生产方式之外的平等和自由，二者的互嵌关系隐含着自我瓦解的力量，"对于这些社会主义者必须这样回答：交换价值，或者更明确地说，货币制度，事实上是平等和自由的制度，而在这个制度更进一步的发展中对平等和自由起干扰作用的，是这个制度所固有的干扰，这正好是平等和自由的实现，这种平等和自由证明本身就是不平等和不自由。认为交换价值不会发展成为资本，或者说，生产交换价

---

[1] 马克思,恩格斯. 马克思恩格斯全集：第30卷[M]. 2版. 中共中央马克思恩格斯列宁斯大林著作编译局,编译. 北京：人民出版社,1995：199.

[2] 同[1]202.

[3] 同[1]203.

值的劳动不会发展成为雇佣劳动,这是一种虔诚而愚蠢的愿望"[1]。

在《雇佣劳动与资本》中,马克思进一步追问和指出:"一些商品即一些交换价值的总和究竟是怎样成为资本的呢?它成为资本,是由于它作为一种独立的社会力量,即作为一种属于社会一部分的力量,通过交换直接的、活的劳动力而保存并增大自身。"[2]所以,从交换价值到资本的转换并不是一种纯形式的转变,而是通过把"活的劳动力"这一内容纳入交换价值体系实现的。进而,交换价值树立的平等与自由恰恰由于"活的劳动力"被嵌入其体系中,而走向自身的反面,因为这时的交换价值已变成通过积累"活劳动"实现自身增殖的资本。因此,在马克思看来,资本的魔力在于把活劳动创造的价值积累起来变成进一步驾驭活劳动的前提,所以资本与劳动之间的所谓平等和自由,实质隐含的是资本作为积累起来的交换价值对活劳动的统治。这种统治的吊诡之处在于,它依靠的并不是外在权力的强制,而是劳动价值的实现形式自身积蓄的力量,它以正义的逻辑干着非正义的勾当。

由此可见,如果囿于资本主义生产方式,那么现代性政治观念就是以资本逻辑形态呈现的"正义"逻辑,因为交换价值正好为平等和自由提供了现实的支点。但问题的关键在于,这种"正义"逻辑掩盖了其"非正义"的事实性前提。所以,交换价值的生产和实现以资本对劳动的雇佣为前提,这暴露了现代性正义观念的深层理论病理:雇佣劳动作为商品化的劳动,它以交换价值的形式同质性抽象掉创造价值的劳动者及其劳动的内容异质性,成就了现代政治的平等和自由。但是,这种平等和自由由于缺乏坚实的内容支撑,恰恰印证了劳动者与资本所有者之间的不平等,自由劳动被资本操纵的不自由。

至此,马克思现代性正义批判的基本思路呈现了出来。对于资产阶级崇尚的现代政治的平等和自由,马克思始终立足于对资本主义生产方式的总体把握,揭示其政治逻辑表象背后隐匿的经济逻辑。这种经济逻辑在塑造平等和自由的同时,也内蕴着对现代政治逻辑的颠覆力量。在资本主义生产体系中,劳动的商品化是交换价值实现的首要前提,而资本又是交换价值的必然发展形态。因此,劳动—交换价值—资本三者的内在关系决定了,劳动者与资本家之间的平等和自由只有在静止的理论空间中才成立,一旦回归总体性

---

[1] 马克思,恩格斯.马克思恩格斯全集:第30卷[M].2版.中共中央马克思恩格斯列宁斯大林著作编译局,编译.北京:人民出版社,1995:204.

[2] 马克思,恩格斯.马克思恩格斯选集:第1卷[M].2版.中共中央马克思恩格斯列宁斯大林著作编译局,编译.北京:人民出版社,1995:346.

的现实生活中,平等和自由不过是一种正义的幻象。

通过以上梳理,我们看到,对于现代性正义观念的结构性困境,马克思既不是如英国古典政治经济学一般,考察资本主义经济的运行规律,以弥补现代正义发生的事实语境,也不是如德国古典哲学一般,考察启蒙理性的内在限度和精神形态,以重建现代正义生成的思辨结构,而是以政治经济学批判的总体性辩证法面向资本主义生产方式本身,揭示资本主义经济逻辑和政治逻辑相互内嵌又相互否定的辩证关系,从而在资本批判的过程中实现正义批判,把对现代性正义观念的批判通过资本批判的进路展现出来。

二、资本批判与正义论域的转换

在政治经济学批判视域中重新理解历史唯物主义的理论性质和正义的规范性,为深入阐释马克思的正义观革命开辟了新的思考空间。这个空间就是,历史唯物主义的理论基础决定了,马克思拒绝脱离"现实的人及其历史发展"空谈正义,而是把对正义的理解述诸具体的社会生产方式。这意味着,马克思所理解的正义不仅是描述性的而且是规范性的,不仅具有批判性而且具有建构性,因为生产方式的变革必然推动正义论域的变革,也必然推动正义形态的变革。

马克思正义观的历史唯物主义性质决定了,马克思对资产阶级正义观念的把握,总是基于对资本主义生产方式的批判而展开。在资本批判中实现正义批判,这体现了马克思正义批判与建构的独特思想进路。因此,深入阐释马克思的正义观革命必须深入剖析资本批判与正义批判的关系。

剖析资本与正义的关系首先需要阐明剩余价值与正义的关系,因为剩余价值最直接地突显出资本主义生产方式的正义问题。在《资本论》中,马克思指出了劳动力买卖关系所蕴含的"特殊性",即劳动力的使用与劳动力的价值之间存在差值,这种情况对买者是一种"特别的幸运",对卖者也"不是不公平"[1]。

表面来看,这一论断不仅没有批判"无偿占有"的不正义,反而强调了这是"特别的幸运"和"不是不公平",或者说,马克思似乎在强调剩余价值占有的正义性。然而,细加分析就会看到,马克思这里所强调的交换情境是在货

---

[1] 马克思,恩格斯.马克思恩格斯文集:第5卷[M].中共中央马克思恩格斯列宁斯大林著作编译局,编译.北京:人民出版社,2009:226.

币与劳动力之间,而不是在资本与雇佣劳动之间。这意味着,货币占有者购买劳动力的过程,只是货币与劳动力的交换价值之间的交换过程,这个交换所体现的仅仅是作为货币的货币与商品之间的买卖关系。而这种买卖关系,正如上文所提到的,在形式上它确实确立了买者与卖者之间的平等和自由,或者说公平的对等关系。但需要注意的是,剩余价值并不是发生在作为货币的货币与劳动力的交换价值之间,而是发生在资本与雇佣劳动之间。两者的差别在于,前者的货币及其占有者所购买的是商品的交换价值,买卖关系的重心在"流通领域",后者的货币及其占有者所购买的是商品的使用价值,也就是说,购买的是劳动力创造交换价值的能力,这种买卖关系的重心在"生产领域"。

正是在这个意义上,马克思在这一论断的后面马上指出了这一表面"公平"现象背后的"不公平"本质。这就是资本家早就看到了资本在"生产领域"剥削雇佣劳动的剩余价值这一不公平的机制,总是在"流通领域"以货币购买劳动力这一商品交换机制的方式被掩盖起来,也就是以"正义"的方式在干着"不正义"的勾当。而马克思正是通过描述货币与劳动力的买卖关系,揭露了资本剥削雇佣劳动的伪善性和非正义性。

如果说对剩余价值是否正义的剖析必须超越雇佣劳动作为商品进行流通的层面,深入到资本主义生产方式的总体(生产—分配—交换—消费),那么在《资本论》中,马克思在生产方式语境中进一步揭示了资本与正义的辩证关系。马克思指出,法权观念作为单纯的"形式",只是作为"内容"的社会关系的表现,"形式"不能决定"内容",而是"内容"决定"形式",也就是说,法权观念是内在于社会关系并表现这个社会关系的形式。而这个社会关系又是由相应的生产方式所决定,生产方式与社会关系相"一致",社会关系所决定的法权观念就是正义的,否则就是不正义的。显然,马克思这里明确强调了不存在超越于生产方式之上的绝对正义观念,正义作为一种社会意识总是由其所产生的相应生产方式所决定。因此,既然正义总是与生产方式相一致,那么当生产方式发生变革的时候,与生产方式相一致的正义也必然发生变革。而资产阶级正义观变革的动力正是内在于资本主义生产方式资本与劳动的矛盾。

纵观《资本论》关于资本与正义关系的探讨,我们看到,马克思自觉以总体性的辩证法透视正义问题发生的"论域"。这就是正义问题的产生并不在"流通领域",而在"生产领域"。在"流通领域",交换价值所塑造的自由平等符合资产阶级法权的形式正义。而在"生产领域",交换价值的形式合理性由于其在资本控制下的交换价值的发展而必然被瓦解,这就是劳动以及劳动对象的资本化控制,终将使得"交换"的正义形式必然被"剥削"的不正义事实所揭穿。

马克思资本批判视域中的正义批判,固然体现了马克思正义观批判的独特思想进路,但透过这一思想进路,我们还应当看到,在人类关于正义这一古老问题理解的意义上,尤其是在对比近代以来的现代政治哲学的正义观念意义上,马克思实现了正义观的双重伟大变革。

其一,马克思实现了正义"论域"从"分配领域"向"生产领域"的转变。近代以来,随着古典政治哲学的衰落和现代政治哲学的兴起,正义的阐释场域从理想"政制"转变为现实"权利",维护个体权利尤其是财产权的神圣不可侵犯,成为现代政治正义的基本任务。因此,在现代政治哲学视域中,财富分配问题始终是正义关涉的理论重心。分配的正义性究竟是基于平等原则还是基于自由原则,不仅成为现代政治哲学诞生之初最关切的核心问题,而且构成当代政治哲学关注和争论的焦点问题。

与之不同,马克思正义观的历史唯物主义基础决定了,马克思始终强调正义只有结合具体的生产方式才能获得真实的理解,尤其是在政治经济学批判语境中,马克思更强调,分配问题只是生产方式总体的一个次要的衍生问题,并始终强调:"在所谓分配问题上大做文章并把重点放在它上面,那也是根本错误的。"[1]由此,马克思不仅实现了对于现代性正义脱离具体社会现实的根本批判,而且实现了正义理论重心的根本转变,这就是从分配方式向生产方式的转变。

在这个意义上,我们就可以理解,马克思为什么对正义的探讨总是拒绝从交换价值和资本的流通层面出发,而是将正义和具体劳动结合起来,从资本主义生产过程的总体出发。因为对于马克思而言,正义的实质并不是一个形式合理性问题,而是一个实质合理性问题。作为实质合理性问题的正义,其关注的不是正义的定义,而是正义的实现。所以,马克思对于资本主义生产方式的批判并没有直接借助正义原则,而是通过解析资本主义生产方式的总体发展过程,揭示其与资产阶级正义观念的耦合关系,从而批判资产阶级

---

[1] 马克思,恩格斯. 马克思恩格斯文集:第3卷[M]. 中共中央马克思恩格斯列宁斯大林著作编译局,编译. 北京:人民出版社,2009:436.

正义观念的伪善性。而这种批判在从根本上揭示了正义的形式合理性的实质及其限度的同时,也为正义的实现开辟了思想路径。

其二,马克思推动了正义的"形态"从"资本正义"向"劳动正义"的转变。所谓"资本正义"即以资本逻辑所构建的交换价值体系为支撑的正义观念体系。在这一体系中,自由、平等和所有权等观念被看作可以独立于经济生产事实的"永恒真理"。而马克思对于交换价值的资本化发展逻辑的描述,深刻揭示了这一发展逻辑的内在矛盾。这就是交换价值的资本化发展必然把劳动纳入"设定交换价值"的生产体系中,劳动成为交换价值既是资本产生的前提,更是资本发展的动力。结果,本来具有交换价值和使用价值二重性的劳动,在资本面前其使用价值被剥离掉,只剩下抽象的交换价值。"资本是货币,但已不再是存在于同交换价值的其他实体并存的特殊实体中的货币,因而不再是从交换价值的其他实体中排除出来的货币;而是在一切实体中,在对象化劳动的任何形式和存在方式的交换价值中保持自己观念规定的货币。"[1]

由于资本与劳动的关系完全不同于货币与商品的关系,货币关注商品的使用价值,资本从不关注劳动的具体使用价值,而只关注劳动的交换价值。所以,劳动资本化运作的生产方式及其构筑的经济关系,实质是一种以牺牲具体劳动的特殊性为代价的"形式合理化"体系,而这恰恰为资产阶级正义的"永恒真理"性奠定"物质"基础。

与"资本正义"的资本本位不同的是,马克思既强调以劳动本位的生产方式瓦解资本本位的生产方式,从而颠覆资产阶级正义观的"物质"基础,同时在这一"瓦解"和"颠覆"过程中也为现代社会正义的实现方式谋划了新的路径,这就是"劳动正义"。"劳动正义"是以劳动为本位所构建的正义形态。它不是强调对劳动以及劳动成果所有权的保障,而是强调社会制度及其所植根之上的生产方式对于劳动的具体的和总体的尊重。而且由于这种"尊重"内在地超越了资本主义生产方式及其社会价值原则,所以"劳动正义"的实现是一个现实的历史过程,体现了马克思推动政治哲学从"好制度"的理论追问向"好生活"的现实追求转变的重大思想革命。

总之,深入理解马克思历史唯物主义基础上的正义观变革,必须回到政

---

〔1〕 马克思,恩格斯.马克思恩格斯全集:第30卷[M].2版.中共中央马克思恩格斯列宁斯大林著作编译局,编译.北京:人民出版社,1995:256.

治经济学批判。政治经济学批判对于正义的现实物质基础的剖析,既体现了马克思批判正义观的思想深度,更标志着马克思正义观革命的建构意义。对于马克思而言,正义的实现是一个立足于社会现实的过程,而不是超越社会现实之外的价值设想。而马克思正义观点所触及的社会现实就是资本逻辑这一社会的支配形式、社会的权力统治体系。马克思的资本批判是对资本正当性中所蕴含的非正当性的内在批判,是从资本正义内部突破资产阶级正义的限度,实现了从形式正义到实质正义、从资本正义到劳动正义的正义观革命。马克思立足于资本主义社会现实对正义的具体总体的把握,建构了一个历史性、总体性、具体性的正义观点。

第三节 《资本论》正义批判的真实意蕴

《资本论》的资本批判中的正义批判是通过剖析正义的社会存在基础完成的,也就是通过剖析资本主义生产关系解析资本主义的价值观念体系的本质。这表明,马克思对于正义观念的考察不是直接反思和追问正义的形而上学基础和合理形态,而是间接批判正义存在的社会现实基础。然而,这不仅不影响马克思正义批判的思想力度,更不影响马克思正义批判的思想深度。在思想力度上,马克思的批判进路实质是瓦解现代性正义存在的合法性基础及其实现形式,较之抽象地探讨正义的形而上学基础更具穿透力。在思想深度上,马克思资本批判中的正义批判实质是一种对资本主义社会政治、经济和社会的总体批判,这一批判虽然并未直接指向资本主义社会的政治结构和社会组织形式,但是由于其揭示了资本主义生产方式的社会历史逻辑及其限度,也就从根本上实现了对资本逻辑与现代社会政治结构、资本逻辑与现代社会权力统治形式之间关系的剖析。在这个意义上,《资本论》的资本批判和正义批判无论是在思想力度上还是在思想深度上,都实现了重大的理论突破。

一、正义批判中的现代政治批判

《资本论》的资本逻辑批判之所以就是马克思的现代政治批判,其根本原因在于,资本逻辑批判所批判的实质对象是资本逻辑的正义性。表面来看,马克思对于资本逻辑的科学分析是基于事实视角,不涉及价值判断,资本逻辑批判似乎与政治批判无关。但是,资本逻辑批判得以可能的逻辑前提却要求,只有跳出资本逻辑的政治自洽性才能实现对资本逻辑的真实批判。因而,《资本论》的资本逻辑批判不可能仅仅停留于表层的经济批判,它在更深层意义上是对支撑资本逻辑正义性的政治基础的哲学批判。事实上,在《资本论》中,马克思正是通过剖析资本主义生产方式的政治伪善本质,深刻揭示和批判了现代政治的狭隘性和有限性,建构了一条从根本上超越现代政治的思想道路。

众所周知,正义是西方古典政治哲学探讨的核心问题,因为正义被看作判断国家和城邦是否是好的国家和城邦的首要标准。在《理想国》中,柏拉图认为理想国家必须由真正的哲学家掌权,因为哲学家重视正义并能够使整个城邦走上正义的轨道[1]。在《政治学》中,亚里士多德认为,一切科学和技术都以善为目的,政治学作为最主要的科学尤其如此,而政治上的善即是公正,也就是全体公民的共同利益[2]。可见,在古典政治哲学语境下,政治判断的对象主体是政治实体,判断其存在的正义性要看其是否能够提升城邦公民的整体德性和社会伦理品质。在这里,正义实际上是被当作一个社会伦理概念加以探讨的,它意味着个体之善与共同体之善的统一,共同体的政治合法性在于个体的伦理认同。

正义重新作为政治哲学关注的焦点肇始于现代政治哲学的诞生。在现代政治哲学看来,古典政治哲学主张的伦理正义需要接受个体理性的现代反思,在个体理性觉醒的前提下,个体之善与共同体之善的统一被瓦解。结果,政治合法性的前提由古典政治的伦理认同转变为现代政治的道德反思。因此,在现代政治哲学语境下,政治判断的对象主体是权利个体,判断其行为的正义性要看其逐利行为是否符合相应的道德准则。在现代政治哲学语境下,正义是被当作一个道德概念加以探讨的,判断正义的标准以对个体的道德认识为前提。

尽管现代政治哲学存在不同的思想谱系,但是它们都以对人性的道德判断作为理论基石。马基雅维利、霍布斯对于人性趋利避害、自私自利本质的阐释是如此,卢梭、康德对于人性的纯朴无瑕、善良意志的定位也是如此。道德反思而非伦理认同成为现代政治的哲学基础。因此,现代政治诸理论形态具有共同的思想特征,这就是它们都是在一种"道德政治"的谱系中探索政治

---

[1] 柏拉图.理想国[M].郭斌和,张竹明,译.北京:商务印书馆,1986:310.
[2] 亚里士多德.政治学[M].颜一,秦典华,译.北京:中国人民大学出版社,2003:95.

的合法性问题[1]。在这个意义上,笔者认为,现代政治关于正义问题的探讨实质上是在探讨一种作为"道德政治"的正义概念何以可能。而"道德政治"视域下的正义问题主要涉及两个层面的内容:其一,从社会总体出发,正义意味着守护整个社会的公平法则使得最少受惠者获得最大利益。其二,从权利个体出发,正义意味着保障个体权利不受共同体的越界性侵犯。从而,现代政治哲学的"两个信条"被创建起来,即"正义"是社会制度的首要美德,"权利"是个人的首要美德[2]。这"两个信条"在以罗尔斯和诺奇克为代表的当代政治哲学关于"正义优先还是权利优先"的论争中引发了新的回响。

通过梳理政治思想史中的正义观念,我们发现,正义虽然是西方政治哲学的核心问题,但是它的理论形态却并非一成不变的。在古典政治哲学语境中,正义是一个社会伦理概念,作为道德概念的正义则是从现代政治的道德哲学前提中生发出来的。因此,正义观念构成透视现代政治作为"道德政治"的重要切入点。马克思对于现代政治的批判也正是抓住了现代政治的这一基本特征,以古典政治哲学的伦理正义视角跳出现代政治哲学的道德正义结构,从内部揭示了现代政治作为"道德政治"的结构性困境。

马克思对于现代"道德政治"的批判是在以《资本论》为标志的政治经济学批判体系中完成的。在《资本论》中,马克思实现了对正义问题发生语境的重大转换,即把正义发生的"道德哲学语境"转换为"政治经济学语境",从而颠覆了现代政治正义问题发生的思想前提,瓦解了现代政治对于正义的道德哲学定位及其所构建的二元正义结构。

如上文所述,现代"道德政治"的正义问题是基于一个两难选择的二元结构,即个体的权利优先还是社会的公平正义优先。西方政治哲学围绕该结构展开了激烈而持久的争论,但是他们只是各自坚持了这一结构的某一个层面,而从未真正超越这一结构。造成这一现象的根本原因在于,他们未摆脱共同坚守的道德形而上学方法论,未跳出"正义到底意味着公平优先还是权利优先"这一"道德政治"的"问题域"。与其不同,马克思在《资本论》中则把正义从一个道德理论问题转化为社会现实问题,不再追问"公平优先还是权利优先",而是对形成这一问题的社会现实前提展开批判。这个前提就是:在资本主义的生产方式下,正义从一个关涉人的自由与全面发展的社会伦理

---

[1] 张盾."道德政治"谱系中的卢梭、康德、马克思[J].中国社会科学,2011(3):52-68.
[2] 布坎南.马克思与正义[M].林进平,译.北京:人民出版社,2013:6.

问题,沦落为关涉个体利益在社会总体分配过程中是否得到尊重的道德问题。基于这一前提,正义的现代二元结构与资本逻辑的实体形而上学完成联姻,结果,在资本逻辑的粉饰下,现代正义的二元结构获得了角色转换:一个是象征个体权利正义的"自由买卖原则",另一个是象征社会公平正义的"平等交换原则"。

显然,按照上述两种原则,资本主义的生产方式似乎是最为公平与正义的,也最合乎现代政治所要求的两个正义原则。正如前文所言,在《资本论》中,马克思对资本家与工人之间的交换的公平性问题做出了比较明确的论述,即对于资本家这种交易是一种"特别的幸运",对于工人也"不是不公平"。问题的关键在于,马克思的如此论断真的是在强调劳资交换是一种公平的交换吗?或者说,马克思所强调的"幸运"和"不是不公平"真的是在为资本主义生产方式的正义性做辩护吗?回答以上问题,我们不妨把视野再拉大一些。在《资本论》第一卷的最后一章中,马克思指出:"资本主义生产最美妙的地方,就在于它不仅不断地再生产出雇佣工人本身,而且总是与资本积累相适应地生产出雇佣工人的相对过剩人口。这样,劳动的供求规律就保持在正常的轨道上,工资的变动就限制在资本主义剥削所容许的范围内。最后,工人对资本家必不可少的社会从属性即绝对的从属关系得到了保证。政治经济学家在本国,即在宗主国,可以花言巧语地把这种绝对的从属关系描绘成买者和卖者之间的自由契约关系,描绘成同样独立的商品占有者即资本商品占有者和劳动商品占有者之间的自由契约关系。但是在殖民地,这个美丽的幻想破灭了。……不仅雇佣工人受剥削的程度低得不像样子,而且,雇佣工人在丧失对禁欲资本家的从属关系时,也丧失了对他的从属感情。"[1]

显然,从这段论述不难看出,马克思认为对资本逻辑的正义性持辩护态度的正是资产阶级"花言巧语"的经济学家们。正如上文所说,资本逻辑的公平正义仅限于商品的流通和交换领域,一旦我们跳出分配领域而进入生产领域,跳出"宗主国"的领域而进入"殖民地"领域,资本逻辑的非正义性便暴露无遗。正是在这个意义上,马克思跳出了资产阶级经济学家们的狭隘视域,从根本上揭示了资本逻辑的政治伪善本质。

在马克思看来,从根本上揭露资本逻辑的政治伪善本质,必须剖析资本

---

〔1〕 马克思,恩格斯. 马克思恩格斯全集:第44卷[M].2版. 中共中央马克思恩格斯列宁斯大林著作编译局,编译. 北京:人民出版社,2001:881-882.

主义生产方式的本质,因为资本主义生产方式中的资本的生产与再生产就是现代政治的现实形态。在《雇佣劳动与资本》一文中,马克思指出:"一个棉纺织厂的工人是不是只生产棉纺织品呢?不是,他生产资本。他生产重新供人利用去支配他的劳动并通过他的劳动创造新价值的价值。"[1]"所以,资产者及其经济学家们断言,资本家和工人的利益是一致的。千真万确呵!如果资本不雇用工人,工人就会灭亡。如果资本不剥削劳动力,资本就会灭亡,而要剥削劳动力,资本就得购买劳动力。"[2]"但是,生产资本的增加又是什么意思呢?就是积累起来的劳动对活劳动的权力的增加,就是资产阶级对工人阶级的统治力量的增加。"[3]可见,在马克思看来,现代政治的权力控制是以资本的生产与再生产这种形式实现的,因为资本生产与再生产的实质正是权力的生产与再生产。在这个意义上,马克思揭露资本逻辑内在的结构性危机,就不仅在于瓦解资本逻辑所组建的经济剥削体系,它在更深层的意义上旨在揭露资本逻辑背后所贯彻的"自由买卖原则"和"平等交换原则"的正义伪善性,瓦解资本逻辑所组建的政治权力体系。因此,马克思政治经济学批判的深层意蕴在于,以政治经济学批判的形式完成对现代政治的批判。我们只有把马克思的政治哲学批判与政治经济学批判结合起来,才能充分理解马克思政治观的思想高度和独特价值。

综上,在以《资本论》及其手稿为标志的政治经济学批判体系中,马克思开创了透视现代社会危机的新型正义观点:正义不应该被局限为只关涉物质财富何以公平分配的特殊性问题,它更是关涉全人类的自由与全面发展何以可能的普遍性问题。透过《资本论》的正义观,我们看到,马克思在政治经济学批判的语境下,立足于人的自由和全面发展这一"普遍正义"立场,超越了现代政治基于人性道德判断所面临的公平还是权利的"特殊正义"抉择,开辟了与现代"道德政治"截然不同的政治思想道路,完成了对现代政治的根本批判与超越。

二、正义批判中的社会权力批判

马克思以资本批判的形式所展现的现代性正义批判表明,认清现代社会

---

[1] 马克思,恩格斯.马克思恩格斯选集:第1卷[M].2版.中共中央马克思恩格斯列宁斯大林著作编译局,编译.北京:人民出版社,1995:348.
[2] 同[2]348.
[3] 同[2]348.

的正义问题,既不能单纯依靠现代经济学理论,也不能单纯依靠现代政治学理论。因为现代正义既不是一个纯粹的经济事实,也不是一个纯粹的政治观念,而是经济事实和政治观念交织在一起的资本主义社会现实。政治经济学批判既是马克思批判现代性正义观念的理论语境,也是马克思解决资本主义社会正义问题的独特理论场域。

马克思指出,资本家和资产阶级经济学家们断言,资本家和工人的利益是一致的。从表面上看,事实似乎确实如此,"投入生产的资本即生产资本增加越快,从而产业越繁荣,资产阶级越发财,生意越兴隆,资本家需要的工人也就越多,工人出卖自己的价格也就越高"[1]。但是,这一"事实"背后掩盖的实质却是,"资本只有同劳动力交换,只有引起雇佣劳动的产生,才能增加。雇佣工人的劳动力只有在它增加资本,使奴役它的那种权力加强时,才能和资本交换。因此,资本的增加就是无产阶级即工人阶级的增加"[2]。而资本的增加"就是积累起来的劳动对活劳动的权力的增加,就是资产阶级对工人阶级的统治力量的增加。雇佣劳动生产着对它起支配作用的他人财富,也就是说生产着同它敌对的权力——资本"[3]。

可见,在马克思看来,资本主义生产过程不单纯是现代社会经济财富的增殖过程,它同时也是现代社会政治权力的增殖过程。事实上,借助经济财富的增殖以实现政治权力的增殖,这正是现代政治不同于古代政治的根本之处。而资本主义的生产方式之所以能够实现这一形式,其根本原因在于它抓住了现代社会的核心元素——劳动的资本化。劳动的资本化不仅是解开现代社会经济运行规律的一把钥匙,也是瓦解现代社会政治权力统治的一把钥匙。

资本主义生产方式通过商品交换价值组建的"资本权力"是现代政治发挥统治效力的独特方式。资本与雇佣劳动相互依附,资本既是雇佣劳动创造的结果,也是雇佣劳动继续存在的前提。资本逻辑既生产着现代社会的经济价值,也再生产着现代社会的政治权力。马克思指出:"资本也是一种社会生产关系。这是资产阶级的生产关系,是资产阶级社会的生产关系。构成资本的生活资料、劳动工具和原料,难道不是在一定的社会条件下,不是在一定的社会关系下生产出来和积累起来的吗?难道这一切不是在一定的社会条件

---

[1] 马克思,恩格斯.马克思恩格斯选集:第1卷[M].2版.中共中央马克思恩格斯列宁斯大林著作编译局,编译.北京:人民出版社,1995:348.
[2] 同[1]348.
[3] 同[1]348.

下,在一定的社会关系内被用来进行新生产的吗？并且,难道不正是这种一定的社会性质把那些用来进行新生产的产品变为资本的吗？"[1]马克思这里一系列的反问,就要是逼问出一个明确的答案:资本的生产是社会关系的结果,所以资本不仅是一种物质生产关系,而且是一种社会生产关系。正是资本的这一根本性质决定了,资本不仅是一种事实逻辑的表现形式,更是一种价值规范的载体。也正是由于资本的这一性质,资本家总是宣称资本主义的分配方式是"公平"的,而且是唯一"公平"的分配方式。但马克思却对于这种所谓的"公平"给予了直接的反问:"什么是'公平的'分配呢？难道资产者不是断言今天的分配是'公平的'吗？难道它事实上不是在现今的生产方式基础上唯一'公平的'分配吗？"[2]当然,资本主义分配方式就其自身的生产方式而言的确是最"公平"的,但是,这种"公平"是仅就其自身的逻辑自洽性而言的,一旦我们跳出这种逻辑本身,劳动与资本、工人与资本家表面的公平关系背后实质的依附关系、奴役关系就暴露了出来。因而,公平只是资本逻辑塑造的正义迷雾,拨开这一迷雾,死劳动的资本对活劳动的工人的统治和奴役关系也就暴露出来了。

在《资本论》中,马克思更为明确地指出:"劳动力的买和卖是在流通领域或商品交换领域的界限以内进行的,这个领域确实是天赋人权的真正伊甸园。……一离开这个简单流通领域或商品交换领域,——庸俗的自由贸易论者用来判断资本和雇佣劳动的社会的那些观点、概念和标准就是从这个领域得出的,——就会看到,我们的剧中人的面貌已经起了某些变化。原来的货币所有者作为资本家,昂首前行;劳动占有者作为他的工人,尾随于后。一个笑容满面,雄心勃勃;一个战战兢兢,畏缩不前,像在市场上出卖了自己的皮一样,只有一个前途——让人家来鞣。"[3]

从这一表述中不难看出,如果像以蒲鲁东为代表的庸俗的社会主义者那样把视角局限在商品的交换领域,那么资本主义生产方式无疑最能彰显现代政治的平等和自由。但是,马克思却强调:一旦跳出这一"领域",交换价值

---

[1] 马克思,恩格斯. 马克思恩格斯选集:第1卷[M]. 2版. 中共中央马克思恩格斯列宁斯大林著作编译局,编译. 北京:人民出版社,1995:345.

[2] 马克思,恩格斯. 马克思恩格斯文集:第3卷[M]. 中共中央马克思恩格斯列宁斯大林著作编译局,编译. 北京:人民出版社,2009:432.

[3] 马克思,恩格斯. 马克思恩格斯文集:第44卷[M]. 中共中央马克思恩格斯列宁斯大林著作编译局,编译. 北京:人民出版社,2009:204-205.

维系的货币和劳动之间的权利正义就瞬间瓦解了,"平等"变成了"笑容满面,雄心勃勃"和"战战兢兢,畏缩不前"的"等级","自由"变成了"任人宰割",也就是说,平等转变为不平等,自由转变为不自由。进一步,马克思的视角跳出了"交换领域"又落在了哪个"领域"呢?笔者认为,这个"领域"就是"生产领域"。政治经济学批判从"交换领域"向"生产领域"的视角转换,构成马克思批判现代性正义观念,探索现代社会正义的合理形态及其实现形式的理论前提。

首先,马克思政治经济学批判的理论基点跳出了以商品交换价值为主导的生产模式,而转移到以商品使用价值为本位的生产模式。这一理论基点的转移是由政治经济学批判的人学前提所决定的。早在《1844年经济学哲学手稿》中,马克思就强调人是对象性的存在,劳动产品作为人的本质力量的对象化应当复归于人。所以马克思拒绝交换价值的形式同质性对对象异质性的抹杀,也就是拒绝在劳动创造的对象被同质化时,劳动自身也被同质化,人与人之间的平等关系被形式化。在这个意义上,政治经济学批判视角回归"生产领域",就是回归对人的真实平等性的重新发现和应有尊重,人不必在另一种人面前"战战兢兢,畏缩不前"。在以使用价值为本位的生产模式中,当产品质性的多样性和差异性被作为目的来看待时,人的创造能力的多样性和差异性也将重新复归给人自身,人与人之间的真实平等关系确立了起来。

其次,马克思摆脱了以资本主体性建构的社会结构,而强调以劳动主体性作为社会结构的建构原则。在以资本为主体所建构的社会结构中,人与人的社会关系以资本的生产与再生产为中介加以维系,人与人之间对社会交往的需要在商品交换和资本利润实现的过程中得到满足。然而,这种满足的代价是,以资本利润增殖所主导的商品交换及其蕴含的形式合理性,不仅控制人的物质生产活动,而且渗透到社会生活的方方面面,成为社会的普遍原则。在这一原则下,他人不过是自我获取交换价值的手段和工具,自我也成为他人的手段和工具,最终人类成为某种异己的物质力量的工具和玩物。结果,在资本主义社会中,一个诡异的自由悖论发生了:本来作为社会发展手段的资本反倒成了目的,本来作为社会发展目的的人反倒成了手段。进而,人与人的关系被物与物的关系所奴役,自由的人被自己的"自由"所控制。在这个意义上,马克思的深刻之处在于,通过揭示"生产领域"中资本主体性对劳动主体性的显性激发以及隐性压制,主张以劳动的主体性颠覆资本的主体性,从而指认资本主义自由的辩证法就是现代社会自由获得新的可能性的前提。

最后,立足于政治经济学批判语境,马克思跳出了现代政治哲学的正义话语模式,实现了从"分配正义"向"生产正义"的根本转变。在现代政治哲学语境下,分配正义被看作正义本身,正义始终与财物和利益的公平分配紧密相关。追求正义意味着在解决分配不公的过程中去除事实和经验的干扰,追求形式和程序上的道德应当。在这个意义上,马克思政治经济学批判对于资本主义"生产领域"内在矛盾的科学考察似乎与正义无关。因为按照现代政治哲学的一般理解,生产总是关涉事实性的问题,分配才是关涉价值性的问题。进而,提出马克思以"生产正义"完成对"分配正义"的超越似乎存在逻辑上的矛盾。

结合前文所述,现代性正义观念的诞生是以去经验化为前提的,但去经验化的现代性正义观念恰恰以现代社会最大的"经验"——资本主义生产方式为基础。进而,既然"分配方式"只是资本主义"生产方式"的环节之一,那么"分配正义"就不应是马克思政治经济学批判的核心问题,"生产正义"才是马克思正义观的核心论域,才是马克思重塑正义形态的思想基点。因为政治经济学批判对于资本主义"生产方式"的总体把握本身就蕴涵着对资本主义财富分配逻辑的把握。马克思以历史现象学的视角面向资本主义生产方式本身的总体逻辑,通过揭示资本与正义的辩证法来寻求现代正义的内在超越。

综上,现代性正义观念的基本特征及其内在困境表明,把握正义的现代性实质必须立足于资本主义生产方式的总体发展逻辑。马克思政治经济学批判揭示了资本与正义的互嵌关系,以资本批判的形式透视正义的内在缺陷,开展了资本批判中的正义批判。因此,马克思的现代性正义观念批判是对现代性的经济和政治的总体批判,这种总体批判立足于资本主义生产方式自身的发展逻辑,旨在瓦解资本与正义共同建构的资本权力统治。

在这个意义上,马克思对于现代性正义观念与资本逻辑辩证关系的剖析,既科学地考察了正义在现代社会发挥效力的实质,更辩证地划定了现代社会的新型权力形式——"资本权力"的合法性边界。马克思在对资本主义生产方式的总体性批判中,为正义的现代理解和实践打开了新的思想空间。资本与正义的辩证法推动劳动价值的间接确认回归到直接确认,平等和自由的间接实现回归到直接实现,正义由抽象的应然逻辑转变为具体的社会现实,这是马克思现代性正义批判的真实意蕴。

第四节 马克思对资本正义的批判与超越

政治经济学语境下的马克思正义观考察自始至终必须反思和追问的一

个问题是：马克思究竟在什么意义上批判和超越了现代性正义观念？基于上文所做的探讨，我们对于马克思究竟在什么意义上"批判"现代性正义观念，有了比较系统的认识。这一认识可以概括为，马克思是在对资本逻辑的批判中实现了对现代性正义观念的批判。但对于马克思究竟在什么意义上"超越"了现代性正义观念，仍然需要做出进一步的阐发。

一方面，"批判"固然就蕴含着"超越"，因为批判本身即意味着论域的转换和研究范式的革新。但是另一方面，"超越"较之"批判"更意味着正义新的理论形态和理论内涵的重构。这就决定了，接下来必须既牢牢立足于马克思正义批判的资本批判进路，深化对马克思正义观研究进路的逻辑阐释，同时也必须在此基础上深入阐释马克思对于资本正义的超越问题。

阐释马克思对于资本正义的超越问题，首先需要理清的前提性问题是马克思资本批判的"道德"意蕴问题，或者说，《资本论》的"道德"解读是否可能以及何以可能的问题。因为正义就其实质而言始终蕴含着伦理和道德的意味，当我们在探讨马克思对于资本与正义关系的认识和理解时，必然遭遇以下一系列重大的理论问题的挑战：《资本论》究竟在什么意义上可以作一种"道德"的解读？《资本论》的"道德"解读问题对于深入阐释马克思正义观的理论形态意味着什么？"伦理正义"究竟能否构成马克思正义观阐释的积极研究视角和可能的理论资源？"伦理正义"与"资本正义"又是否构成了一种内在超越关系？

一、《资本论》的社会伦理意蕴

《资本论》能否进行一种"道德"解读？这是马克思主义哲学史上一直以来争论不休的问题。肯定方认为，《资本论》充满了对资本主义的道德谴责，道德批判是《资本论》的经济批判背后的隐匿逻辑，它蕴含着不同于资产阶级道德观的新型道德理论。否定方认为，《资本论》揭示了资本主义生产方式的内在矛盾，这种揭示是纯粹的科学描述而与道德无关，《资本论》的资本批判不仅不立足于任何道德立场，而且是对道德的根本拒绝。

表面来看，双方争论的焦点是《资本论》的资本批判是否基于道德立场，实际上，双方分歧的实质是对《资本论》的"道德"解读截然不同的理解。《资本论》的理论史就是《资本论》的解读史，"道德"究竟能否构成解读《资本论》的合法视角，近年来再度引起国内外学界尤其是英美马克思主义学界的广泛关注，并得到了新的阐发。然而，由于这些阐发的理论视域大多局限于《资本论》的科学性与哲学性、事实性与价值性之争,导致《资本论》的"道德"观仍处于晦暗不明的境地。笔者认为,破解《资本论》的"道德"谜题,应当回到马克思政治经济学批判的总体性视角,重新反思《资本论》的资本批判与道德批判的辩证关系。在此基础上,重新阐释《资本论》"道德"观的理论形态及其规范性特质,为破解《资本论》的"道德"解读谜局提供可能的理论之钥。

(一)《资本论》的"伦理"解读

一般而言,《资本论》的理论定位是科学描述了资本主义经济运行规律的经济学著作。所以,探讨《资本论》的"道德"解读往往不仅被看作一个假问题,而且被看作对《资本论》科学性的歪曲和遮蔽。阿尔都塞在《读〈资本论〉》中就提出:"《资本论》的伦理解读是一个儿戏。"[1]

毋庸置疑,《资本论》是马克思伟大的经济学著作,它不仅科学描述了资本主义的经济运行规律,而且科学揭示了资本主义生产方式的发生、发展与消亡的历史过程。同样毋庸置疑的是,《资本论》对资本主义的生产方式做出了诸多评价性的论断,这些评价性论断有着强烈的道德谴责的意味。所以,问题的复杂性在于,这些评价性论断是否表明《资本论》的经济批判逻辑背后隐匿地贯彻了一种道德批判的逻辑?或者说,《资本论》的理论重心究竟是以"资本批判"的科学立场拒斥了道德,还是以"道德批判"的哲学立场瓦解了资本?

对于这个问题,马克思主义哲学研究史上一直存在着"科学"解读和"道德"解读并存的争议性局面。"科学解读派"以考茨基的"正统马克思主义"为代表,强调既然历史唯物主义的意识形态批判拒绝任何的道德预设,那么《资本论》就不可能预设一种道德立场,而是通过对资本主义生产方式的客观经济事实的描述,完成对作为意识形态的道德的根本拒斥。所以在这派看来,《资本论》以"资本批判"的科学立场拒斥了道德。

"道德解读派"以伯恩斯坦的"伦理社会主义"为代表,强调《资本论》之所以构成对资本主义最根本的批判,在于《资本论》有着强大的道德优势。正是在道德立场上优越于资本主义,《资本论》才能居高临下地对资产阶级道德观展开批判。所以在这派看来,《资本论》以"道德批判"的哲学立场瓦解了资本。

20世纪60年代以来,英美政治哲学关于正义问题的探讨激起了国内外

---

[1] 阿尔都塞,巴里巴尔.读《资本论》[M].李其庆,冯文光,译.北京:中央编译出版社,2001:159.

学界对于马克思正义观尤其是《资本论》正义观的强烈兴趣。《资本论》的"道德"解读问题也随之再度引起英美马克思主义学界的广泛关注。

英美学界关注《资本论》的"道德"解读问题始自艾伦·伍德和罗伯特·塔克关于马克思正义观的一个著名命题。这个命题强调,历史唯物主义的伟大贡献在于还原了人类的物质生产活动与人类意识生活的内在关联。道德作为人类精神生活的一种形式,由相应的物质生产方式及其相应的社会结构所决定。因而,作为道德意识形态的一种重要形式,正义对于马克思而言,从来没有被视作批判资本主义的立场,或者说,马克思并不是因为资本主义的不正义或不道德而批判它。"马克思自己谴责资本主义的理由,包含在他关于资本主义生产方式的历史起源、组织功能和未来趋势的综合理论中。这一理论本身并非道德理论,也不包括任何诸如此类的特定的道德原则。"[1]因此,在塔克和伍德看来,马克思并未悬设任何脱离资本主义生产方式之外的正义立场,马克思的资本批判不是道德批判。

"塔克—伍德命题"引发了英美学界关于马克思主义与道德关系问题的大讨论,这些讨论所引注的"论据"主要来自《资本论》。从而,在《资本论》是否持有正义理论问题上的分歧引发了对《资本论》"道德"解读问题新的研究热潮。与"塔克—伍德命题"的否定性观点相反,马克思正义观的肯定支持派为《资本论》的"道德"解读做着积极的探索。这其中,有胡萨米的"分配正义的道德观"、柯亨的"权利应得道德观"、凯·尼尔森的"激进平等的道德观"、卢克斯的"解放的道德观",等等。这些观点尽管侧重点不同,但都坚持马克思主义与道德并非水火不容,《资本论》并不存在道德空场,马克思的资本批判是一种道德批判的观点。

对上述学术现状的梳理表明,相关争论始终围绕着如下问题展开:《资本论》的道德批判是以资本批判来实现对道德的否弃?还是以道德批判来实现对资本的否弃?或者说,《资本论》的资本主义批判究竟是事实批判还是价值批判?学界对于这些问题的解答通常选择其中一个角度而拒绝另外一个角度,而这恰恰是对于《资本论》"道德"解读问题至今仍然争论不休的根本原因。与之不同,笔者认为,深入理解和阐释《资本论》的"道德"批判究竟意味着什么,必须超越道德批判与资本批判非此即彼的二元争执,跳出事实与价值二分的现代道德哲学的方法论前提。而跳出这一前提,必须回到马克思政

---

[1] 李惠斌,李义天. 马克思与正义理论[M]. 北京:中国人民大学出版社,2010:38.

治经济学批判的总体性视角,因为《资本论》的道德批判与资本批判的关系是一种只有在总体性思维方式下才能把握的辩证关系。我们既不能脱离资本批判,孤立地探讨道德批判,也不能脱离道德批判,孤立地探讨资本批判,《资本论》的道德批判和资本批判是内在一致的。

在《历史与阶级意识——关于马克思主义辩证法的研究》中,卢卡奇深刻阐明了马克思政治经济学批判的经济批判与意识形态批判的总体性关系,"一切社会现象的对象性形式在它们不断的辩证的相互作用的过程中始终在变。客体的可知性随着我们对客体在其所属总体中的作用的掌握而逐渐增加。这就是为什么只有辩证的总体观能够使我们把现实理解为社会过程的原因。因为只有这种总体观能揭破资本主义生产方式所必然产生的拜物教形式,使我们能看到它们不过是一些假象,这些假象虽然看起来是必然的,但终究是假的"[1]。因此,在马克思政治经济学批判语境下,资本主义的物质生产和社会关系的再生产是一个总体性的过程,马克思对这个过程中的"辩证叙述"奠基于对这个过程内在矛盾的"实证研究"。在《资本论》中,商品批判与拜物教批判、经济批判与意识形态批判、资本批判与道德批判内在一致。

以马克思政治经济学批判的总体性视角跳出资本批判与道德批判非此即彼的考察方式,还原资本批判与道德批判的辩证关系,将其定位为马克思把握资本主义社会结构总体的两个彼此矛盾又辩证统一的思想维度,不仅将使《资本论》的"道德"批判谜题获得超越性的解决可能,而且将为进一步探讨《资本论》的"道德"形态以及"道德"规范创造可能的理论条件。

(二)《资本论》的社会伦理内涵

表面来看,马克思对待道德的态度似乎确实存在"模棱两可"之处。一方面,马克思把资本家对工人的剥削描述为"抢劫"和"盗窃",对"剩余价值"的榨取以及在此基础上建立的奴役机制的非人道本质也被马克思所强调[2]。另一方面,马克思又强调不要落入资产阶级经济学家所关注的分配正义中去,更不要如拉萨尔等庸俗社会主义者把分配正义看作绝对的道德价值,并以此认识和理解社会主义的本质特征。因为这与历史唯物主义的基本观点

---

〔1〕 卢卡奇.历史与阶级意识:关于马克思主义辩证法的研究[M].杜章智,任立,燕宏远,译.北京:商务印书馆,1992:62.

〔2〕 马克思,恩格斯.马克思恩格斯全集:第44卷[M].2版.中共中央马克思恩格斯列宁斯大林著作编译局,编译.北京:人民出版社,2001:307.

相违背,是在开理论的"倒车"[1]。

由于这种"模棱两可",《资本论》的"道德"解读必须追问的前提性问题是:马克思政治经济学批判究竟如何切中资本主义的经济现实?按照马克思自己的说法,《资本论》出版后,有人评论《资本论》的"研究方法"是实在论的,但"叙述方法"却是思辨或唯心主义的。对此,马克思指出:"在形式上,叙述方法必须与研究方法不同。研究必须充分地占有材料,分析它的各种发展形式,探寻这些形式的内在联系。只有这项工作完成以后,现实的运动才能适当地叙述出来。这点一旦做到,材料的生命一旦在观念上反映出来,呈现在我们面前的就好像是一个先验的结构了。"[2]可见,在马克思看来,《资本论》研究过程的实在性和叙述过程的思辨性的差别是不可避免的。问题的关键在于,《资本论》的辩证法并不是表征概念过渡关系的思辨逻辑,而是面向事物本身的批判逻辑。"辩证法对每一种既成的形式都是从不断的运动中,因而也是从它的暂时性方面去理解;辩证法不崇拜任何东西,按其本质来说,它是批判的和革命的。"[3]

尽管如此,由于对《资本论》的"研究方法"和"叙述方法"两种方法所发挥作用的不同理解,在《资本论》的解读史上,还是形成了经济学和哲学两种完全不同的解读方案。诚如捷克哲学家科西克所言:"从《资本论》的解释史来看,科学(经济学)与哲学(辩证法)的关系是问题的关键。有人对《资本论》中统计数字的使用,历史材料的吸收、虚构的运用等方面做了很有意义的研究。但经济与哲学的关系则不只是马克思著作的一个局部方面。它可以提供把握《资本论》本质和特征的途径。"[4]《资本论》的科学性与哲学性的问题并不是《资本论》研究的一个细枝末节问题,而是把握《资本论》究竟如何切中资本主义经济现实的本质性问题。

那么,《资本论》对于资本主义经济现实的把握,究竟是实证的科学还是思辨的哲学呢?在《政治经济学批判大纲》中,马克思指出,政治经济学把握经济现实的方法有两条道路,一条是从具体到抽象的道路,另一条是从抽象

---

〔1〕 马克思,恩格斯. 马克思恩格斯选集:第3卷[M]. 2版. 中共中央马克思恩格斯列宁斯大林著作编译局,编译. 北京:人民出版社,1995:306.

〔2〕 同[1]21-22.

〔3〕 马克思,恩格斯. 马克思恩格斯全集:第44卷[M]. 2版. 中共中央马克思恩格斯列宁斯大林著作编译局,编译. 北京:人民出版社,2001:22.

〔4〕 科西克. 具体的辩证法:关于人与世界问题的研究[M]. 傅小平,译. 北京:社会科学文献出版社,1989:121-122.

到具体的道路。前者虽然从实在和具体开始,但是期初获得的只能是关于整体的混沌的表象,最终以抽象的规定结束。反之,后者坚持从抽象到具体的方法则是对具体的思维的再现,在这种"再现"中,具体是许多规定的综合和统一。马克思认为,后一种方法才是政治经济学的正确方法,因为它是在具体而非抽象的意义上的对于经济关系的总体把握。在这个意义上,马克思对于资本主义经济现实的把握,所把握到的既不是混沌表象的资本主义,也不是抽象规定的资本主义,而是具体总体的资本主义。所谓"具体总体的资本主义",就是把握到资本主义经济现实不是孤立的经济事实,而是构成透视人类社会历史发展的规律和一切社会形式和结构的"钥匙","资产阶级社会是最发达的和最多样性的历史的生产组织。因此,那些表现它的各种关系的范畴以及对于它的结构的理解,同时也能使我们透视一切已经覆灭的社会形式的结构和生产关系。资产阶级社会借这些社会形式的残片和因素建立起来,其中一部分是还未克服的遗物,继续在这里存留着,一部分原来只是征兆的东西,发展到具有充分意义"[1]。可见,对于马克思而言,资本主义的经济现实并不是单纯通过实证研究或思辨研究就能把握的个别性"事实",而是只有把经济实在与其背后的社会结构加以综合考察才能真实把握的总体性"现实"。

这表明,马克思政治经济学批判较之古典政治经济学的独特之处在于,它总是把经济学批判与哲学批判结合起来考察资本主义的经济现实,或者说,资本问题在马克思那里既不是单纯的经济问题,也不是单纯的哲学问题,而是二者内嵌在一起的复杂的社会问题。所谓"社会问题",即强调经济范畴的关系实质是社会关系的表现,经济的存在形式所表征的是人的存在方式。而马克思的这一考察方式集中地体现在他对商品价值形式及其社会关系本质的分析中。马克思指出:"一个商品所以获得一般的价值表现,只是因为其他一切商品同时也用同一个等价物来表现自己的价值,而每一种新出现的商品都要这样做。这就表明,因为商品的价值对象性只是这些物的'社会存在',所以这种对象性也就只能通过它们全面的社会关系来表现,因而它们的价值形式必须是社会公认的形式。"[2]商品价值分析的社会性既是《资本论》

---

〔1〕 马克思,恩格斯.马克思恩格斯全集:第30卷[M].2版.中共中央马克思恩格斯列宁斯大林著作编译局,编译.北京:人民出版社,1995:46—47.

〔2〕 马克思,恩格斯.马克思恩格斯全集:第30卷[M].2版.中共中央马克思恩格斯列宁斯大林著作编译局,编译.北京:人民出版社,1995:83.

总体性研究方法的起点,更是马克思政治经济学批判的研究方法的实证性与叙述方法相统一的缩影。这表明,经济科学层面的考察与价值规范层面的批判,二者在《资本论》中的总体性视角中是内在统一的。

既然《资本论》的经济批判是一种面向资本主义社会结构的总体性批判,那么《资本论》的资本批判与道德批判的关系就比较清楚了。这就是,《资本论》的资本批判与道德批判并不是非此即彼的二元对立关系,而是只有在马克思政治经济学批判的总体性视角下才能真实把握的辩证统一关系。也就是说,《资本论》的道德批判是以资本批判的方式展开的,《资本论》的资本批判必然蕴含着道德批判。因为对于马克思而言,《资本论》中的每一个概念既不是现代经济学的概念,也不是现代道德哲学的概念,而是表征现代人存在困境的存在论概念。正是在这个意义上,笔者认为,尽管亚当·斯密在政治经济学著作《国富论》之外专门著有道德哲学著作《道德情操论》,但《资本论》对于资本主义道德问题的把握比亚当·斯密更为根本也更为深刻。在斯密那里,资本的利己性和道德的利他性是其资本观和道德观的基本人性假定,所以资本逻辑作为财富增殖的逻辑,道德逻辑作为涵养情操的逻辑,二者之间始终存在着无法克服的理论鸿沟。而《资本论》的存在论则表明,马克思已从根本上超越了古典政治经济学和现代道德哲学的人性假定,始终以总体性视角把资本逻辑和道德逻辑统摄为"现实的人及其历史发展"的逻辑。

基于以上认识,我们再来反观《资本论》的道德论与反道德论之争就会发现,它所深层蕴含的是对道德的一种狭隘的现代性定位,即把道德看作脱离人的社会历史和现实生活的价值规范。如果基于这种道德定义,那么《资本论》的"道德"解读必然陷入道德论与反道德论并存的悖论之中。因为马克思的确一方面在进行相应的道德判断,另一方面又在批判着道德的伪善性。然而,一旦我们立足《资本论》的总体性视角,那么这种所谓的"道德悖论"其实根本不存在。因为对于马克思而言,道德从来不是脱离人的社会历史和现实生活的"绝对价值",而是随着生产方式和社会结构的变化必然发生变化的"社会现实"。资本主义社会的道德就蕴含在资本主义的生产方式之中,它内在的合理性与非合理性就蕴含在资本主义资本逻辑的自我发展之中。资本与道德之间的矛盾关系恰恰构成了现代性道德自我发展的内在动力。

只有在这个意义上,我们才能理解,为什么《资本论》存在着肯定道德与否定道德并存的"模棱两可"现象。原因就在于,《资本论》的"道德"形态及其出场方式与现代性道德有着实质性差别。《资本论》的"道德"已不再是现代道德哲学意义上的善的抽象规定,而是善在人类社会生活中的具体实践及其所完成的"社会现实"。作为把握资本主义"经济现实"总体的《资本论》表明,马克思既不是孤立地以"道德"批判资本,也不是孤立地以"资本"批判道德,而是立足于资本与道德的辩证法,深刻指认道德随着资本逻辑的发展一同发展,道德也随着资本逻辑矛盾的激化获得自身发展的新的可能性,资本与道德的张力关系推动着现代道德理论形态和规范功能的自我革新。

(三)《资本论》的社会伦理规范

《资本论》的"道德"解读必须澄清其"道德"规范的理论特质。在现代道德哲学视域中,尽管不同流派对道德规范性来源的理解有所不同,道德意志论强调是"权威立法",道德义务论强调是"理性自律",道德实在论强调是"理性直觉",道德情感论强调是"同情心",但它们都强调道德的规范性来源于事实与价值二分这一"王牌武器"[1]。在这一"王牌武器"看来,目的论与道德规范性无关,因为目的论的基本逻辑是事实与价值的一致,价值就蕴含在事实之中,并不具有独立性。然而,一旦我们跳出这种基于事实与价值二分的规范性理解就会看到,在西方伦理思想史上还存在着另一种规范性,这就是内在生成的规范性,这种规范性的理论前提正是目的论。

众所周知,亚里士多德的伦理理论强调美德对于城邦政治和社会生活的规范作用,这种规范性的来源是"幸福"。幸福之所以具有伦理规范功能,是因为它作为最高的善是一切人类行为的目的。"每种技艺与研究,同样的,人的每种实践与选择,都以某种善为目的。"[2]"幸福是所有善事物中最值得欲求的、不可与其他善事物并列的东西。因为,如果它是与其他善事物并列的,那么显然再增添一点点善它也会变得更值得欲求。因为,添加的善会使它更善,而善事物中更善的总是更值得欲求。所以幸福是完善的和自足的,是所有活动的目的。"[3]可见,在亚里士多德看来,善是人类行为的目的,而幸福作为所有善中最善者,是人类一切行为的目的。或者说,幸福作为最高目的对人类一切行为都具有规范性。所以,在亚里士多德的伦理理论中,规范性来源于人类行为的内在目的,目的论与道德规范内在一致。

亚里士多德开创的目的论规范在黑格尔的法哲学中得到了思辨的再现。在《法哲学原理》中,黑格尔着重探讨了现代道德的抽象形式及其超越路径,

---

[1] 科尔斯戈德.规范性的来源[M].杨顺利,译.上海:上海译文出版社,2010:54.
[2] 亚里士多德.尼各马可伦理学[M].廖申白,译注.北京:商务印书馆,2003:3.
[3] 同[1]19.

这就是从道德主体向伦理实体的合目的性进展。国家作为伦理实体是普遍理性的象征,而道德主体的理性自律只有在国家中才能克服自身的原子化状况,从而实现"个体的独立性和普遍实体性在其中(指国家)完成巨大统一的那种伦理和精神"[1]。而这种"统一"正体现了黑格尔伦理学的现代性意义:它以思辨哲学的方式把握到了现代社会最重大的伦理危机——抽象理性与抽象道德的耦合。

在这个意义上,笔者认为,探讨《资本论》的道德规范性必须正视《资本论》作为"大写的逻辑"的重大理论意义,即正视黑格尔思辨哲学对现代道德规范的伦理学改造。如果说黑格尔以理性批判的方式实现了对现代社会伦理危机的思辨指认,那么马克思则是以资本批判的方式实现了对现代社会伦理危机的现实指认——资本逻辑与抽象道德的耦合。因此,《资本论》的"道德"规范与现代道德哲学的规范理论相比不仅是异质性的,而且恰恰是以批判后者获得自身存在的合法性。这种异质性和合法性意味着,《资本论》的"道德"规范绝不是以现代道德哲学意义上的诸多价值原则对资本主义经济事实加以"外在规范",而是对资本主义生产方式及其所构建的社会权力结构的"内在规范"。

其一,《资本论》是对由资本逻辑主导的现代社会生产方式的"内在规范"。在古典政治经济学的资本理论看来,交换价值的实现形式可以摆脱使用价值的内容束缚,资本的增殖过程是一个在形式上无限运动的过程。所以道德法则在这个过程中,只能起到一种外在的调节作用,而无法发挥内在的规范作用。换言之,资本逻辑的形式合理性决定了它的价值中立性,所以现代道德虽然是一种价值尺度,但却对资本无法做出内在的价值评判。

《资本论》虽然也承认资本作为价值增殖的主体具有无限性,"作为资本的货币的流通本身就是目的,因为只是在这个不断更新的运动中才有价值的增殖。因此,资本的运动没有限度"[2]。但《资本论》的真实理论旨趣在于,揭示这种形式无限性背后的内容的有限性,即现代工人的劳动是一种社会化劳动,个体劳动的社会化既是资本主义生产的前提,也构成资本主义"剩余价值"的内在限度。马克思指出:"只有当人类通过劳动摆脱了最初的动物状态,从而他们的劳动本身已经在一定程度上社会化的时候,一个人的剩余劳

---

[1] 黑格尔.法哲学原理[M].范扬,张企泰,译.北京:商务印书馆,1961:43.

[2] 马克思,恩格斯.马克思恩格斯全集:第44卷[M].2版.中共中央马克思恩格斯列宁斯大林著作编译局,编译.北京:人民出版社,2001:178.

动成为另一个人的生存条件的关系才会出现。"[1]然而,"李嘉图从来没有考虑到剩余价值的起源。他把剩余价值看作资本主义生产方式固有的东西,而资本主义生产方式在他看来是社会生产的自然形式"[2]。因此,古典政治经济学没有看到,"剩余价值"生产与再生产本质上是劳动社会化的结果,资本主义生产方式中的商品生产仅仅是表象,剩余价值的社会化生产才是其实质。所以在这种生产制度内,工人只有在为资本生产剩余价值的过程中,才能确证自身劳动的社会性质,工人并不是为自己生产真实的生活资料和生产资料,而是在物质生产过程中为资本家再生产统治工人自身的社会关系。

可见,正是在"劳动的个体性和劳动的社会性"这一理解政治经济学的"枢纽"问题上,马克思与古典政治经济学分道扬镳,而这也使得《资本论》的独特"道德"规范作用突显出来。这就是劳动的社会化不能抹杀劳动的个体性,劳动创造交换价值层面的形式同质性不能抹杀劳动创造使用价值层面的内容异质性。换言之,《资本论》的资本理论对资本主体性的描述隐含的正是对其内在限度的规范,因为资本本身就蕴含着自我规范性,即劳动作为社会资本无限发展背后有着无法克服的个体劳动的有限性界限。这种规范并不是外在的价值约束,而是以"人的自由和全面发展"为目的所构建的"内在规范"形式,即以劳动主体性内在地规范资本主体性。

其二,《资本论》是对由资本逻辑构建的现代社会权力结构的"内在规范"。马克思指出:"生产工人的概念决不只包含活动和效果之间的关系,工人和劳动产品之间的关系,而且还包含一种特殊社会的、历史地产生的生产关系。这种生产关系把工人变成资本增殖的直接手段。所以,成为生产工人不是一种幸福,而是一种不幸。"[3]在《雇佣劳动与资本》中,马克思更明确地指出,生产资本的增加不仅仅是经济层面的社会价值的增加,而且是资本作为积累起来的"死劳动"对工人"活劳动"统治力量的增加,也就是资产阶级统治工人阶级、资本统治雇佣劳动的社会权力的增加[4]。因此,在这个意义上,《资本论》是对资本主体性限度的内在规范,也就是对资本主义社会无限

---

〔1〕 马克思,恩格斯. 马克思恩格斯全集: 第44卷[M]. 2版. 中共中央马克思恩格斯列宁斯大林著作编译局, 编译. 北京: 人民出版社, 2001: 585.

〔2〕 同〔1〕590.

〔3〕 同〔1〕582.

〔4〕 马克思,恩格斯. 马克思恩格斯全集: 第1卷[M]. 2版. 中共中央马克思恩格斯列宁斯大林著作编译局, 编译. 北京: 人民出版社, 2001: 348.

度扩张的社会权力的内在规范。

如果说在《论犹太人问题》中,马克思对现代社会权力结构的批判开启了从政治批判到市民社会批判的路径,那么在《资本论》及其手稿中,马克思对现代政治界限的批判则自觉聚焦于市民社会的基本存在逻辑,即资本主义的生产方式及其所构建的现代社会权力体系。马克思指出,资本主义不仅彻底改变了人类的生产方式,而且彻底改变了人类的交往方式。资本主义的生产方式在把个体劳动深度社会化的同时,也为人的全面发展创造了条件。"全面发展的个人不是自然的产物,而是历史的产物。要使这种个性成为可能,能力的发展就要达到一定的程度和全面性,这正是以建立在交换价值基础上的生产为前提的。"[1]然而,这种"全面发展"是以资本作为中介维系起来的,而资本的特征是基于交换价值组建起来的形式同一性。结果,现代人的自由和全面发展的实质是以"物的依赖性为基础的人的独立性",或者说,是被抽象的物及其所构建的社会权力体系所统治的虚假独立性。

从《论犹太人问题》到《资本论》,马克思对现代社会权力的批判经历了从政治批判到资本批判的转变。作为资本批判的社会权力批判是通过规范作为社会化劳动的资本,实现对现代社会权力边界的反思。重要的是,这种规范并不是悬设另外一种权力形式来批判资本主义社会权力,而是深入挖掘资本主义资本逻辑与道德观念的耦合机制,以资本与道德的辩证法从内部揭示其固有的矛盾和张力。资本的发展前所未有地实现了人的社会联合,但是这种社会联合以"物与物的关系"为中介,而与人的真实社会性存在相疏离。因而,《资本论》以劳动主体性规范资本主体性,也是以劳动的社会性规范现代社会权力的边界。

《资本论》的"道德"批判是以资本批判的形式完成对现代社会道德存在方式的根本批判,是对现代性道德在理论形态与规范功能上自我革新路径的内在指认。《资本论》的"道德"形态不是外在于资本主义生产方式的绝对价值,而是内蕴于资本自身发展逻辑的社会伦理。这种社会伦理的"道德"规范性体现在,它借助资本与道德的张力关系完成了对现代社会生产方式和权力结构的"内在规范"。因此,《资本论》的"道德"解读不仅可能,而且为现代社会处理资本发展与道德进步的矛盾关系提供了重要的思想资源,具有重大的

---

[1] 马克思,恩格斯.马克思恩格斯全集:第30卷[M].2版.中共中央马克思恩格斯列宁斯大林著作编译局,编译.北京:人民出版社,1995:112.

理论价值和现实意义。

二、资本正义的社会伦理批判

对于正义观念的思想谱系考察,可以遵循的基本线索是个体与共同体的关系。现代政治哲学以反思个体与政治共同体的关系为开端,肇始于为政治共同体的权力正当性奠定新的基础。对于此基础的认识和理解有所区别,霍布斯、洛克基于利益原则,卢梭、康德则基于道德原则,但他们的共同之处都是从个体权利出发重新确证政治共同体的权力正当性。进而,现代性正义观随之分化为两个层面:一个是保障个体在享有社会财富方面的机会均等,一个是保障个体在维护自身财产权利方面的天然正确。

与之不同,"伦理正义"通过反思现代政治哲学关于个体与共同体关系的二元定位,主张在社会伦理的总体性思维方式下,重构个体自由与共同体精神之间的辩证关系,并在此基础上诠释一种超越现代性正义观念的新型正义形态。"伦理正义"试图为正义的当代理解和建构提供别样阐释路径甚或研究范式,这是一个大胆的理论构想,但并不意味着它没有充分的思想史资源作支撑。本节内容就是一场思想实验,它尝试追溯从亚里士多德到黑格尔再到马克思的伦理政治传统,为"伦理正义"的可能性和合法性奠基。

(一)以资本批判瓦解法权正义的存在论基础

黑格尔对于市民社会和国家的伦理总体性把握,以思辨哲学的方式完成了对古典"伦理正义"的现代建构,深刻影响了现代性正义观的理论走向。黑格尔的"伦理正义"既是对政治理性主义正义观的内在批判,又开启了政治哲学与辩证法总体性思维相结合的新的思想道路。在这个意义上,马克思无疑是黑格尔政治哲学的同路人。但是,马克思的政治观立足于历史唯物主义的哲学基础,从根本上摆脱了黑格尔思辨哲学的桎梏,对于现代社会的"伦理正义"所关涉的核心问题即市民社会与国家的分裂给出了新的解决路径。这就是,在对资本主义生产方式及其内在逻辑的辩证总体性把握中,揭示了资本与劳动之间的矛盾关系,完成了资本批判和劳动解放的双重任务,现实回答了在现代社会重建"伦理正义"何以可能这一重大理论问题。

毋庸置疑,对于现代性政治及其正义观念的反思和批判,马克思承接了黑格尔市民社会批判的思想框架。然而,在如何解决市民社会与国家的二元结构及其引发的现代性政治问题上,马克思给出了自己的方案。不同于黑格尔以国家的伦理建构化解市民社会的政治共同性危机,马克思把关注的理论重心由国家转向市民社会,凭借对市民社会的科学即政治经济学的考察,谋求超越现代性"法权正义"的现实路径。

众所周知,在《论犹太人问题》中,马克思通过对市民社会的"人权"问题的剖析,已经洞察到政治现代性及其法权的正义主张的限度,并在此基础上把对资产阶级正义的批判落脚到对市民社会的政治经济学批判。正如马克思在《〈政治经济学批判〉序言》中对自己思想历程的总结所指出的,法、国家和政治的关系只能到它们真正的诞生地——市民社会中去寻求,而在市民社会中寻求法、国家和政治的关系只能依靠市民社会的科学即政治经济学。进而,自1844年开始,马克思将研究的重心转移到对英国古典政治经济学的研究,从法哲学批判语境中的政治批判过渡到政治经济学批判语境中的政治批判,这也构成青年马克思政治哲学思想发展的重要环节。然而,必须承认的是,马克思政治经济学批判思想本身也经历了一个发展历程,青年马克思尚未形成对于资本主义生产方式的总体批判,只有到了以《资本论》为代表的政治经济学批判成熟时期,马克思以资本批判和劳动解放为轴向的现代性政治批判的架构才真正确立起来。

在马克思看来,资产阶级"法权正义"之所以具有隐匿性,正是因为资产阶级的正义主张如平等、自由等价值理念与资本主义的经济生产具有同构性。在《政治经济学批判大纲》中,马克思指出:"作为纯粹观念,平等和自由仅仅是交换价值的交换的一种理想化的表现;作为在法律的、政治的、社会的关系上发展了的东西,平等和自由不过是另一次方上的这种基础而已。而这种情况也已为历史所证实。"[1]因此,如果说资产阶级在法、政治和国家层面所塑造起来的"法权正义"是立足于资本主义的商品经济形式的基础之上的,那么马克思的"法权正义"批判,则是以批判资本主义生产方式出场的。

在资本逻辑及其所主导的生产方式这一现代社会现实总体中,资本主义生产关系的生产与资产阶级意识形态的再生产是内在一致的。马克思政治经济学批判不仅科学剖析了资本主义生产方式的运行机制,而且洞察了资产阶级"法权正义"的现实基础。所以政治经济学批判蕴含着作为资产阶级法权观念的正义批判,同时政治经济学批判也蕴含着一种新型的正义逻辑建构。这种正义逻辑具有双重特质:一方面它以资本主义生产方式的批判出

---

[1] 马克思,恩格斯.马克思恩格斯全集:第30卷[M].2版.中共中央马克思恩格斯列宁斯大林著作编译局,编译.北京:人民出版社,1995:199.

场,另一方面它以对个体与共同体关系的现代重构为旨趣。

我们先看第一个方面。马克思政治经济学批判语境下所理解的正义,既不是古典政治经济学视域下对理性"经济人"及其利益的公平对待,也不是德国古典哲学思辨哲学视域下的理性"观念人"及其精神自由,而是在对资本主义的总体批判中寻求人的现实自由与解放。因为马克思对于资本主义的把握既不是纯粹的事实性视角,也不是抽象的思辨性视角,而总是把资本主义看作物质生产与价值生产的统一体。

资本逻辑并非如古典政治经济学视域中的纯粹事实逻辑,而是事实与价值相统一的逻辑。可见,仅仅从事实或价值一个方面不可能真正突破资本逻辑的自洽性,资本批判只能依靠辩证法的总体性思维方式,穿透资本逻辑事实与价值的抽象一致性,把握其内在的紧张关系,即资本对劳动的隐匿权力统治,从而揭露资本主义政治价值观念的伪善性和自我否定性,揭示资本逻辑的经济体系及其基础上的价值体系必然崩溃的命运。

所以对于马克思而言,资本主义的非正义性,并不在于商品交换过程中是否遵循了平等原则,也不在于雇佣劳动关系是否遵循了自由原则,更不在于资本主义生产方式是否剥削了工人的剩余价值。马克思所关注的正义问题是:资本主义的生产方式是如何扭曲了人类的社会关系的;资本以及由资本所主宰的社会关系是如何完成对人性(劳动)的压制,阻碍人的自由和全面发展的;如何切断人通过自由劳动以形成自由交往的社会共同体的可能的。马克思指出:一方面,"只有在共同体中,个人才能获得全面发展其才能的手段,也就是说,只有在共同体中才可能有个人自由"[1]。但是这种共同体不是国家,因为国家是"冒充的共同体",也就是以国家作为共同体中的个人还不是真正的自由的个人,因为国家中的个人只能以一定阶级中的个人存在,所以他们的自由是以一个阶级对另一个阶级的统治为前提。在这个意义上,资产阶级的政治解放在塑造"冒充的共同体"即现代政治国家的同时,也塑造了另一种共同体生成的前提领域,这就是市民社会领域。然而,资产阶级市民社会中的个人是基于物质需要联合起来的,个人在这种共同生活形式下,其自由虽然摆脱了国家共同体的限制,却在另一种自由的确证形式即资本的摆弄下走向了不自由。"各个人在资产阶级的统治下被设想得要比先前更自

---

[1] 马克思,恩格斯.马克思恩格斯选集:第1卷[M].2版.中共中央马克思恩格斯列宁斯大林著作编译局,编译.北京:人民出版社,1995:119.

由些,因为他们的生活条件对他们来说是偶然的;事实上,他们当然更不自由,因为他们更加屈从于物的力量。"[1]在这个意义上,资本的力量是现代社会个人自由的基础,但同时也是现代社会个人自由的桎梏,所以实现现代社会的个人自由也就是将个人从资本这一"物的力量"中解放出来,重建个人与共同体的统一关系。

由此可见,马克思所理解的自由与正义,不是停留于市民社会原子化个人意义上的抽象法权观念,而是直面市民社会本身的内在矛盾,并在此基础上超越这一矛盾的社会现实。瓦解资本逻辑与个人交往之间的抽象一致性,把劳动从被资本这一"物的力量"的奴役中解放出来,实现人在自由劳动的过程中重新占有自身固有的社会性存在样态,以及个人向共同体的社会伦理复归,这才是马克思正义观的真实"问题域"。

(二)伦理政治传统中的正义观念

纵观西方政治思想史,卢梭和康德所深化的近代西方政治哲学存在着一条清晰的主线,这就是通过反思政治共同体的权力合法性基础,重新确证个体权利与政治权力边界的"道德政治"谱系[2]。而立足于"道德政治"的谱系逻辑阐释马克思的政治观,把马克思的资本批判和人类解放思想阐释为旨在维护一个基本道德法权命题——"人都是他们自己的能力的合法所有者",也成为国外马克思政治哲学研究的一个重要分支[3]。同时,西方政治哲学还存在着另外一条通常被忽略的思想谱系,这就是由亚里士多德缔造、黑格尔思辨建构的伦理政治传统。立足于这一传统并提炼这一传统的理论视角,对于突破西方分析哲学的事实与价值二分的理论视域,还原马克思正义观念的独特"问题域"具有重要的理论意义。

一方面,亚里士多德对于伦理、政治和经济生活的总体性理解方式,构成了深入理解马克思正义观社会伦理内涵的重要视角。对于马克思而言,道德的客观性和政治的真理性同样不是一种理性谋划的结果,它们与社会伦理和经济生活内在一致。正如有学者所言:"伦理学、政治学以及经济学理论之所以能在亚里士多德和马克思那里统一起来,这不仅仅是出于他们的个体与社会、道德与伦理、德性与理性社会之间相统一的观点。毋宁说,它同样也源自

---

[1] 马克思,恩格斯.马克思恩格斯选集:第1卷[M].2版.中共中央马克思恩格斯列宁斯大林著作编译局,编译.北京:人民出版社,1995:120.

[2] 张盾."道德政治"谱系中的卢梭、康德、马克思[J].中国社会科学,2011(3):52-68.

[3] 柯亨.自我所有、平等和自由[M].李朝晖,译.北京:东方出版社,2008:167.

他们对确定道德的伦理客观性和政治真理的宣称等这些问题的共同认识。"[1]正是基于这样一种政治观,马克思所理解的正义不可能是关涉个体利益维护和道德自由保障的理性设计和谋划,而只能是物质资料的生产与社会关系和价值观念再生产的总体性社会现实。在这个意义上,马克思的正义观与亚里士多德的正义观无疑在理论精神上具有一致性,但在理论内容上又存在明显的差别。

众所周知,在亚里士多德所处的古代西方社会中,看重的是公民政治实践和哲学思辨的高贵性,物质生产劳动被看作由奴隶等无人身自由的人所从事的活动,被排除在政治哲学探讨的论域之外。在这个意义上,阿伦特的判断是正确的,这就是,马克思关于人是"劳动的动物"的理解是对西方古典政治哲学传统的反叛[2]。在马克思看来,人的物质生产活动就是现代社会的政治实践,正是在物质生产活动过程中,人与人的自由和平等关系被塑造起来。因此,劳动不应该被排除在正义之外,对现代正义观念的探讨必须正视人类在物质生产劳动中的自我实现问题。因此,深入理解和阐释马克思的正义观,不可能绕开历史唯物主义的哲学基础,离开历史唯物主义无法真实把握马克思正义观的独特内涵,更无法把握马克思正义观独特的社会伦理向度。

另一方面,黑格尔对于现代政治结构的思辨把握,构成了马克思超越现代性正义观的切入点。在《论犹太人问题》中,马克思深刻揭示了资产阶级政治解放的局限性在于其无法克服的二元结构,即政治国家和市民社会的并存。"在政治国家真正形成的地方,人不仅在思想中,在意识中,而且在现实中,在生活中,都过着双重的生活——天国的生活和尘世的生活。前一种是政治共同体中的生活,在这个共同体中,人把自己看作社会存在物;后一种是市民社会中的生活,在这个社会中,人作为私人进行活动,把他人看作工具,把自己也降为工具,并成为异己力量的玩物。"[3]显然,青年马克思关于现代政治结构的把握深受黑格尔的影响。但是,马克思同时提出了不同于黑格尔的超越路径,这就是,黑格尔以国家的伦理实体超越现代正义的二元结构,而马克思则强调回到市民社会寻找破解和超越的路径。

---

〔1〕 麦卡锡.马克思与古人:古典伦理学、社会正义和19世纪政治经济学[M].王文扬,译.上海:华东师范大学出版社,2011:120.

〔2〕 阿伦特.马克思与西方政治思想传统[M].孙传钊,译.南京:江苏人民出版社,2007:36.

〔3〕 马克思,恩格斯.马克思恩格斯全集:第3卷[M].2版.中共中央马克思恩格斯列宁斯大林著作编译局,编译.北京:人民出版社,2002:172-173.

在马克思看来,现代政治国家与市民社会的关系实际上并不对等,前者抹杀了后者的局限性但却反倒要以后者为根基,服从其统治。因为国家的政治结构和社会的意识结构是人类经验活动的结果,也就是只能以经验的方式并在经验中加以认识,"经验的观察在任何情况下都应当根据经验来揭示社会结构和政治结构同生产的联系,而不应当带有任何神秘的和思辨的色彩。社会结构和国家总是从一定的个人的生活过程中产生的"[1]。因此,在如何理解和认识政治、法和国家的本质的问题上,马克思的思路始终是非常清晰的,这就是,强调法、政治和国家产生的经验基础,并在对这一经验基础的描述中揭露法、政治和国家的本质。在这个意义上,准确把握和理解马克思的政治批判思想,必须落脚到马克思对于人类物质生产活动的把握,而作为集中体现人类物质生产活动的领地——市民社会就构成了马克思政治批判考察的焦点。

马克思对于现代政治结构的诊断使得其把分析的视角聚焦于市民社会,因为市民社会的经验及其差异性表征的是现代政治哲学纯粹性逻辑的存在论剩余。现代政治哲学所塑造的政治国家及其所秉持的价值理念是以消除市民社会的差异性为前提的,但是市民社会的差异性根本无法以形而上学的抽象方式加以抹灭,它反而将以更为激烈的方式不断冲击现代政治脆弱的合法性地基。

在黑格尔看来,市民社会是个体基于需要所联系起来的体系,在这里人把他人看作手段而非目的,是一切人反对一切人的战争之所。马克思对于市民社会的认识深受黑格尔的影响,并以此为切入点把脉现代政治哲学。但是,马克思所关注的并非作为思辨理性环节的市民社会,而是作为社会现实的市民社会。作为社会现实的市民社会,人的需要以及在此基础上构筑的社会关系以资本主义的生产方式为媒介,资本逻辑是市民社会的主导逻辑。因此,自《1844年经济学哲学手稿》开始,马克思开始自觉转向政治经济学研究,政治经济学批判语境下的社会伦理正义重构,也成为马克思在破除法权正义的社会存在基础的同时,探索现代性正义的合理存在形式的独特路径。

(三)以资本批判重构正义的社会伦理向度

马克思对于现代性政治的批判虽然经历了从政治批判到政治经济学批判的转变,但是其关注的重心始终是对市民社会的批判和超越。马克思对于

---

[1] 马克思,恩格斯.德意志意识形态:节选本[M].北京:人民出版社,2003:15-16.

社会正义的理解拒绝悬设任何抽象的政治原则，始终立足于历史唯物主义的哲学基础，推动现实的人摆脱资本逻辑的束缚以完成向自身作为社会伦理存在的复归。

众所周知，青年马克思已经认识到市民社会财产权问题的政治哲学意义，也认识到围绕私有财产批判所展开的政治经济学批判才是解决现代性政治结构性难题的有效路径。但这一时期马克思还没有形成成熟的历史唯物主义哲学思想，更不可能把这一思想贯彻到对资本主义生产方式的把握中去。只有到了以《资本论》及其手稿为代表的政治经济学批判时期，马克思以资本批判和劳动解放为基本轴向的现代性正义批判架构才真正确立起来。

正如前文所述，马克思的现代性正义观批判是以资本批判的方式出场的，不存在资本批判之外的正义批判，也不存在正义批判之外的资本批判。因为马克思对于人的理解总是立足于现实的人及其历史发展，而现代社会人的现实性及其发展条件就是资本逻辑及其所主导的生产方式。在马克思看来，现代性正义观念的复杂性在于，其所推崇的平等、自由等价值理念与资本主义的经济生产具有同构性。因为现代性正义的诸观念本身就是以资本逻辑所主导的生产方式出场的，或者说，现代性正义的诸观念就立足于现代资本主义的商品经济形式这个基础之上。因此，马克思对于社会正义问题的理解，总是以对资本主义生产方式这一现代人最为现实的存在方式为中介。

马克思以历史唯物主义的视角所理解的正义，既不是古典政治经济学视域下对理性"经济人"及其利益的公平对待，也不是德国古典哲学思辨哲学视域下的理性"观念人"及其精神自由。因为马克思对于资本主义生产方式的把握既不是纯粹的事实性视角，也不是抽象的思辨性视角，而总是把资本主义生产方式看作物质生产与价值生产的统一体。资本逻辑并非如古典政治经济学视域中的纯粹事实逻辑，而是事实与价值相统一的逻辑。因为资本主义社会中的劳动者的物质生产活动是以资本的逻辑组建起来的。劳动的商品化实质是人性的商品化，商品形式的自由平等逻辑不仅没有彰显劳动的类本质特征，反倒遮蔽了人在劳动中确证自身的人类本性。因而，马克思正义观关注的焦点问题是如何在对资本的批判过程中实现对劳动的解放。

因此，仅仅从事实或价值一个方面不可能真正突破资本逻辑的自洽性，资本批判只能依靠辩证法的总体性思维方式，穿透资本逻辑事实与价值的抽象一致性，把握其内在的紧张关系，即资本对劳动的隐匿权力统治。从而揭露资本主义政治价值观念的伪善性和自我否定性，揭示资本逻辑的经济体系及其基础上的价值体系必然崩溃的命运。

资本批判既是马克思批判现代性正义观念的靶子,也是马克思重塑现代性正义观念的中介。资本主义的生产方式以前所未有的速度和广度加强了人与人之间的社会联系,人类也似乎以前所未有的方式被资本维系于一种商业共同体的社会形态中。"在产生出个人同自己和同别人相异化的普遍性的同时,也产生出个人关系和个人能力的普遍性和全面性。"[1]但是,这种"普遍性和全面性"的实质是"以物的依赖性为基础的人的独立性"[2]。资本主义社会一方面打破了前现代社会人与人的依附性关系,解除了套在人身上的有形枷锁——"神圣形象的自我异化",另一方面其代价是使人重新被无形的枷锁——"非神圣形象的自我异化"所束缚,资本的力量看似弥合了个体与共同体的分裂,实则将这种分离变成无法调和的抽象状态。

进而,实现个体与共同体的现代和解,必须把人从"非神圣形象的自我异化"即资本逻辑及其所构筑的现代政治、国家、法的关系中解放出来。在这个意义上,马克思以资本批判的方式实现对现代性正义观念的批判,也是对现代社会正义形态的重构。这种重构不仅把个人劳动从资本主义的生产方式中解放出来,而且为人类谋划了超越以物质生产劳动为基本存在前提的"必然王国",转向以"劳动不再是谋生的手段,而是生活的第一需要"为基本特征的"自由王国"。

在马克思看来,在"自由王国"中,个体之间在自由劳动过程中不仅基于需要生产社会的物质生活资料,而且再生产出新型的社会交往关系和社会伦理结构。在这里,现代性正义观念以新的存在论形态被整合,这就是人类社会伦理存在方式在自由劳动中的复归。作为自由人联合体的新型共同体,共同生活是人的社会伦理交往的内在需要,异质性个体之间的共同性交往不再以资本的形式同一性为中介,而以在自由劳动过程中所生成并完整复归的人类存在的社会性为纽带。

总之,马克思政治经济学批判通过对资本主义生产方式的科学考察,深入揭示了资本与劳动之间的辩证关系,完成了资本批判和劳动解放的双重任务。一方面,政治经济学批判的资本批判理论剖析了资产阶级"法权正义"与资本主义生产关系的深层耦合关系及其固有矛盾,剖析了"法权正义"所表征

---

[1] 马克思,恩格斯.马克思恩格斯全集:第30卷[M].2版.中共中央马克思恩格斯列宁斯大林著作编译局,编译.北京:人民出版社,1995:112.

[2] 同[1]107.

的现代人交往关系的异化与疏离。另一方面,政治经济学批判的劳动解放思想回答了如何推动人类劳动由雇佣劳动向自由劳动的复归,并以自由劳动为基础超越"法权正义"的限度,重建个体与共同体的社会伦理关系。在这双重意义上,马克思政治经济学批判所完成的资本批判和劳动解放,在现代性语境下重构了古典政治哲学正义观的社会伦理内涵,马克思既是西方伦理政治精神的继承者,更是这一精神的现代重构者。

  马克思对正义的理解不仅承接于黑格尔对"法权正义"二元结构的哲学批判,而且可以追溯到古典政治哲学对正义的社会伦理内涵的发现。超越"法权正义"关于平等优先还是自由优先的抽象争执,主张在个人向社会的全面复归中,重构正义的社会现实基础和制度保障,构成了马克思在政治经济学批判语境下理解正义所贯彻的隐秘逻辑。挖掘和梳理"伦理正义"这一隐秘逻辑,可以拓展马克思正义观当代阐释的理论视角,有助于真实澄明马克思正义观的思想意蕴,充分彰显马克思正义观的当代价值。

第五章

重建社会正义：马克思正义批判的隐性逻辑

市民社会之于马克思正义观研究的意义是近年来学界关注的话题。关于市民社会在马克思哲学发展历程中的定位，学界大多强调市民社会是一个过渡性概念，在历史唯物主义话语体系中被生产关系所代替，在政治经济学批判体系中被资本主义社会所代替。进而，学界关于马克思市民社会理论的政治哲学意蕴的探讨，大多聚焦于市民社会与国家的二元结构，强调市民社会在马克思思想重心从政治批判转向政治经济学批判中的承接意义，而较少专门在政治经济学批判语境中关注市民社会之于马克思正义观建构的意义。通过梳理市民社会在西方政治哲学和政治经济学两条思想谱系中的逻辑演变，笔者认为，深入阐释市民社会理论之于马克思正义观建构的意义，必须重新考察《资本论》对市民社会的批判与重构问题。政治经济学批判作为市民社会的科学，不仅是马克思透视市民社会经济逻辑的理论钥匙，更是马克思超越市民社会政治逻辑的思想场域。《资本论》以政治经济学批判的理论话语，完成了对市民社会的正义批判与重构。

第一节 现代市民社会的诞生及其正义问题

人是社会性的动物，社会不仅是人类生存与发展的基本环境，而且构成人类区别于动物的本质规定,因此,自人类诞生以来便伴随着人类社会的诞生。市民社会作为人类社会历史发展的一个特定阶段,却是近代以来才真正出现的。在古典时代,人类的社会交往从属于城邦共同体,社会生活的诸要素为城邦政治服务,具有天然的政治性质。随着古典城邦政治的衰落,社会生活的诸要素逐渐褪去政治性质而真正作为社会要素诞生。结果,现代市民社会的诞生不仅标志着古代公民社会的解体,导致个体与共同体的同一关系的瓦解,更催生了现代社会正义问题和正义观念的产生。在现代市民社会语境中,个人的自然法权成为社会构建的基础和轴心,满足个体的自然欲求是社会组建的根本目的,政治国家的实质是为了规避个体私欲所引起的社会混乱的"权宜之计"和"社会契约"。因此,正义作为人类古老的价值追求在现代市民社会语境中,由先天的伦理德性转变为保障个人权利不可侵犯的政治规范,现代政治哲学对于正义观念的这一"古今之变"也从不同的思想进路进行了阐发。

一、市民社会的历史嬗变

考察市民社会的历史嬗变需要将视野拉回到古希腊城邦时代。在古代希腊,作为"自觉形态的市民社会"虽然没有形成,但是作为"自在形态的市民社会"实际上已经在城邦政治生活中扮演了重要角色。所谓"自在形态的市民社会",是指市民社会不仅还没有从人类的政治生活中独立出来,而且正是在政治生活中获得自身存在的价值。也就是说,在古希腊城邦时代,市民社会生活的各种要素诸如生产活动、财产、产品交换和商业交往是从属于城邦政治生活的,它们只有在城邦的政治生活中才能获得存在的意义和价值。

众所周知,作为对古希腊城邦政治的理论总结,亚里士多德在《政治学》一书中,系统介绍了城邦政治生活的核心理念、现实基础和基本特征。亚里士多德在开篇之处就明确强调,城邦作为政治共同体,其所追求的就是一种政治的公共善。"所有城邦都是某种共同体,所有共同体都是为着某种善而建立的(因为人的一切行为都是为着他们所认为的善)。很显然,由于所有的共同体旨在追求某种善,因而,所有共同体中最崇高、最有权威,并且包含了一切其他共同体的共同体,所追求的一定是至善。这种共同体就是所谓的城邦或政治共同体。"[1]可见,城邦生活的实质是一种政治共同体的生活,这种

---

[1] 亚里士多德. 政治学[M]. 颜一,秦典华,译. 北京:中国人民大学出版社,2003:1.

生活所追求的最高价值目标是城邦的"至善",其他一切共同体追求的善都要让位于这个"至善"的目标,或者说,正是这个"至善"赋予其他善以意义和价值。

因此,城邦既是公民经济活动的场所,更是公民政治活动的平台,城邦的实质不是基于地域性原则建立的生活场所,而是通过至善原则引导公民德性的政治共同体。"城邦在本性上先于家庭和个人。因为整体必然先于部分……城邦作为自然的产物,并且先于个人,其证据就在于,当个人被隔离开时他就不再是自足的,就像部分之于整体一样。不能在社会中生存的东西或因为自足而无此需要的东西,就不是城邦的一个部分,它要么是只禽兽,要么是个神。"[1]可见,在亚里士多德看来,家庭和个人从属于城邦,并只有在城邦共同体的生活中,个体才能获得作为人的存在的意义和价值。由此可见,政治的公共善是城邦生活的最高价值目标,城邦生活中的其他一切活动都是为实现和确证这个公共善服务。在这个意义上,我们便不难理解,亚里士多德为何在探讨城邦的最优政治制度的过程中,总是注重对于城邦市民生活各种形式的描述和分析。因为政治共同体的目标立意是高尚的德性和公平正义,而不是个体为了私利而聚集在一起共同生活[2]。古代的市民社会生活以及诸如物质生产、商业交换、财产分配等市民社会的要素都只有在作为城邦共同体的意义上才具有存在的意义和价值。

首先,关于城邦物质生产的目的。众所周知,城邦的物质生产活动主要依靠奴隶完成,作为自由民的城邦公民一般不进行直接的物质生产活动。然而,如果基于这一事实就认为物质生产活动或物质生活完全被排除在政治生活之外,或者说,政治生活与物质生活不相干则过于武断。实际上,且不谈奴隶的物质生产活动为公民的政治参与提供了物质生活资料的保障,仅就具有政治公民资格的人而言,其也需要参与与物质生产相关的活动。"绝大多数雅典公民都肯定是商人、工匠或农民,他们依靠自己在各自行业中的劳动来维持生活。除了从事自己的行业以外,他们别无其他生计。因此,一如现代社会中的大多数人一样,古希腊人也只有在从事个人职业以外的闲暇时间里才能进行政治活动。"[3]所以,奴隶的物质生产仅仅是雅典城邦政治的一个

---

[1] 亚里士多德.政治学[M].颜一,秦典华,译.北京:中国人民大学出版社,2003:4-5.
[2] 同[1]90.
[3] 萨拜因.政治学说史:城邦与世界社会[M].4版.索尔森,修订.邓正来,译.上海:上海人民出版社,2015:41.

物质前提而不是根本的物质前提，根本的物质前提是公民自身的物质生产活动。关键在于，古希腊城邦公民对于物质生产的理解从根本上也是政治的，就是说，他们的物质生产并不是为了积累财富，而是为政治参与提供必要的保障。这一点从他们当时简朴的生活方式以及较低的生产水平和消费水平便可看到。所以在这个意义上，在古代公民社会中，物质生产的目的不是为社会积累财富，而是为政治生活提供基本的条件。或者说，社会物质生产具有天然的政治性质。

其次，关于城邦的经济活动。在古典城邦时期，经济活动还没有作为整个城邦活动的重心，而主要存在于家庭共同体的层面。因为城邦活动的重心是超脱于经济事务之上的政治事务，经济事务与政治事务相比是次要的私人性的活动。所以，城邦中的经济活动主要体现为家庭理财的活动，或者说，以家庭为单位的关于财产获得和保持以及增加的"家务管理的技术"。这种管理技术的目标是为家庭和城邦共同体提供生活所需要的有用的物品，所以城邦的经济活动的根本目的不是单纯为了财富的增长，而是为了保障个人参与城邦的政治生活以及城邦的政治生活得以可能，也就是，经济活动不是目的只是手段。然而，在具体的经济活动中，人们往往过度强调财富与好生活的关系，从而使得追求财富本身成为经济的目的。对此，亚里士多德强调："人们之所以产生这样的想法，就在于他们仅知道生活而不去追求美好的生活；而且，就像他们的欲望无止境一样，他们企求满足的手段也无止境。"[1]与之不同，真正意义上的家务管理"更重视人事，不重视无生命的东西；更重视人的德性，不重视所有物即我们所谓财富的富足；更重视人的德性，而不重视奴隶的品行"[2]。可见，在亚里士多德看来，城邦物质生产活动和商业交换活动的根本目的是让城邦中的人们过上有德性的美好的生活，而不是单纯追求财富。因此，在古希腊城邦生活中，作为"家政学"的经济学只有在为城邦的最高善服务的意义上才具有存在的价值，或者说，"家政学"本质上就是古典政治学的一部分。

最后，关于城邦的财产分配问题。基于城邦政治对于至善的追求，不难理解，财产分配问题并不构成城邦政治生活所关注的重心，但是，这并不意味着财产分配问题与城邦政治生活无关。亚里士多德认为，财产分配正义作为

---

〔1〕 亚里士多德.政治学[M].颜一,秦典华,译.北京：中国人民大学出版社,2003：19.
〔2〕 同[1]24.

一种特殊的正义形式,构成城邦普遍正义实现的前提和基础。在《尼各马可伦理学》中,亚里士多德在关于财产分配问题上集中探讨了应遵循的正义原则。这些正义原则包括分配正义、调节正义和互惠正义。分配正义在于按照一定的比例分配财富,所以正义在于成比例,不正义在于违反比例[1]。调节正义或矫正正义是为了调节分配正义实现过程中存在的违反意愿的问题,调节交易过程中在违反意愿的情况下对适度的破坏,从而使交易还原到交易之前的状态[2]。互惠正义或回报的正义,旨在强调交易过程中要遵循一种"以善报善"的品质,以感恩交易让人们联系在一起[3]。

尽管亚氏对财产的正义分配给予了详细的分析和谋划,但是需要强调的是,财产分配的正义性并不是亚氏关注的重心,分配正义实际上与城邦的公共德性和个体潜能的充分发展这一"普遍正义"相比,仅仅是一种"特殊正义"。"普遍正义处理的是法律、德性和共同体,而特殊正义关注的是社会交往直接的、当下的形式。"[4]既然"特殊正义"不是城邦正义的重心,亚氏为何又对其详加探讨呢?原因在于,"虽然它不是普遍正义,但它奠定了经济基础,没有经济基础,法律、德性和共同体就是不可能的"[5]。所以在探讨了三种具体的正义形式后,亚氏紧接着强调了政治正义才是其真正想要探讨的正义,也是正义本身[6]。

由上可见,在古希腊城邦中,城邦的经济生活是为城邦的政治生活服务的,或者说,这种经济生活并不是作为经济生活而存在的,它在本质上构成政治生活的一部分。在这个意义上,由于经济生活及其要素具有天然的政治性质,还没有获得独立的存在意义和价值,所以,尽管亚里士多德在《尼各马可伦理学》和《政治学》中都强调了经济活动之于城邦政治的重要性,但亚氏不可能也没有兴趣在现代经济学意义上探讨市场交换和价格决定的现实机制[7]。这决定了,古希腊城邦政治语境中的"市民"实质上并非真正意义上的"市民",无论在经验层面还是在逻辑层面上,它实质上都是为城邦政治服

---

[1] 亚里士多德.尼各马可伦理学[M].廖申白,译注.北京:商务印书馆,2003:136.
[2] 同[1]140.
[3] 同[1]142.
[4] 麦卡锡.马克思与古人:古典伦理学、社会正义和19世纪政治经济学[M].王文扬,译.上海:华东师范大学出版社,2011:88.
[5] 同[4]91.
[6] 同[1]147.
[7] 同[4]97.

务和在城邦政治中获得存在价值的"公民",在古典时代,市民社会实质上是公民社会。

既然市民社会在古希腊城邦中无法获得自觉的存在形式,那么古希腊城邦的解体和现代政治国家的诞生无疑构成现代市民社会诞生的前提。但是,需要强调的是,在古代公民社会向现代市民社会的转变过程中,中世纪对于政治实体的神圣化理解促进了市民社会的世俗化进程。在托马斯·阿奎那关于亚里士多德政治哲学的神学解读中,国家不再被看作承载最高善的共同体,而是被置于神性共同体的教会之下的"世俗性"共同体[1]。正是基于中世纪政治神学的世俗化理解,古希腊城邦对于市民社会的政治"禁锢"得以释放,市民社会作为人类的世俗生活方式其经济活动的要素也逐渐摆脱了政治色彩,而具有了独立的存在形式。然而,真正将市民社会从政治国家中解放出来使其获得自觉形式的是现代资产阶级革命。对此,马克思曾深刻地指出,"政治革命是市民社会的革命",因为"政治解放同时也是市民社会从政治中得到解放"[2]。

综上,在古代公民社会向现代市民社会的历史嬗变中,市民社会通过摆脱古代公民社会的政治性质,逐步确立起其现代性的三个特征。

其一,经济生活由家庭财务管理的活动转变为具有人类社会整体意义的活动,经济学由家政学转变为政治经济学,政治经济学成为理解和认识现代市民社会的科学。进而,经济学从属于政治学的单向度关系,转变为政治经济学与现代政治学充满矛盾的张力关系。

其二,对人的本质的理解的出发点由"政治的动物"转变为"自然状态",结果,政治哲学的最高目标不再是追求最高的制度之善和最美好的生活,而是现代政治哲学在市民社会与国家的张力关系中,通过调节自然状态与社会状态的冲突,实现对个人财产、利益以及权利、自由的双重守护。

其三,政治共同体的伦理内涵被逐渐去除,取而代之的是作为规避人类自然状态而保全人类整体利益的社会契约。从伦理政治到契约政治的转变,使得个体与共同体、个人与社会的关系不再是直接的从属关系,而是一种充满矛盾的张力关系。

---

〔1〕 植村邦彦. 何谓"市民社会":基本概念的变迁史[M]. 赵平,石路明,王景辉,等译. 南京:南京大学出版社,2014:16.

〔2〕 马克思,恩格斯. 马克思恩格斯全集:第3卷[M]. 2版. 中共中央马克思恩格斯列宁斯大林著作编译局,编译. 北京:人民出版社,2002:186-187.

正是基于对于上述三个特征的理论自觉,现代政治哲学家们跳出了古典政治哲学的社会伦理视域,在政治理性主义语境中重构了市民社会的政治哲学意蕴,重提了市民社会的正义问题。

二、市民社会的正义问题

正如上文所言,在西方政治思想史的语境中,市民社会是一个历史悠久且内涵复杂的概念。自亚里士多德在《政治学》中探讨市民社会以来,不同时代的政治哲学家对市民社会做出了不同的理论界定。表面来看,市民社会在古典时代和现时代是两个所指迥异的概念,似乎很难从中梳理出确定性的内涵。然而,市民社会内涵的多义性并不意味着其政治哲学意义的模糊性,作为政治公共性诞生的场域,市民社会在西方政治哲学史的理论谱系中,可以梳理出三种比较清晰的政治哲学形态。

在古典政治哲学视域中,市民社会具有天然的政治意义,市民社会以公民政治的理论形态出场。在古代希腊社会,市民社会的主要活动平台和载体是城邦,城邦中的市民生活和公民生活是一体的,城邦中的市民社会即公民社会。因此,要透视古典时代市民社会的本质,必须反思城邦生活的政治哲学意义。

在城邦共同体中,尽管公众既从事着追求自身物质生活之善的经济活动,也从事着追求整个城邦公共之善的政治活动,但是,公民的经济生活与政治生活、私人生活与公共生活是统一的。作为"家政学"的经济学与作为寻求善制的政治学,对城邦公民的经济市民身份与政治公民身份都未加以区分。所以在这个意义上,古希腊城邦作为一种市民社会的载体和一种公民社会的载体二者是统一的。更重要的是,这时市民社会是从属于公民社会的,或者说,市民社会只有以公民社会追求的善为目的,才能在城邦中获得自身存在的意义与价值。

古典时代市民社会的公民社会特征,在城邦公民的经济活动与政治活动的统一关系中得到切实的印证。尽管在《尼各马可伦理学》和《政治学》中,亚里士多德着重强调了城邦市民经济活动的基本特征,但我们不难发现,他关于城邦经济活动的阐述都是为论证公民幸福生活和城邦政治之善服务的,都强调经济活动必须遵循城邦至上的公平正义原则。为此,有学者提出:"亚里士多德甚为痛惜于希腊市场经济发展进化所导致的社会对总体福利之责任的沦丧。跟《伦理学》(指《尼各马可伦理学》)强调两个生产者之间的交换不同,在《政治学》中,亚里士多德考察的是商业资本主义对城邦的影响。经济学理论是伦理学的一个重要组成部分,它从始至终都服务于社会的伦理需求和政治需求。"[1]

可见,城邦的政治共同体本质决定了,古典时代市民社会尽管有其存在的现象形式,但是就其实质而言,市民社会并没有获得独立的自觉存在形式。因为市民社会的经济活动从属于公民社会的政治活动,市民社会的经济学从属于公民社会的政治学。正如美国政治学家萨拜因所言:"希腊人并没有对这种政治理论所含括的不同方面进行界分。对希腊人来说,有关城邦的理论不仅是现代狭义的那种政治学,同时也是伦理学、社会学和经济学。"[2]萨拜因的论断从另一个层面也表明,希腊人的城邦学说中的政治学与经济学是统一的,经济学是为政治学服务的。

通过梳理古典公民政治语境中的市民社会,我们看到,现代市民社会基于个体性原则组建的契约型社会组织模式在古希腊城邦中尚未出现,现代市民社会所遭遇的个体与社会、社会与国家的政治哲学紧张关系对于城邦来说也并不存在。所以,市民社会的理论形态尽管可以追溯到古典政治哲学语境中,但是,作为自觉的政治理论形态的市民社会概念只有到了近代才诞生,这就是现代市民社会的利益政治形态与道德政治形态的并存。

古代市民社会向现代市民社会的转变肇始于经济生活与政治生活的分离,经济生活不再为城邦的"正义"服务,而是为了满足个体自然欲望的需要。进而,政治经济学也由为家庭财务管理服务的"家政学",转变成为个体所组成的社会财富增殖服务的"经济学"[3]。在这一背景下,古代公民政治语境中的市民社会转变为利益政治语境中的现代市民社会。

在利益政治的思想谱系中,马基雅维利率先对现代政治合法性基础给出了与古典政治哲学不同的回答。在马基雅维利看来,古典政治所寻求的理想政制是一种乌托邦,所以政治的目标不是德性和正义,政治事务的合法性基础不是来自伦理道德,而是来自人的自然本性。而人的自然本性是趋利避害的,所以政治事务存在的合法性既不是源自崇高的德性,也不是

---

[1] 麦卡锡.马克思与古人:古典伦理学、社会正义和19世纪政治经济学[M].王文扬,译.上海:华东师范大学出版社,2011:97.

[2] 萨拜因.政治学说史:城邦与世界社会[M].4版.索尔森,修订.邓正来,译.上海:上海人民出版社,2015:53.

[3] 郗戈.《资本论》中经济学与哲学关系问题的思想史考察[J].哲学研究,2017(8):28-34.

源自神圣意志,而是人的自然本性的社会化。政治理念所内蕴的德性只有在社会中通过法律、习俗等才能实现[1]。因此,政治的目标在现代必须经历世俗化的改变,古典城邦政治的公民理想要让位于现代市民社会对自身利益的追求。

马基雅维利对于政治事务的去道德化阐释,开启了作为利益政治世俗基础的市民社会的近代建构历程。在这一历程中,尽管霍布斯和洛克对于实现自我保存的保障机制的理解有所差别,前者述诸权力,后者述诸财富,但是两者都把利益政治的逻辑贯穿到对市民社会的理解之中。维系市民社会中人与人的关系的纽带是出于对自身权利的自我保存,市民社会是基于自保原则建立起来的利益共同体。在这个共同体基础上形成的政治事务,其实质是为了维护自我保存而不得不建立的"权宜之计"。既然是"权宜之计",那么政治事务只具有经验和功利意义上的合法性,而不具有伦理道德意义上的合法性。结果,市民社会在古典时代的道德政治意蕴被利益政治所剥离,而从市民社会中所产生出来的政治国家,不过是个体间为实现自身私利最大化而进行博弈的平台和工具。在这个意义上,利益政治是对市民社会与国家分离这一现代性政治事件的理论自觉。

虽然同样自觉到市民社会与国家的分裂,但由卢梭开创的近代道德政治传统却认为,政治事务的本性不应是个体为私利而进行博弈的"权宜之计",政治的本性应该符合"公意",现代性政治应当重塑政治事务本身就蕴含的道德意义。在卢梭看来,现代国家虽然是由个体权利让渡而组建的社会契约,但是,组建的基本原则不是外在的利益,而是个体为确证自由所固有的道德德性。所以,利益政治对市民社会"一切人反对一切人的战争"的判断,不应该被看作现代性政治诞生的积极性元素,而应该基于对市民社会政治公共精神的反思,重建现代性政治的道德合法性。在《社会契约论》中,卢梭提出,"由自然状态进入社会状态,人类便产生了一场最堪瞩目的变化;在他们的行为中正义就取代了本能,而他们的行动也就被赋予了前此所未有的道德性"[2]。因此,现代政治国家创立的目的不是为了满足人在自然状态下的利益欲求的"私意",而是为了实现人在社会状态下的正义与德性的"公意"。作为以"公意"为最高指导的社会公约,现代国家的本质是全体个人的

---

[1] 施特劳斯.什么是政治哲学[M].李世祥,等译.北京:华夏出版社,2014:32.
[2] 卢梭.社会契约论[M].3版.何兆武,译.北京:商务印书馆,2003:25.

结合所形成的"公共人格"[1]。

卢梭高举的道德政治旗帜是对利益政治语境中的市民社会的重大扭转。市民社会作为一个政治哲学概念,其思想内涵由现代性政治的积极诞生地,转变为现代性政治本身应加以规制和超越的对象。然而,必须承认的是,卢梭的道德政治视域中的市民社会有着强烈的古典浪漫主义倾向,其高扬的市民社会的政治公共精神亟须在现代性语境中获得先验的理性建构。在这个意义上,康德循着卢梭所提出的道德政治的问题逻辑,给出了市民社会政治哲学意义上的先验哲学诠释,为现代政治的普遍性原则奠定了全新的先验哲学基础[2]。

纵观利益政治和道德政治对市民社会的界定,我们看到,利益政治与道德政治视域中现代市民社会的正义问题主要关涉的是个人与社会的矛盾。从个体性角度看,市民社会是个体为满足自身需要而组成的利益共同体,从社会性的角度看,市民社会是政治公意的诞生地。而利益政治和道德政治对市民社会的不同定位,表征的正是古典公民社会的现代解体及其所引发的现代性政治的正义危机,并基于对这一危机的不同认识,给出了两种解决方案。

这两种解决方案的共同之处在于,都从人类的自然状态出发,并基于对自然状态的不同解读,为现代政治共同体的正义性寻求理性主义的论证。然而,利益政治与道德政治的政治理性主义论证在为政治国家寻求坚实基础的同时,反倒遗忘甚至遮蔽了在古典政治哲学视域中曾扮演重要角色的市民社会的政治经济学意义。在此意义上,肇始于苏格兰启蒙运动的对于市民社会的政治经济学考察,则构成了现代政治哲学语境下重构市民社会及其正义问题必须引起足够重视的思想进路。

第二节 市民社会正义问题的政治经济学再现

如前文所言,对于古典政治哲学而言,市民社会是一个政治哲学和政治经济学双重向度相统一的概念。但是在现代性的政治哲学和政治经济学视域中,这种统一性发生分裂。一方面,利益政治和道德政治虽然对市民社会给出了截然不同的定位,但都认为市民社会是政治正义诞生必须解决的消极

---

[1] 卢梭.社会契约论[M].3版.何兆武,译.北京:商务印书馆,2003:20-21.

[2] 张盾."道德政治"谱系中的卢梭、康德和马克思[J].中国社会科学,2011(3):52-68.

对象,即只有克服市民生活的私人性才能成就政治生活的正义性。另一方面,苏格兰启蒙运动发起了对市民社会的政治经济学考察,强调市民社会是社会正义诞生的积极场域,表征的是社会状态对自然状态的超越。苏格兰启蒙运动的实证主义考察在黑格尔的法哲学体系获得了思辨的重构,通过把经济学意义上的"商业社会"提炼为哲学意义上的"需要的体系",黑格尔进一步明确了现代市民社会的社会历史意义,这既为深入理解和认识市民社会所蕴含的现代性正义问题还原了真实的理论语境,也为超越和解决现代市民社会的正义问题开创了伦理政治的进路。

一、作为"商业社会"的市民社会

苏格兰启蒙运动的思想家们对于市民社会的考察主要体现在将其作为商业社会的定位。在亚当·弗格森、大卫·休谟、亚当·斯密的著作中,尽管对于将市民社会作为商业社会的理解有所差别,但是思想家们都强调现代市民社会是建立在社会分工以及商品交换的普遍发展的基础上的,社会物质财富的普遍增长伴随着个人自由和社会正义的普遍发展。

苏格兰启蒙运动对于市民社会的考察肇始于亚当·弗格森。弗格森认为,市民社会就是"国家社会",市民社会虽然是追求利益的个体的共同体,但个人在追求利益的同时,也会提高自身的"公共意识"。"社会利益和个人利益是很容易调和的。如果个人每时每刻都能够考虑到公众利益的话,那么在付出这种考虑的同时,他得到了他毕生所能享受到的最大的幸福;社会能给个人带来的最大的幸福在于使人人都会依恋社会。人民最热爱的国家是最幸福的国家;一心为社会考虑的人是最幸福的人。在社会中,他们找到了慷慨和热忱的目标,找到了施展才华、发扬美德的空间。"[1]可见,弗格森把市民社会看作在利益交往关系中孕育和培养现代社会公共精神的双重场域,看作超越人类自然状态的有教养的社会、文明社会。

同时,弗格森强调,市民社会的"教养"和"文明"是在社会分工和商业交往的基础上形成的,现代市民社会与人的自然状态和古典公民社会的区别在于,现代市民社会不是政治社会,而是商业社会或市场社会[2]。然而,在亚当·斯密看来,有教养的商业社会或市场社会实质是一个矛盾的社会,它既

---

〔1〕 弗格森.文明社会史论[M].林本椿,王绍祥,译.沈阳:辽宁教育出版社,1999:63.
〔2〕 植村邦彦.何谓"市民社会":基本概念的变迁史[M].赵平,石路明,王景辉,等译.南京:南京大学出版社,2014:50.

具有人类公共意识的"文明性",也具有人类自私本性的"野蛮性"。所以对于弗格森而言,"有教养的社会是一个充满矛盾的、具有两面性的社会"〔1〕。而为解决这一矛盾,斯密认为,应当将市民社会从"政治社会"的传统中彻底剥离开来,塑造为"商业社会"或"市场社会"。所以,作为商业社会的市民社会的旨趣便不是引导和教养公民向往公共善,而是成就公民对私人利益的追求和全社会的财富增长,进而理解市民社会的科学从政治学彻底转变为政治经济学。

斯密虽然没有就市民社会做过专门性的探讨,但当他以劳动价值论为西方市场经济奠定政治经济学理论基础时,实际上对现代社会的定位始终是商业社会或市场社会。对于斯密而言,现代社会较之古代社会,最大的区别就在于,社会由理性自利的个人组成,而维系他们的交往的中介不是个体的道德品质(德性),也不是城邦的政治公共善(正义),而是在分工基础上所形成的现代经济交换体系(利益)。

在《国民财富的性质和原因的研究》一书中,斯密探讨的主题尽管是现代社会财富的本质、来源以及积累等问题,但是斯密探讨的前提却是基于对现代社会人性的普遍假定,即人的本性是自私自利,现代人以理性计较的自然本性形成与他人的社会交往。进而,社会交往的前提和目的都是为了满足自身的需要和利益。正是基于这种理性计较的审慎自利本性,社会分工及其基础上的社会互利才得以实现。"我们每天所需的食料和饮料,不是出自屠户、酿酒家或烙面师的恩惠,而是出于他们自利的打算。我们不说唤起他们利他心的话,而说唤起他们利己心的话。我们不说自己有需要,而说对他们有利。"〔2〕

斯密的这一人性判断构成其政治经济学体系的前提。当斯密提出,现代经济交往体系的运行可以独立于政治权力的操纵,即以"看不见的手"代替"看得见的手"的时候,他实际上已经完成了对现代社会的一种全新的诠释。这就是,现代社会的本质是商业社会或市场社会,这种社会的本质去除了古代市民社会的政治公共性,现代市民社会的社会公共性只能在经济学语境下获得再现。因为只有在政治经济学语境下,劳动才真正获得了社会承认,劳

---

〔1〕 植村邦彦.何谓"市民社会":基本概念的变迁史[M].赵平,石路明,王景辉,等译.南京:南京大学出版社,2014:57.

〔2〕 斯密.国民财富的性质和原因的研究:上卷[M].郭大力,王亚南,译.北京:商务印书馆,1972:14.

动所创造的财富以及个人对于财富的占有即财产,才突破了个人性而获得公共性意义。正如马克思所指出的:"旧的市民社会直接具有政治性质,就是说,规定了他的政治关系,即他同社会其他组成部分相分离和相排斥的关系。因为人民生活的这种组织没有把财产和劳动上升为社会要素。"[1]

基于马克思的这一重要判断,我们就能够理解,斯密的政治经济学研究何以对重新理解现代市民社会正义问题具有重要价值。斯密对资本主义生产方式的理论研究,正是以政治经济学的视角自觉把"财产和劳动上升为社会要素",从而以政治经济学的语境再现了现代市民社会的政治哲学意义。换言之,不同于古典政治哲学的公民政治视角,也不同于现代政治哲学的利益政治和道德政治视角,斯密的政治经济学彻底跳出政治哲学语境中的市民社会理解,而以政治经济学实现对社会正义的重构。

所以在这个意义上,重构现代社会的正义性,不仅不能再基于政治哲学的视角,而且必须克服政治哲学与政治经济学相交织的矛盾性,从而彻底摆脱政治哲学视角中的政治正义,而转变为基于政治经济学视角重构市民社会的社会正义。

关于商业社会的正义问题,大卫·休谟在《人性论》中率先提出,正义不是自然的结果,而是人为的结果。在西方政治哲学史上,正义一直被看作符合人的自然本性的理念,正义作为一种规范性的理念是自然法而不是人为法。而休谟却提出,正义是在社会资源和个人欲求之间为维护社会秩序而人为设计的结果,也就是说,正义并不是无条件的自然法则,而是有条件的社会约定。而休谟所强调的正义条件和环境正是商业社会。

休谟基于商业社会环境的角度考察正义的起源深刻影响了斯密。如休谟一样,斯密也认为不存在自然正义,正义只是为了克服商业社会的缺陷要求个人所具有的一种美德。在商业社会,个人对自身财产的占有首先应当获得承认,而人与人之间的财产交换关系必须遵守相应的社会契约,否则商业社会将无法存在下去。更重要的是商业社会实际上是一个陌生人社会,人与人之间的感情相对稀少,但劳动分工又要求每个人必须作为一个商人才能生存下去,也就是必须与陌生人交往。因此,商业社会的人与人的关系实际上既不是依附关系,也不是个人关系,而变成一种公共关系。正是这种公共关

---

[1] 马克思,恩格斯. 马克思恩格斯全集:第3卷[M]. 2版. 中共中央马克思恩格斯列宁斯大林著作编译局,编译. 北京:人民出版社,2002:186.

系要求人们的行为必须遵守一定的正义原则[1]。

由此可见,休谟和斯密对于正义的理解都强调正义是为了克服和解决商业社会的缺陷而出现的一种"人为的美德",或者说,商业社会本身是一种基于人的自然状态以及自然理性所构建起来的客观交往体系,而正义则是一种在商业社会的经济活动中才产生的价值观念。因此,两者对于市民社会正义问题的考察实际上秉持的是一种事实与价值二分的研究视角,也就是说,两者将市民社会与正义问题拆分为两个层面的问题,市民社会作为商业社会仅涉经济问题,正义作为人为美德则涉及政治或道德问题。如此一来,经济问题与政治问题被以一种二元中立的思维框架拆分开来,现代市民社会所存在的经济与道德、个人与社会、个体与共同体的矛盾问题似乎也就被破解了。

综上,苏格兰启蒙运动对于现代市民社会的政治经济学考察,主要是通过揭示现代市民社会作为商业社会的基本存在形式展开的。在这一考察过程中,市民社会被理解为尊重个体劳动和维护个体财产权的商业交往的共同体。个体间的交往纽带是基于自身的物质利益需要,劳动分工与商业交换的发展既会加强对个体权利的保护,也会促进政治国家之外的社会共同体的发展。然而,需要注意的是,苏格兰启蒙运动的思想家们对于市民社会正义问题的理解,大都采取一种"权宜之计"的理解进路,也就是都强调正义作为财富分配机制,维护社会秩序的消极规范。这种消极规范实质上是把正义的内涵缩小在财产交换和分配问题上,而舍弃了正义作为人的潜能的充分实现和人的自由和全面发展方面的内涵。

所以在这个意义上,在苏格兰启蒙运动视域中,市民社会的利己原则与公共性的利他原则之间的矛盾,通过其政治经济学的实证主义考察,不仅没有获得解决,反而得到进一步突显。这就是,商业社会的陌生人之间只为了满足个人需要而遵循相应的分配正义原则,但作为社会公共善的载体国家的伦理意蕴被去除,单子化的个人与个人之间、个人与社会之间的割裂关系,不仅没有被弥合,反而由于社会财富的增长、贫富分化的加剧而日益扩大。因此,破解市民社会作为需要的体系所导致的社会正义问题更加突显,那么如何立足于政治经济学又超越政治经济学以重建现代国家的政治合法性?这构成黑格尔在思辨法哲学视角下探索市民社会的批判与重构路径的思想任务。

---

[1] 贝瑞.苏格兰启蒙运动的社会理论[M].马庆,译.杭州:浙江大学出版社,2013:153.

二、作为"需要的体系"的市民社会

众所周知,黑格尔对市民社会的理解是在其国家哲学的框架下展开的。在《法哲学原理》中,市民社会是思辨法哲学体系中从"家庭"到"国家"过渡的一个环节。市民社会包含三个环节,即"需要的体系""司法"和"警察和同业公会"。"第一,通过个人的劳动以及通过其他一切人的劳动与需要的满足,使需要得到中介,个人得到满足——即需要的体系。第二,包含在上列体系中的自由这一普遍物的现实性——即通过司法对所有权的保护。第三,通过警察和同业公会,来预防遗留在上列两体系中的偶然性,并把特殊利益作为共同利益予以关怀。"[1]

不难看出,在上述理论架构中,黑格尔市民社会观的话语形式虽然是思辨哲学,但其关涉的内容却隐含着明显的政治经济学前提。一方面,市民社会作为"需要的体系"是劳动者之间相互需要的满足,需要的体系的实质是劳动所结成的社会关系体系。另一方面,"所有权的保护"即对劳动者占有劳动产品以及财产的权利的保护,也就是对财产权作为需要的体系建构基础的保护。所以在这个意义上,黑格尔虽然在市民社会的第三个环节要把前两个环节中维护个体利益的特殊性上升到公共利益的普遍性,并且合乎其思辨逻辑地引出国家这一伦理实体来解决市民社会的个体利益与公共利益的冲突问题,但是,就其本质而言,黑格尔法哲学语境中的市民社会观,隐匿遵循的是英国古典政治经济学的思想逻辑。换言之,黑格尔是立足于古典政治经济学的市民社会理解以谋求超越市民社会的政治哲学路径。

事实证明,黑格尔青年时期的哲学探索具有强烈的现实感,不仅法国大革命的自由理念深深融入其《精神现象学》的创造之中,而且就其哲学的一般特点而言,克服康德哲学的"主观形式",让哲学沉入对内容的反思也构成黑格尔哲学的基本前提。黑格尔晚年所强调的"哲学是思想中所把握到的时代"的哲学观,构成了其庞大哲学体系的灵魂。当然,毋庸置疑的是,黑格尔哲学是在绝对理念的自我运动中把握时代,但同样毋庸置疑的是,黑格尔确实以关注时代精神为基本的理论旨趣。所以在这个意义上,我们便不难理解,为何马克思在《〈黑格尔法哲学批判〉导言》中,在批判黑格尔哲学的思辨形式的同时,明确强调德国的国家哲学和法哲学在黑格尔的著作中得到了最

---

[1] 黑格尔.法哲学原理[M].范扬,张启泰,译.北京:商务印书馆,1961:203.

系统、最丰富和最终的表述,并进一步强调德国的法哲学和国家哲学是唯一与当代现实保持在同等水平上的德国历史[1]。马克思的论断无疑表明了黑格尔哲学的巨大时代感、历史感和现实感。

那么黑格尔哲学的时代感、历史感和现实感究竟体现在什么地方？对于这一问题的理解,我们通常强调黑格尔哲学对于以英法为代表的资产阶级政治革命的同情和关注,也就是强调黑格尔哲学的政治意义。这固然不错,但是这种理解视角却往往遗忘了影响黑格尔哲学的时代感、历史感和现实感的另一个方面,即英国古典政治经济学关于现代社会劳动、分工、财产和资本等经济要素的分析。实际上,黑格尔在《精神现象学》中关于"自我意识"的分析,正是自觉把政治经济学的劳动概念纳入意识哲学的分析框架中,正如马克思在《1844年经济学哲学手稿》中所指出的:"黑格尔的《现象学》及其最后成果——辩证法,作为推动原则和创造原则的否定性——的伟大之处首先在于,黑格尔把人的自我产生看作一个过程,把对象化看作失去对象,看作外化和这种外化的扬弃;可见,他抓住了劳动的本质,把对象性的人、现实的因而是真正的人理解为他自己的劳动的结果。"[2]马克思的以上论断无疑准确切中了黑格尔哲学的政治经济学前提,即把人理解为通过劳动满足他人需要而确证自身现实性的存在。在这个意义上,深入理解黑格尔关于市民社会作为"需要的体系"的论断,就必须在政治经济学的意义上还原黑格尔关于劳动、需要以及分工的现象学分析。因为市民社会作为"需要的体系"得以可能的前提在于作为"劳动分工的体系"。

与其青年时期对于政治经济学的关注及其思辨辩证法的创立相比,黑格尔在晚年的法哲学体系中,把古典政治经济学直接纳入对于市民社会与国家关系问题的分析中。政治经济学语境中的市民社会构成黑格尔思辨法哲学体系的重要内涵。在1805—1806年的《经济哲学手稿》中,黑格尔说:"同一个人,一方面要为自己和家人考虑,付出劳动。另一方面,要随着契约等的签署,以普遍性事物为目的,为普遍性事物付出劳动。从前者而论,他是布尔乔亚(bourgeois);从后者看,他是市民(citoyen)。"[3]在《法哲学原理》的原

---

[1] 马克思,恩格斯.马克思恩格斯全集:第3卷[M].2版.中共中央马克思恩格斯列宁斯大林著作编译局,编译.北京:人民出版社,2002:205.

[2] 同[1]319-320.

[3] 植村邦彦.何谓"市民社会":基本概念的变迁史[M].赵平,石路明,王景辉,等译.南京:南京大学出版社,2014:81-82.

型——1819—1820年柏林大学的"法哲学讲义"中,黑格尔谈及市民社会时说:"斯密在其著作《国富论》中第一次特别强调了分工。尽管看来似乎有必要设计出这种劳动模式,在这种劳动模式中体现的是思想的力量。"[1]而在《法哲学原理》中,黑格尔更是对斯密、萨伊和李嘉图的政治经济学给予了极高的评价:"政治经济学就是从上述需要和劳动的观点出发,然后按照群众关系和群众运动的质和量的规定性以及它们的复杂性来阐明这些关系和运动的一门科学。这是在现代世界基础上所产生的若干门科学的一门。"[2]

可见,在黑格尔的市民社会理解中,古典现代政治经济学始终扮演着重要的角色,这种影响不仅体现在黑格尔以政治经济学的"术语"探讨市民社会,而且体现在黑格尔把政治经济学对于市民社会正义问题的解决方案,自觉纳入其解决市民社会正义问题的理论框架中。换言之,黑格尔总是透过古典政治经济学的"有色眼镜"来把握市民社会的,正因如此,黑格尔也被誉为"当时能够认识政治经济学真正意义的为数不多的可以同李嘉图并驾齐驱的学者之一"[3]。然而,卢卡奇更为深刻地指出,在古典政治经济学视域中,资产阶级社会的具体问题表现为具体的经济规律。而在黑格尔哲学视域中,这些具体问题不仅得到了一种抽象的唯心主义的反映,而且表明,"黑格尔是唯一理解这个运动的辩证性质并从而发展出普遍的辩证法的人"[4]。因此,如何深入市民社会所呈现的政治经济学规律,同时超越政治经济学语境中市民社会的私人性局限,在直面市民社会正义问题的同时揭露其超越自身的界限,实现对于社会正义的自我革新和内在超越,这在黑格尔的作为"需要的体系"市民社会理论中是有着充分的理论自觉的。

这种理论自觉体现在,黑格尔充分吸收了休谟和斯密在商业社会语境下关于社会正义问题的考察,既强调了商业社会作为需要的体系是单子化的人通过物质生产以及物质交换而与他人发生交往关系,也就是说,商业社会在满足个人私利的同时增进了新的社会公共性的生成。

在前市民社会的家庭关系中,个体依附于血缘、宗法和亲族,尽管可以获

---

[1] 植村邦彦.何谓"市民社会"——基本概念的变迁史[M].赵平,石路明,王景辉,等译.南京:南京大学出版社,2014:79.

[2] 黑格尔.法哲学原理[M].范扬,张启泰,译.北京:商务印书馆,1961:204.

[3] 李光林.哲学家黑格尔的经济学贡献[M].//胡企林.马克思主义来源研究论丛:第十九辑.北京:商务印书馆,1997:642.

[4] 卢卡奇.青年黑格尔[M].王玖兴,译.北京:商务印书馆,1963:24-25.

得一种自然伦理的承认,但其个体人格实际上并不具有独立性。而在市民社会的商业交换关系中,个体通过对物品的所有权而具有独立人格,进而个体间的商业交换是一种"自我意识"之间的相互"承认"。因此,市民社会为现代国家的形成提供了"公共的社会空间",在这一"公共的社会空间"中,"个体作为自由人格和主体以自身的方式追求自身的福利,选择各自的生活方式,同他人进入一种自愿的关系中,这些他人类似地也是自身目的与活动的自由选择者。"[1]但同时,个体在追求自身利益的过程中,也由于社会分工和财富增长导致了市民社会内部的财富分配不均、贫富分化等正义问题的产生。因此,这里涉及的问题是,黑格尔如何认识和解决市民社会的经济生活所带来的积极意义和消极意义?或者说,如何对待市民社会所孕育出来的市场经济的个体性原则和家庭生活所赋予个体的实体性原则?对此,黑格尔一方面强调了市民社会作为现代国家形成的社会公共性前提的来源,是具有启蒙理性精神的和个体人格意识的现代市民,另一方面也强调了市民社会的经济生活本身必然蕴含着伦理实体的意蕴,即"同业公会"作为特定行业或职业的社会共同体,以"第二家庭"的形式承担其个体无法承担的社会伦理责任[2]。

可见,对于市民社会的认识,黑格尔尽管深受古典政治经济学的影响,并自觉以政治经济学的概念形式把握市民社会"挣脱"家庭的意义。然而,黑格尔并未满足于古典政治经济学把市民社会诠释为"理性自利"的个体的集合体,而是始终强调个人通过满足他人需要来满足自身需要的商业行为,同时也是个人获得他人和社会承认的过程,所以个人的经济活动本身就蕴含着社会伦理规范。在这个意义上,我们再来看黑格尔国家理论之于解释和解决市民社会问题的意义就比较清楚了。这就是,黑格尔的国家不是外在于市民社会以法律和道德约束市民社会的权力体系,而是内在于市民社会本身的"特殊性"和"普通性"的张力关系中,也就是说,是在市民社会所塑造的个人原则和公共原则的张力关系中,发挥对于市民社会的伦理规范。

正是在这个意义上,我们才能理解黑格尔以民族国家超越市民社会这一思想进路的理论意义。这就是,从整个西方市民社会概念史的角度看,被现代政治哲学和现代政治经济学肢解的古典市民社会概念,在黑格尔那里以国家哲学的形式加以重构。黑格尔的国家理论是对现代政治哲学秉持的公共

---

[1] 伍德.黑格尔的伦理思想[J].黄涛,译.北京:知识产权出版社,2016:394.
[2] 黑格尔.法哲学原理[M].范扬,张企泰,译.北京:商务印书馆,1961:249.

性原则和现代政治经济学秉持的个体性原则的内在整合。换言之,对于黑格尔的市民社会理论及其与国家关系的认识,我们既不能激进地以启蒙理性和自由主义的范式加以考察,也不能保守地以宗教神义和民族主义的范式加以考察,而是应看到黑格尔是在两者的张力关系中完成对市民社会的重构。诚如日本学者植村邦彦所言:"站在这种'国家'的高度上,将其与卢梭所批判的'国家=市民社会'和《国富论》的'文明化的商业社会'重合,得到的便是黑格尔独创的新'市民社会'概念。"[1]

如果说黑格尔的国家哲学完成了对政治经济学语境中市民社会及其正义问题的批判与重构,那么黑格尔以市民社会——国家的框架结构把握市民社会,则不仅促使了青年马克思以反思和批判政治解放的国家观念为契机,将其思想重心由政治批判转变为市民社会批判,而且黑格尔思想框架下所突显的个人需要与社会正义之间的矛盾关系,更推动了马克思重新回到政治经济学批判语境下,通过对资本主义生产方式的社会历史考察,完成对资产阶级社会正义的再批判与再重构。

第三节 《资本论》语境中的市民社会批判

马克思对于市民社会的理解经历了从政治批判到政治经济学批判的转变。尽管在《德法年鉴》时期,马克思的市民社会主要是作为与政治国家相对应的概念出现,这一时期的市民社会批判也主要是为了揭示资产阶级政治解放的限度,但是,对于政治革命与市民革命关系的敏锐把握使得马克思认识到,政治解放的一个积极意义在于市民社会要素从政治存在转变为社会存在,市民社会真正作为市民社会而诞生了。进而,马克思政治批判的重心过渡到《巴黎手稿》时期对于市民社会要素的政治经济学考察。因此,市民社会实际上构成了马克思思想发展成熟的一个重要枢纽,市民社会所内蕴的政治哲学问题也以政治经济学批判的形式获得了再现。在这个意义上,市民社会及其政治哲学问题不仅构成了马克思思想发展逻辑进路的枢纽,而且构成了马克思政治经济学批判的核心议题。

---

[1] 植村邦彦.何谓"市民社会"——基本概念的变迁史[M].赵平,石路明,王景辉,等译.南京:南京大学出版社,2014:87.

一、市民社会：马克思思想发展的枢纽

众所周知，在《德法年鉴》时期，马克思思想的主要聚焦点是通过对黑格尔法哲学的批判性考察，以政治、法和国家批判的视角切中当时德国的现实。因此，马克思这一时期对于市民社会的理解主要是在黑格尔法哲学的市民社会与国家的思想框架中展开。尽管思想框架局限于黑格尔的法哲学，但是思想的重心与黑格尔存在实质差别。这一差别就是，不同于黑格尔以国家的逻辑先在理念层面解决市民社会的现实问题，而是强调国家、法和政治只有立足于现实的市民社会才能得到真实的理解。这就是我们通常基于《黑格尔法哲学批判》所总结的命题："不是国家决定市民社会，而是市民社会决定国家。"然而，关于这一命题的理解，学界要么强调其对于黑格尔法哲学的思辨本质的揭示，要么强调其对于开启历史唯物主义思想框架的意义，却较少基于市民社会本身之于马克思思想发展的逻辑进路的意义有所关注。

实际上，"市民社会决定国家"对于我们从总体上把握马克思思想发展的逻辑进路，其最为重大的意义在于它开启了马克思基于政治经济学语境考察现代性政治本质的理论路径。在《论犹太人问题》中，马克思指出："完成了的政治国家，按其本质来说，是人的同自己物质生活相对立的类生活。这种利己生活的一切前提继续存在于国家范围以外，存在于市民社会之中，然而是作为市民社会的特性存在的。"[1]现代政治解放对于市民社会中所存在的出身、等级、文化程度、职业和财产状况的差别的废除，只是抽象的形式上的废除，这些差别不仅没有在现实中被废除，而且恰恰是通过这些差别的存在，政治国家的抽象普遍性才得以可能。所以，在马克思看来，资产阶级政治解放的成果——政治国家不仅无法从根本上消除市民社会确证自身利己主义本质的要素，反而以这些要素的存在为前提。也就是说，以占有私有财产为目的的市民社会的利己生活只是被政治国家的公共性表面上剔除，而实际上市民社会反倒成为现代性政治的主体，政治国家实际上是客体，因为政治国家只有确证和保护这种利己生活才能获得自身作为公共性存在的合法性。

因此，所谓"市民社会决定国家"正是对于以上现代性政治本质的揭露，而且更重要的是，既然市民社会成为决定政治国家存在合法性的主体，那么

---

[1] 马克思,恩格斯.马克思恩格斯全集：第3卷[M].2版.中共中央马克思恩格斯列宁斯大林著作编译局,编译.北京：人民出版社,2002：172.

考察政治国家的本质就需要通过对市民社会的利己生活要素的考察展开。这个考察正如前文所述,在马克思之前已经由苏格兰启蒙运动的社会理论家、经济学家们发起。在这个意义上,马克思立足于市民社会考察现代政治国家的思想方案,既是由黑格尔国家哲学本身的理论困境所决定的,也受到苏格兰启蒙运动的经济学路径考察政治合法性的影响。当然,马克思思想发展的经济学转向不是照搬英国古典政治经济学的实证主义方法,而是立足于黑格尔辩证法的历史总体性,通过揭示市民社会经济要素的社会历史限度,瓦解现代性政治的形而上学合理性。

在《德意志意识形态》中,马克思通过追问人类社会历史发展的前提和基础,强调了物质生产方式及其所决定的社会生活方式是历史之谜的真正解答。而构成以往人类物质生产和生活方式总和的社会形式被马克思明确称为市民社会。在马克思看来,只有借助对市民社会的解剖才能真正解答历史之谜,因为"市民社会是全部历史的真正发源地和舞台"[1]。市民社会之所以是全部历史的真正"发源地"和"舞台",就在于市民社会是"在过去一切历史阶段上受生产力制约同时又制约生产力的交往形式"[2],也就是说,在市民社会中,人类生产方式与交往方式的辩证关系得到了最为集中的展现。要想认清人类交往方式的本质,必须立足于对人类生产方式的考察,这一历史唯物主义原理完全在市民社会中突显了出来。

在这个意义上,《德意志意识形态》中的市民社会观正是对《德法年鉴》时期的市民社会观的深化,因为马克思认识到,市民社会对于国家的"决定"关系不是外在的,而是内在的。所谓内在的,就在于市民社会本身物质生产方式与作为社会交往方式的政治形式——国家之间是内在的嵌入关系。这种内在的嵌入关系体现在,市民社会不仅承载了人与人之间的物质交换关系即商业关系,而且承载了商业关系基础上的社会关系。换言之,市民社会不仅是一种人与人的经济组织关系,而且是人与人的社会组织关系。正是市民社会所承载的这种社会组织关系使得与之相适应的政治共同体得以出现。"市民社会包括各个人在生产力发展的一定阶段上的一切物质交往。它包括该阶段的整个商业生活和工业生活,因此它超出了国家和民族的范围,尽管另一方面它对外仍必须作为民族起作用,对内仍必须组成为国家。'市民社会'

---

〔1〕 马克思,恩格斯.马克思恩格斯选集:第1卷[M].2版.中共中央马克思恩格斯列宁斯大林著作编译局,编译.北京:人民出版社,1995:88.

〔2〕 同[1]87-88.

这一用语是在18世纪产生的,当时财产关系已经摆脱了古典古代的和中世纪的共同体。"[1]从这一表述中不难看到,马克思历史唯物主义视域中的市民社会概念,既不单纯是一个作为"商业社会"的经济学概念,也不单纯是一个作为"需要体系"的法哲学概念,而是一个蕴含着人类社会历史发展的前提和基础的历史存在论概念。

基于以上梳理我们看到,马克思《德法年鉴》时期和历史唯物主义视域中对于市民社会与国家关系的考察的理论意义,不仅体现在思想重心对于思辨哲学的唯物主义"颠倒",而且体现在马克思对于政治国家考察重心由哲学转变为经济学,也就是转变为对于市民社会的物质生产方式的分析。而分析这种物质生产方式必然转向对政治经济学的批判性考察,正如马克思后来在《〈政治经济学批判〉序言》中对自己思想历程的总结中所明确提出的,揭示法和国家的秘密应该立足于对市民社会的考察,而市民社会的实质是"物质关系的总和",所以对市民社会的"解剖"应该到政治经济学中去寻求[2]。透过马克思本人的论述,我们更加确信,对于市民社会的政治经济学考察对马克思的思想发展具有重要的枢纽意义。

实际上,以上论述不仅是马克思对自身思想历程的一个理论总结,而且表明,澄清市民社会问题实际上是马克思政治经济学研究的基本任务,或者说,市民社会问题在马克思的《资本论》及其手稿的创作过程中是有着充分的理论自觉。然而,在《资本论》及其手稿中,马克思极少使用市民社会这一概念,而更多地使用的是资本主义社会或资产阶级社会。对此,有学者提出,市民社会是青年马克思思想发展历程中的过渡性概念,在成熟的政治经济学批判时期,市民社会概念已被资本主义社会所取代。在政治经济学批判语境下,市民社会是异化的资产阶级社会,这是市民社会概念在近代思想史上的批判性转折[3]。也就是说,市民社会在马克思资本批判语境下已经被收缩为市民社会在特定历史时期的表现即资产阶级社会,马克思不再关注一般意义上的市民社会及其问题。

毋庸置疑,从文本所呈现的直接性来看,上述判断自然不错,政治经济学批判时期的马克思确实不再直接使用市民社会的概念,马克思对市民社会的

---

〔1〕 马克思,恩格斯. 德意志意识形态[M]. 北京:人民出版社,2003:75.

〔2〕 马克思,恩格斯. 马克思恩格斯文集:第2卷[M]. 中共中央马克思恩格斯列宁斯大林著作编译局,编译. 北京:人民出版社,2009:591.

〔3〕 王浩斌. 马克思:市民社会批判[J]. 探索,1999(2):62-66.

理解也主要是在资产阶级社会的意义上展开。然而，青年马克思对市民社会问题的持续关注，是否在《资本论》中不再有相应的政治经济学回响？市民社会概念的弃用是否意味着市民社会问题也被马克思所放弃？资产阶级社会的政治经济学批判是否脱离了市民社会的"问题域"？

重新回到政治经济学批判的经典文本，我们发现，马克思确实以资产阶级社会指称市民社会，但这不意味着马克思把市民社会与资产阶级社会相等同。马克思之所以用资产阶级社会指称市民社会，其根本原因在于，资产阶级社会是市民社会的现代典型形态。"真正的市民社会只是随同资产阶级发展起来的；但是市民社会这一名称始终标志着直接从生产和交往中发展起来的社会组织，这种社会组织在一切时代都构成国家的基础以及任何其他的观念的上层建筑的基础。"[1]可见，马克思以资产阶级社会考察市民社会，既不是把两者简单等同起来，也不是以资产阶级社会取代市民社会，而是精准把握到了现代市民社会的问题是以资产阶级社会的形式突显出来的，所以只有把握了资产阶级社会的本质，才能把握现代市民社会的本质。在这个意义上，《资本论》对于资本主义生产方式及其社会关系的考察，并没有忽略和舍弃现代市民社会内蕴的诸多难题，而是以政治经济学批判的话语形式对市民社会问题加以再现，并使其获得了超越性的重构路径。

正如上文所提到的，现代市民社会摆脱古代市民社会的政治性质，表现为市民社会中的两大要素，即劳动以及劳动产品获得社会性质。以斯密为代表的英国古典政治经济学正因为在理论层面总结了市民社会的这一"古今之变"，才被黑格尔誉为"现代世界的基础科学"。因而，尽管在解决现代市民社会的政治危机即个体私利与国家公意的矛盾上，马克思与黑格尔的路径有所不同，但是在政治经济学对市民社会理论再现的评价上，二者却高度一致，即都强调古典政治经济学是达到了对现代市民社会的理论自觉。

由此，我们看到，青年马克思转向政治经济学研究，对现代市民社会的再发现发挥了枢纽意义。现代市民社会及其存在的问题构成了我们透视马克思思想发展轨迹的重要参照。这一重要参照的意义体现在，一方面，市民社会的去政治化是现代市民社会诞生的前提，也是解决现代市民社会危机的一把钥匙。所以，对市民社会的考察必须立足于政治经济学开创的理论语境。

---

〔1〕 马克思,恩格斯.马克思恩格斯选集：第1卷[M].2版.中共中央马克思恩格斯列宁斯大林著作编译局,编译.北京：人民出版社,1995：130-131.

另一方面，不同于黑格尔以国家哲学对古典政治经济学视域中的市民社会加以思辨重构，马克思主张立足于现实人及其历史发展这一历史唯物主义立场，实现对黑格尔思辨哲学和古典政治经济学的双重超越，从而以政治经济学批判揭露现代市民社会的秘密。

市民社会在青年马克思思想发展的逻辑中的轴心作用决定了，政治经济学批判是马克思市民社会理论的内生语境。《资本论》尽管丢弃了市民社会的"概念形式"，但是市民社会概念的"内涵"及其所突显的现代性政治问题，不仅没有被丢弃，反而在更科学、更系统的政治经济学批判体系中获得了批判性的重构。

二、市民社会的政治经济学批判

不同于《德法年鉴》和《德意志意识形态》，在《资本论》中，马克思对于市民社会的剖析主要是述诸对资产阶级社会的剖析。在马克思看来，资产阶级社会是现代市民社会的典型形式，也是现代市民社会问题即个人与社会的矛盾冲突最为剧烈的社会形式。市民社会所蕴含的积极因素和消极因素在资产阶级社会充分暴露了出来。因此，《资本论》对于资本生产本质的考察是对于资本生产所维系的资产阶级社会组织形式的考察，《资本论》的资本批判实质是社会批判。

毋庸置疑，《资本论》对于资本主义生产方式的考察，在其显性意义上，科学揭示了资产阶级社会的物质生产方式和财富增殖的逻辑。然而，我们对于《资本论》的认识和理解，不应当仅仅停留于政治经济学语境中的经济关系，而应当透过经济关系看到《资本论》的真实理论旨趣是揭示"物与物的关系"背后的"人与人的关系"，也就是揭示经济关系背后的社会关系。因为在本质和原则高度的意义上，《资本论》并不是一部仅仅探讨经济问题的经济学著作，而是一部探讨资产阶级社会内在矛盾和危机，探讨资产阶级社会超越自身限度趋向人类解放的可能路径的政治哲学著作。诚如科西克所言：《资本论》是"具体历史实践的奥德赛"，而不是"精神的奥德赛"[1]。因为前者是从具体的劳动产品出发，而后者是从意识出发，它的目的不在于在意识的自我异化的过程中达到对于自身本质的认识，而在于以劳动产品的物化形态的自

---

[1] 科西克.具体的辩证法：关于人与世界问题的研究[M].傅小平，译.北京：社会科学文献出版社，1989：139.

我认识为基础走向革命的实践,并以此结束旅行。所以,《资本论》与《精神现象学》的本质区别在于,它不仅考察系统运行的规律,而且考察系统崩溃的逻辑以及摧毁系统的主体的力量。在这个意义上,《资本论》的政治经济学批判的实质是对资产阶级社会的批判,而对资产阶级社会的批判正是对现代市民社会的批判。或者说,《资本论》是在政治经济学语境下展开对市民社会自我崩溃逻辑的批判。这一批判所聚焦的正是在资产阶级社会的物质关系中所突显的个人与社会的关系问题。

马克思在政治经济学批判语境中对市民社会的批判,是以批判古典政治经济学的个人概念为切入点的。在马克思看来,古典政治经济学家对社会的把握以对人的抽象化理解为起点,即社会是个人基于需要所结成的整体,他人是个人获取需要的手段,自我也成为他人的手段。因此,资本主义社会只存在两种互为手段的个人,即资本家和工人。在《1844年经济学哲学手稿》中,马克思指出:"在国民经济学家看来,社会是市民社会,在这里任何个人都是各种需要的整体,并且就人人互为手段而言,个人只为别人而存在,别人也只为他而存在。正像政治家议论人权时那样,国民经济学家把一切都归结为人,即归结为个人,从个人那里他抽去一切规定性,把个人确定为资本家或工人。"[1]

如果说上述判断只是青年马克思对古典政治经济学市民社会观的初步把握,那么到了政治经济学批判时期,马克思则对政治经济学家视域中的市民社会及其个人假定,给予了更为深入和全面的批判。在《政治经济学批判大纲》中,马克思指出:"我们越往前追溯历史,个人,从而也是进行生产的个人,就越表现为不独立,从属于一个较大的整体:最初还是十分自然地在家庭和扩大成为氏族的家庭中;后来是在由氏族间的冲突和融合而产生的各种形式的公社中。只有到18世纪,在'市民社会'中,社会联系的各种形式,对个人说来,才表现为只是达到他私人目的的手段,才表现为外在的必然性。但是,产生这种孤立个人的观点的时代,正是具有迄今为止最发达的社会关系(从这种观点看来是一般关系)的时代。"[2]

显然,在上述两处论断中,马克思都对古典政治经济学中的个人概念给

---

[1] 马克思,恩格斯.马克思恩格斯文集:第1卷[M].中共中央马克思恩格斯列宁斯大林著作编译局,编译.北京:人民出版社,2009:236.

[2] 马克思,恩格斯.马克思恩格斯文集:第8卷[M].中共中央马克思恩格斯列宁斯大林著作编译局,编译.北京:人民出版社,2009:6.

予了揭示和批判,但不同于前者,后者还强调了市民社会的个人尽管是孤立的,但这种孤立性却伴随着内在的悖论性:孤立的个人与全面的社会关系并存。换言之,现代市民社会的高度孤立化的个人恰恰是以全面的社会关系为基础。本该突破人的孤立性的全面社会关系却加剧了人的孤立性,而高度孤立化的个人却成就了全面发展的社会关系。

对于现代市民社会的这一悖论性特征,马克思认为正构成其超越自身的局限,生成新的人类社会形态的内生动力。在关于人类社会历史的三种形式的概括中,马克思指出:"人的依赖关系(起初完全是自然发生的),是最初的社会形式,在这种形式下,人的生产能力只是在狭小的范围内和孤立的地点上发展着。以物的依赖性为基础的人的独立性,是第二大形式,在这种形式下,才形成普遍的社会物质变换、全面的关系、多方面的需要以及全面的能力的体系。建立在个人全面发展和他们共同的、社会的生产能力成为从属于他们的社会财富这一基础上的自由个性,是第三个阶段。第二个阶段为第三个阶段创造条件。"[1]根据马克思的这一论断,现代市民社会悖论性特征的产生及其超越,正是以对"物"的依赖性为基础。这就是,一方面个人的独立性需要"物"的支撑,另一方面全面的社会关系的形成需要"物"的条件。因此,要想深入理解现代市民社会,并在此基础上认清其何以能突破自身的界限生成新的社会形式,关键在于如何理解马克思在这里所强调的"物"。那么,马克思在这里所强调的"物"究竟是什么呢?

纵观马克思政治经济学批判体系,不难发现,马克思所强调的"物"并非一般意义上的物质实体,而是现代市民社会独特的社会关系——资本。资本是现代市民社会独创的"物",也是现代市民社会破解自身秘密的钥匙。《资本论》对市民社会的批判以古典政治经济学为中介,而古典政治经济学对市民社会的再现就在于对资本作为推动劳动社会化的中介的再发现。因此,《资本论》对市民社会的批判始终围绕着对以资本为中介的社会化劳动展开。以对资本和社会化劳动的关系的批判为轴心,马克思实现了对市民社会的再批判。

如果说在《论犹太人问题》中,马克思虽然基于现代政治解放的本质揭示了市民社会的本质特征,即劳动及其所创造的财产的社会化,却没有对现代

---

[1] 马克思,恩格斯. 马克思恩格斯文集:第8卷[M]. 中共中央马克思恩格斯列宁斯大林著作编译局,编译. 北京:人民出版社,2009:52.

市民社会的劳动何以社会化展开论述,更没有回答劳动的社会化对于市民社会本身意味了什么。那么,只有到了《资本论》及其手稿的政治经济学批判时期,上述问题才获得了系统的剖析。

众所周知,资本在直接意义上是《资本论》的研究对象。资本是以交换价值为载体所构造的社会关系。这种社会关系的魔力在于,在将现代市民社会的双重要素即劳动的社会化(雇佣劳动)和财产的社会化(资本),作为加强自身力量的载体的同时,也为市民社会埋下超越自身界限的"种子"。

在《资本论》中,马克思揭示出,劳动的社会化不仅是资产阶级政治解放的结果,更是资本主义社会资本再生产的前提。劳动社会化的结果是劳动的资本化,劳动从自由劳动转变为雇佣劳动,活劳动所创造的财产由实体性的物质实体,经由商品经济的交换价值体系转变为积累起来的"死劳动"——资本。结果,在"死劳动"对"活劳动"的雇佣关系中,劳动成果的所有权与劳动者相分离,市民社会的内在矛盾就此孕育。"最初,在我们看来,所有权似乎是以自己的劳动为基础的。至少我们应当承认这样的假定,因为互相对立的仅仅是权利平等的商品占有者,占有他人商品的手段只能是让渡自己的商品,而自己的商品又只能是由劳动创造的。现在,所有权对于资本家来说,表现为占有他人无酬劳动或产品的权利,而对于工人来说,则表现为不能占有自己的产品。所有权和劳动的分离,成了似乎是一个以它们的同一性为出发点的规律的必然结果。"[1]

可见,在马克思看来,劳动与劳动产品所有权一致的"同一"在劳动资本化即劳动变成雇佣劳动或劳动力的过程中,走向了劳动与劳动产品所有权相分离的"差异"。而从"同一"向"差异"转变意味着,资本主义生产方式在塑造现代市民社会的全面的社会交换关系和独立个人的同时,实质塑造的是资本家和工人之间畸形的不平等关系。现代资产阶级的政治解放在把劳动从政治的显形的魔爪中解放出来的时候,又把它投入资本这一隐形的魔爪中。因为资本主义生产方式中的个体劳动要转变为社会劳动,必须借助资本逻辑的推动才得以可能,这意味着现代市民社会中所谓劳动的社会化,实质是劳动的资本化。

劳动的资本化引发的劳动与所有权的分离所导致的资产阶级和无产阶

---

[1] 马克思,恩格斯.马克思恩格斯文集:第5卷[M].中共中央马克思恩格斯列宁斯大林著作编译局,编译.人民出版社,2009:673-674.

级的分化表明,资产阶级社会作为现代市民社会的典型形式,既不可能实现个人的真实独立,也不可能实现社会关系的全面发展。因而,要想实现现代人的真实自由和全面发展,不仅要批判资产阶级社会的劳动依赖资本所实现的社会化,而且必须重构劳动社会化的实现路径,重构现代市民社会中个体独立与社会发展之间的辩证关系。只有如此,马克思在《共产党宣言》中所强调的"每个人的自由与全面发展是一切人自由和全面发展的条件",才能获得有别于传统革命政治或解放政治的宏大叙事的"政治哲学"诠释。

第四节 《资本论》市民社会批判的"政治哲学"意义

探讨《资本论》对市民社会正义问题的批判与重构,既需要澄清政治经济学批判语境下的市民社会正义问题的本质,更需要为破解市民社会正义问题提供有效的解决方案。因为《资本论》语境中的正义批判不仅在消极意义上揭示了资产阶级社会正义观的固有矛盾和内在危机,而且在积极意义上通过批判和重构资产阶级社会的公共性,为现代社会正义的重建开辟了新的政治哲学进路。在此意义上,深入阐释《资本论》正义批判的思想内涵和理论意义,必须追问政治经济学批判语境中的市民社会观如何重建社会正义,这种重建何以具有"政治哲学"意义,以及具有何种"政治哲学"意义。

一、公共性的重构与社会正义的重建

通过梳理政治哲学史中的市民社会概念演替、古典政治经济学对市民社会的再现、黑格尔国家哲学对市民社会的超越,我们看到,尽管三者对市民社会分别做出了政治学、经济学和哲学不同路向的理解,但其关注的问题却是共同的,这就是如何理解和建构市民社会的"公共性"。公共性成为我们认识和把握市民社会的政治哲学本质的一把钥匙。

公共性之所以构成认识和把握市民社会的一把钥匙,就因为市民社会尽管在不同时代有着明显的形式差别,但是其核心问题却是共同的,这就是个体与共同体的关系问题。换言之,正是个体与共同体关系在不同时代所表现出的差异,才形成了不同时代市民社会的不同存在形式。而且,正是由于个体与共同体的关系差异,才形成了不同时代市民社会公共性的生成形式,这也直接决定了不同时代市民社会公共性生成中所蕴含的不同形式的正义问题。

在古希腊城邦的市民社会中,个体从属于共同体,共同体是个体存在的前提和基础。在古典政治哲学视域中,市民社会即公民社会,其公共性是以政治公共性的形式存在,这种公共性是以共同体的伦理德性为本位生成的。所以,在这种社会形式中,个体之间的关系通过城邦这一共同体加以维系,人与人的关系是依附性的。而个体的这种公共性存在方式决定了,正义问题的发生还不是真正意义上的社会性的,因为个体行为所遵循的是整个城邦的伦理德性的规范,这种规范具有自然的正确性,也就是说是自然正义的。因此,古希腊城邦的政治公共性与古典政治哲学家们所秉持的自然正义具有同构性。

正如前文所言,与古希腊城邦的市民社会不同的是,当资产阶级政治革命将市民社会从公民社会中解放出来时,也消除了市民社会的政治公共性。结果,政治解放使得市民社会变成个人逐利的战场,公共性由政治公共性转变为社会公共性,由国家事务转变为社会事务。正如马克思所指出的:"国家唯心主义的完成同时就是市民社会的唯物主义的完成。摆脱政治桎梏同时也就是摆脱束缚住市民社会利己精神的枷锁。政治解放同时也是市民社会从政治中得到解放,甚至是从一种普遍内容的假象中得到解放。"[1]因此,现代社会公共性的建立不是基于公共的政治原则,而是基于利己的需要原则,这是资产阶级政治解放的必然结果。

社会公共性生成机制的这一古今之变直接催生了正义形态的现代转变。既然政治解放的结果是市民社会从政治中获得解放,也就是意味着个人从政治共同体中解放出来,人与人的以城邦为纽带的依附关系转变为人与人之间以物质需要为纽带的利益关系。从政治关系到利益关系的转变意味着,公共性的正义性不再是先天的和自然的,而是后天的和人为的。也就是说,正义从自然正义转变为人为正义。在这个意义上,以物质需要为纽带的现代社会公共交往所催生的是真正的社会正义。进而,正义问题也由个人行为和城邦之善是否符合自然正义,转变为公共权力是否符合保护个人利益不受侵犯的社会约定。

对于社会公共性及其正义问题的这一古今之变,卢梭提出要以政治的"公意"超越市民社会的"私利",黑格尔提出要以伦理实体的"国家"超越市民

---

[1] 马克思,恩格斯.马克思恩格斯全集:第3卷[M].2版.中共中央马克思恩格斯列宁斯大林著作编译局,编译.北京:人民出版社,2002:187.

社会"需要的共同体",实际上都是为重构市民社会的公共性和重建现代社会正义给出了各自的思想方案。

实际上,以重构社会公共性来重建现代社会正义不仅是贯彻市民社会概念史的基本主题,也是当代西方政治哲学关注的核心议题。在阿伦特看来,近代以来,劳动由私人领域转入公共领域使得公共领域的性质发生重大变化。公共性不再关涉自由与正义,而降格为维持生存的手段,一切公共事务都是围绕劳动与生存建立起来的。"社会是这样一种形态:只有为生存的目的而建立起来的相互依赖关系才具有公共的意义,一切与单纯的生存相关的活动都被允许公开地表现出来。"[1]进而,阿伦特认为,政治公共性的衰落和社会公共性的兴起,是造成现代社会公共性危机和极权主义诞生的根本原因。阿伦特对现代社会公共性危机的诊断,引发了当代政治哲学自由主义、共和主义、社群主义、新左派等思想流派对重构公共性问题的持续关注[2]。尽管这些流派的关注视角和解决路径千差万别,但其核心主题都关涉如何重建现代人类社会的公共性问题,而其理论建构的实践背景正是发达资本主义社会。

基于以上两点,我们在当代反思和追问《资本论》市民社会批判的"政治哲学"意义时,就需要紧紧围绕《资本论》对公共性的重构和对社会正义的重建问题展开,并且深入追问和阐释《资本论》何以重构社会公共性,重建何种社会正义。只有如此,探讨马克思《资本论》市民社会批判的"政治哲学"意义,才能充分阐明其重要的思想史价值和当代理论意义。

《资本论》对"公共性"的重构以对劳动的社会属性的重构为开端。众所周知,在《资本论》开篇处,马克思通过对商品价值二重性(使用价值与交换价值)的分析以透视劳动的二重性(具体劳动与抽象劳动)。马克思认为这是理解政治经济学的"枢纽"[3]。"劳动二重性"之所以是理解政治经济学的"枢纽",是因为对劳动二重性的揭示表明,商品交换关系背后隐藏的是劳动从具体劳动转变为抽象劳动的社会关系,商品的二重性表征的是劳动从具体到抽象、从自然状态向社会状态的转变。正是在这个意义上,马克思认为,政治经济学批判的商品分析揭示了资本主义社会中劳动的社会性及其秘密,"生产

---

[1] 汪晖,陈燕谷.文化与公共性[M].北京:生活·读书·新知三联书店,2005:78.
[2] 任剑涛.公共的政治哲学[M].北京:商务印书馆,2016:40.
[3] 马克思,恩格斯.马克思恩格斯文集:第5卷[M].中共中央马克思恩格斯列宁斯大林著作编译局,编译.北京:人民出版社,2009:55.

者的私人劳动真正取得了二重的社会性质。一方面,生产者的私人劳动必须作为一定的有用劳动来满足一定的社会需要,从而证明它们是总劳动的一部分,是自然形成的社会分工体系的一部分。另一方面,只有在每一种特殊的有用的私人劳动可以同任何另一种有用的私人劳动相交换从而相等时,生产者的私人劳动才能满足生产者本人的多种需要。完全不同的劳动所以能够相等,只是因为它们的实际差别已被抽去,它们已被化成它们作为人类劳动力的耗费、作为抽象的人类劳动所具有的共同性质。私人生产者的头脑把他们的私人劳动的这种二重的社会性质,只是反映在从实际交易、产品交换中表现出来的那些形式中,也就是把他们的私人劳动的社会有用性,反映在劳动产品必须有用,而且是对别人有用的形式中;把不同种劳动的相等这种社会性质,反映在这些在物质上不同的物即劳动产品具有共同的价值性质的形式中"[1]。由此可见,在资本主义社会中,个体劳动是经由商品这一物的形式才自觉到自身的社会性质,或者说,私人劳动是经由商品形式实现自身的公共性转变。

对于劳动的社会性质或公共性的这种实现形式,《资本论》中做出了前提性的反思:人类劳动的社会性质或公共性经由商品这一物的形式实现出来,这是不言而喻的自然必然性,还是人类社会历史发展的结果?对此,马克思指出,在前资本主义时代,人与人的关系是相互依赖的,物质生产的社会关系以人与人的依附性为特征,进而私人劳动和劳动产品也不是采取虚幻的商品形式,而是作为直接性的劳役和贡赋获得公共性进入社会机构。因此,至少在中世纪,劳动的社会性和公共性并非以商品形式实现,而是直接就具有社会性或公共性。"无论我们怎样判断中世纪人们在相互关系中所扮演的角色,人们在劳动中的社会关系始终表现为他们本身之间的个人的关系,而没有披上物之间即劳动产品之间的社会关系的外衣。"[2]

可见,私人劳动经由商品获得自身的公共性,这并不是劳动的自然属性,而是人类社会历史发展的结果,是只有在资本主义生产方式中才存在的劳动公共性的实现形式。换言之,既然以商品为中介的劳动公共性是历史性的,那么它也就不具有永恒的自然必然性,而只具有暂时的历史合理性。然而,对于以商品生产为基础的劳动社会性的实现形式,资产阶级政治经济学却将

---

[1] 马克思,恩格斯.马克思恩格斯文集:第5卷[M].中共中央马克思恩格斯列宁斯大林著作编译局,编译.北京:人民出版社,2009:90-91.
[2] 同[1]95.

之视为生产劳动本身所固有的属性,并形成了古典政治经济学的范畴体系。对此,马克思提出:"一旦我们逃到其他的生产形式中去,商品世界的全部神秘性,在商品生产的基础上笼罩着劳动产品的一切魔法妖术,就立刻消失了。"[1]

那么,"其他的生产形式"如何实现劳动的社会性和公共性呢?马克思提出,可以设想一个自由人的联合体,在其中,个人劳动与社会劳动的关系不管在生产过程还是在分配过程中,都不需要商品这一形式的中介物,而是自觉的和简单明了的。在生产过程中,"他们用公共的生产资料进行劳动,并且自觉地把他们许多个人劳动力当作一个社会劳动力来使用"[2]。在分配过程中,"这种分配的方式会随着社会生产有机体本身的特殊方式和随着生产者的相应的历史发展程度而改变。仅仅为了同商品生产进行对比,我们假定,每个生产者在生活资料中得到的份额是由他的劳动时间决定的"[3]。进而,"简单明了"的不仅是生产过程和分配过程中的劳动的社会性,更是二者基础之上新的社会公共性的生成。正如美国学者古尔德所言:"资本主义条件下的这种共同性仅仅是以对象化的形式出现的,例如,在机器中,它还没有被承认为主体自己的社会的对象化。在马克思看来,承认作为工人自己创造物的这种共同性是对重新占有作为劳动者自己财产的劳动的客观共同体的根据。于是,社会关系将成为公共的,个人将不再通过交换或生产过程的中介,而直接在人与人的互动中相互联系。"[4]

由上可见,马克思对资本主义社会的公共性的考察以对商品形式与劳动社会性质关系的分析为切入点,以对资本主义生产方式中劳动借助商品完成从私人性向公共性的转变,揭示资本主义社会不具有自然的永恒性,而只具有历史性的合理性,因为这种社会形式的本质是"生产过程支配人而人还没有支配生产过程的那种社会形态"[5],也就是商品形式的公共性支配人的具体劳动的社会。在这个意义上,《资本论》对资本主义社会公共性的重构,是

---

[1] 马克思,恩格斯. 马克思恩格斯文集:第5卷[M]. 中共中央马克思恩格斯列宁斯大林著作编译局,编译. 北京:人民出版社,2009:93.

[2] 同[1]96.

[3] 同[1]96.

[4] 古尔德. 马克思的社会本体论:马克思社会实在理论中的个性和共同体[M]. 王虎学,译. 北京:北京师范大学出版社,2009:58.

[5] 马克思,恩格斯. 马克思恩格斯文集:第5卷[M]. 中共中央马克思恩格斯列宁斯大林著作编译局,编译. 北京:人民出版社,2009:99.

对这种通过商品形式实现人的劳动公共性,并以这种异化的公共性劳动支配人的再生产的社会形式的重建。

《资本论》对市民社会的政治经济学批判表明,马克思对公共性以及社会正义的重建,既没有囿于西方政治哲学的政治公共性视域,也没有囿于资产阶级政治经济学的资本公共性视域,而是在政治经济学批判语境中,通过对资本主义生产方式本身的批判考察,揭示资本主义社会公共性生成的内在矛盾和困境,并以对劳动的社会性的重新考察和建构为基础,重新探索现代社会作为自由人联合体及其所内蕴的新型社会公共性的建构路径。在这个意义上,《资本论》不仅在市民社会批判中完成了社会公共性和社会正义的重建,而且在元政治哲学的意义上,构建了一种完全区别于整个西方政治哲学传统的政治哲学。因此,探讨《资本论》的市民社会批判及其社会正义重建问题,最终的落脚点在于阐明《资本论》的"政治哲学"意蕴。

二、《资本论》的"政治哲学"意蕴

阐明《资本论》的"政治哲学"意蕴,首先需要反思和追问的前提性问题是:什么是政治哲学?对于什么是政治哲学这一问题,不同时代的政治哲学家有着不同的理解,即使同一时代的政治哲学家对于政治哲学的内涵的认识也存在差异。

在列奥·施特劳斯看来,政治哲学就是对于政治事务本性的哲学考察[1]。尽管政治思想和政治科学也以考察政治事务作为自身的任务,但是由于政治哲学的考察方式是"哲学的"而非"科学的",是真理的而非意见的,所以政治哲学与政治思想和政治科学有着实质差别。与施特劳斯强调政治哲学的理论自觉相比,罗尔斯的政治哲学观则更为"务实"。罗尔斯认为,政治哲学之所以产生,就在于它通过研究和反思,能够让我们更加深刻和全面地把握政治理念所关涉的基本概念,从而有助于我们澄清民主政体的制度和政策[2]。也就是说,政治哲学不是为了寻求关于政治事务的真理,而是为了澄清政治制度和政策。而英国政治哲学家乔纳森·沃尔夫的政治哲学理解则更为具体,沃尔夫认为,政治哲学就是在社会自治与政治权威之间寻求合理的规范性原则,所以政治哲学是一门规范性的学科,不同于描述性的学科,

---

[1] 施特劳斯.什么是政治哲学[M].李世祥,等译.北京:华夏出版社,2016:3.
[2] 罗尔斯.政治哲学史讲义[M].杨通进,李丽丽,林航,译.北京:中国社会科学出版社,2011:1.

作为规范性学科的政治哲学在于探讨事物应当是怎样的。[1]

纵观以上著名政治哲学家和政治哲学史家对于政治哲学的界定，我们看到，尽管他们对于政治哲学的对象和使命的理解差别明显，然而，这些界定和理解在一点上却有着耐人寻味的共识，这就是，政治哲学是以哲学的方式谈论政治事务，或者说，政治哲学就是对于政治事务的哲学反思。因此，在这一理解框架下，对于什么是政治哲学这一问题似乎又可以给予某种确定性的定义。套用黑格尔关于哲学的定义，"哲学就是对于事物思维着的考察"，那么"政治哲学就是对于政治事务的哲学的考察"。然而，这一定义毫无疑问也只是对于政治哲学的表面理解，理解政治哲学只有深入到政治哲学究竟如何以"哲学的方式"考察政治事务，才能触及这一概念的本质界定。

在西方政治哲学史上，以"哲学的方式"考察政治事务首先是以哲学作为一种形而上学的思维方式对于政治事务的考察。也就是说，哲学地考察政治事务是指反思和求索政治事务的形而上学基础。众所周知，在柏拉图的《理想国》和亚里士多德的《政治学》中，两位古希腊政治哲学家尽管对于理想城邦生活的思考路径不同，但是其共同之处都认为政治事务应当符合一种形而上学的至善理念，正是这种至善理念构成了城邦政治的形而上学的根基。

近代以来，随着城邦政治生活的世俗化，政治哲学不再以寻求最佳政治制度和人类最好生活为目标，转而为个体权利和自由寻求理性形而上学的基础。我们在霍布斯、洛克、卢梭和康德的政治哲学著作中，都不难看到一种对于人类自然状态的形而上学设定或猜想，尽管这些设定和猜想的理由有所不同。因此，形而上学作为一种哲学思维方式在近代政治哲学传统中，仍然是政治哲学家们以哲学方式考察政治事务的主要方式。进而，我们把这种以追寻政治哲学形而上学基础为基本致思旨趣的政治哲学传统称为"政治形而上学"。

"政治形而上学"作为西方政治哲学的主流传统在黑格尔法哲学中得到了改造。在《法哲学原理》中，黑格尔尽管仍以形而上学地考察政治事务为目标，但是他强调要在政治事务本身所蕴含的辩证关系中把握政治事务，也就是说，政治事务在黑格尔看来不是松散的外在关系，而是植根于人类精神生活的内在有机联系。进而黑格尔就以其形而上学与辩证法相互和解的思辨

---

〔1〕 沃尔夫.政治哲学导论[M].王涛,赵荣华,陈任博,译.长春：吉林出版集团有限责任公司,2009:2.

哲学，将西方政治形而上学传统提升到了新的高度。这个高度就是，政治事务并不具有永恒的价值和意义，其意义和价值只有在人类社会历史发展的矛盾过程中才能获得真实的理解。然而，由于黑格尔所理解的人类社会历史发展的矛盾过程是绝对理念自身展开的过程，进而他实际上仍然没有跳出西方政治形而上学传统。

真正跳出西方政治形而上学传统，实现根本意义上的政治哲学革命的是马克思。对于马克思而言，政治形而上学传统对于政治事务的考察方式本质上并不符合政治事务的本性。政治事务的本性只有立足于政治事务所诞生的真实的社会历史条件中才能加以澄清。正如马克思在青年时期就明确指出的，"神圣形象的自我异化"被揭穿后，揭露"非神圣形象的自我异化"已经成为为政治和法服务的哲学的根本任务。也就是说，哲学地考察政治和法等政治事务，就是要揭露其作为"非神圣形象的自我异化"的本质，就是要推翻一切"使人被奴役、被蔑视"的政治事务。因为马克思的政治哲学不是为了给政治事务寻求形而上学的支点和合理性的"解释"，就其本质而言恰恰是要"改变"乃至"消灭"政治事务。正是通过"改变"乃至"消灭"政治事务，真正的人类自由和解放才能实现。"只有当现实的个人把抽象的公民复归于自身，并且作为个人，在自己的经验生活、自己的个体劳动、自己的个体关系中间，成为类存在物的时候，只有当人认识到自己'固有的力量'是社会力量，并把这种力量组织起来因而不再把社会力量以政治力量的形式同自身分离的时候，只有到了那个时候，人的解放才能完成。"[1]在这个意义上，马克思对于政治事务的哲学考察在出发点上与西方政治哲学的形而上学传统存在根本差别。

这种差别我们将之概括为政治的"哲学"（philosophy of politics）和"政治"的哲学（political philosophy）的差别。所谓政治的"哲学"是指关于政治的哲学，也就是把政治作为哲学研究的诸多对象中的一个，因而政治哲学在此意义上是一种部门哲学或哲学门类。所谓"政治"的哲学则是指政治地去进行哲学思考，也就是把政治实践作为哲学思维的全部出发点和落脚点，在此意义上，政治哲学不是哲学诸多门类中的一种，而就是哲学本身，或者说是作为第一哲学的政治哲学构成其他一切哲学研究的基础和前提。

---

[1] 马克思,恩格斯.马克思恩格斯全集：第3卷[M].2版.中共中央马克思恩格斯列宁斯大林著作编译局,编译.北京：人民出版社,2002：189.

基于以上对于"元政治哲学"的追问和考察,以及对于西方政治哲学传统与马克思政治哲学思想特征的区分,笔者认为,《资本论》市民社会批判与社会正义重建的"政治哲学"意义,只有在"政治"的哲学维度上才能获得真实的阐释。因为《资本论》对于资本主义生产方式的批判与重构,也就是对于现代社会公共性的批判与重构的"政治哲学"意义,不在于为人类现代政治生活寻求形而上学的合理性支撑,而是在政治经济学语境下还原人类现代政治生活的社会存在基础。换言之,《资本论》不是为政治事务寻求形而上学根据的政治的"哲学",而是通过政治地反思和批判资本主义生产方式及其社会权力的运行模式,寻求人类从现代资本主义社会的政治经济结构中解放出来的"政治"的哲学。

因此,作为"政治"的哲学的《资本论》,其市民社会批判与社会正义重建的"政治哲学"意义在于:一方面,《资本论》的"政治哲学"是资本批判语境中的政治批判。《资本论》语境中的社会公共性重构路径,不再是为公共性寻求自然正义的形而上学基础,也不是基于人性的自然状态为公共性寻求合理的社会契约,而是拒斥一切公共性的实体建构路径,将对公共性的考察与重建从实体思维转向关系思维,进而始终把批判与建构的重心牢牢锁定在资本这一现代社会关系的组建机制上,主张从资本所建立的现代社会关系内部寻求社会公共性与正义的超越路径。在此意义上,《资本论》对资本逻辑构筑的交换价值体系及其公共性的批判,也就是对现代社会以资本公共性取代政治公共性的再批判。《资本论》主张以个人自由劳动为基础重构社会公共性,也就是对市民社会摆脱政治公共性意蕴之后的社会公共性意蕴的再建构。

另一方面,《资本论》的"政治哲学"是对现代社会政治经济的总体批判,是在对资产阶级社会的"人体解剖"中阐释人类社会历史发展的规律,求解人类自由和解放何以可能的政治实践逻辑。在《资本论》中,马克思虽然以精细的理论模型考察了资本主义社会的政治和经济的运行模式,但是考察本身并不是马克思的初衷,考察只是理论的手段,批判和变革才是实践的目的。因此。《资本论》对于资产阶级社会公共性及其正义逻辑的考察,从根本上而言,不是为了形成一种理想的理论模型以规范现实,而是在于通过理论模型深化对于现实的把握以改变现实。在这个意义上,考察《资本论》的"政治哲学"意蕴,既不能单独基于政治学视角,也不能单独基于经济学视角,而应当基于政治经济学批判的视角。政治经济学批判立足于"现实的人及其历史发展"的存在论,既批判资本主义生产方式中市民社会的政治经济现实,更批判这种政治经济现实的抽象继续即资产阶级政治哲学和政治经济学。因为《资本论》在"政治哲学"意义上不是关于政治哲学和政治经济学的理论建构逻辑,而是人类社会历史发展的实践逻辑。

基于以上两个方面,笔者认为,《资本论》对于市民社会及其社会公共性的批判与重构,既是对西方政治哲学本身的反思、批判和超越,也是对政治哲学的元理论重构。对于马克思而言,政治哲学不是"关于政治"的哲学,而是"政治"的哲学。"政治"的哲学不是为政治事务探寻合理的形而上学基础,而是通过对政治事务存在方式本身的批判,旨在消解政治公共性作为"非神圣形象的自我异化"与人固有的社会公共性间的疏离,以求解人类的现实自由与解放之道。这也是马克思青年时期就提出并贯穿其一生的思想宏愿。

因此,《资本论》没有直接探讨"关于政治"的哲学的相关问题,这非但不是《资本论》的理论失语,而恰恰表明《资本论》是在对资产阶级政治经济学批判中,确证《资本论》作为"政治的"哲学的独特出场方式。马克思政治哲学的元政治哲学批判特质决定了,我们只有在"政治"的哲学而不是"政治"的"哲学"的意义上,才能真实阐释《资本论》对市民社会批判与重构的"政治哲学"意义,也才能真实理解市民社会之于马克思政治哲学建构的意义。

第六章

革命何以可能：马克思正义批判的理论旨归

澄清马克思的正义观点，需要分析和阐释的论题无疑是众多且复杂的。既需要在方法论基础意义上厘清正义与辩证法的关系，也需要在理论前提意义上分析马克思财产权批判思想与正义的关系，更需要在理论内涵上始终结合马克思政治经济学批判的理论语境，把握马克思正义批判的"问题域"及其内蕴的"显性逻辑"和"隐性逻辑"。然而，论题的众多与复杂不应使我们回避和遗忘马克思正义观点的"理论初心"，也就是马克思探讨和批判正义的根本目的是什么。或者说马克思之所以就正义做出了诸多论断和表述，其根本的理论旨归是什么？是为了建构关于正义的理论体系，还是为了划清与资产阶级和庸俗社会主义的理论界限，为无产阶级革命确立科学的理论动机？正如恩格斯《在马克思墓前的讲话》中所强调的："因为马克思首先是一个革命家。他毕生的真正使命，就是以这种或那种方式参加推翻资本主义社会及其所建立的国家设施的事业，参加现代无产阶级的解放事业，正是他第一次使现代无产阶级意识到自身的地位和需要，意识到自身解放的条件。"[1]因此，尽管马克思正义观研究关涉的论题很多，但就其根本而言，马克思正义观是为其

---

[1] 马克思,恩格斯.马克思恩格斯选集：第3卷[M].2版.中共中央马克思恩格斯列宁斯大林著作编译局,编译.北京：人民出版社,1995：777.

求解"人类自由与解放何以可能"这一历史之谜服务的,换言之,马克思探讨正义的根本目的不是形成关于正义的理论体系,而是澄清无产阶级革命实践的真实理论动机。因此,结合国内外马克思主义学界关于马克思革命理论的研究成果,深入阐释马克思正义批判之于马克思无产阶级革命思想的意义和价值,不论是在政治学层面深化和拓展对于马克思革命思想的理论内涵的理解,还是在哲学层面澄清马克思资本主义批判的价值维度与事实维度、道德论与反道德论之争,深入阐释马克思道德批判和正义批判思想的理论本质,都具有重要的学术价值和现实意义。

第一节 "利益"与"道义":革命动机的二元抉择

马克思正义观问题之所以受到国内外学界的普遍关注,一方面固然是由于正义问题之于马克思主义理论本身的学理重要性,但另一方面正义是否构成无产阶级革命的动机,则是马克思正义观更为直接的需要面对的实践问题。进而,我们的学理关注最终必然要落脚到对无产阶级革命动机的实践关注。而当我们关注无产阶级革命动机这一实践问题时,首先需要关注和反思的问题便是无产阶级的"联合"是否可能以及何以可能的问题。因为正是以这一问题为切入点,当代英美马克思主义分析学派对马克思革命理论提出了质疑,也正是在回应这些质疑和解决这一问题的基础上,马克思正义批判的理论旨归以及马克思正义观的实践意义才能得到深入的阐释。

一、"利益"动机与"道义"动机之争

众所周知,"全世界无产者,联合起来!"是《共产党宣言》的最后表述,也是马克思主义最为激动人心的革命号召。联合起来做什么?革命。什么样的革命?变革资本主义生产方式及其社会形式,实现全人类的自由和解放。然而,全世界无产者何以能够联合起来?联合起来的革命动机是什么?或者说,是什么推动全世界无产者超越民族、文化、信仰和地域的差异,联合起来为全人类的自由和解放而斗争?

一般认为,无产阶级联合起来的动机无外乎无产阶级的阶级利益这一现实旨趣和全人类的自由与解放这一远大旨趣。应当说这种理解固然不错,全世界无产者在作为无产阶级的意义上,具有共同的利益诉求,也具有共同的远大理想。然而,当代马克思主义分析学派对于无产阶级革命动机的分析,

却使得上述理解的自明性遭受到挑战,无产阶级革命作为马克思革命政治理论的核心概念陷入似是而非的境地。深入阐释无产阶级革命的理论旨归,首先需要认真对待马克思主义分析学派对无产阶级革命动机的分析。

英美马克思主义分析的焦点主要集中在对革命动机的利益原则和道义原则解释的反思和追问。其一,利益原则如果是无产阶级革命动机的动力来源,那么无产阶级的阶级利益何以能够真实推动个体超越自身的私人自利而为全体的公共利益献身革命?或者说,个体为何没有选择"搭便车",而是积极参与为公共利益而斗争,其背后的动机究竟是什么?其二,道义原则如果是无产阶级革命动机的动力来源,那么,为何马克思在其著作中反复强调无产阶级斗争要避免陷入抽象的道德和正义说教中,因为道德和正义只是资产阶级所塑造的意识形态,以这种资产阶级的意识形态话语理解革命只能削弱而非增强革命的力量。

显然,如果我们认真对待马克思主义分析学派以上两个方面的分析或者说诘难,当我们再回过头来面对这一问题——全世界无产者的"联合"究竟何以可能,就不能仅仅停留在空泛地强调自由与解放的革命叙事逻辑,而需要结合马克思主义经典作家的论断,真实回应马克思主义分析学派的相关判断乃至质疑,从而对无产阶级的革命动机问题做出深入的反思和阐释。

从马克思主义分析学派对革命动机的两个层面的分析,不难看出,对于无产阶级革命动机的认识,马克思主义分析学派存在着功利主义和道义论两大理解传统。功利主义传统主张,无产阶级的革命动机就在于维护和追求自身的阶级利益,资本主义的生产方式和社会关系是对这种阶级利益的损害,因而构成无产阶级的革命对象,也构成无产阶级团结起来共同革命的动力来源。道义论主张,资本主义在道义上的缺陷,是无产阶级推翻其统治的动力源泉。或者说,无产阶级之所以具有革命动机,在于无产阶级具有崇高的道义追求,这种追求体现在对资本主义在道义层面的不满。

毋庸置疑,功利主义传统和道义传统都可以在马克思主义经典作家的相关表述中获得理论支持。先看功利主义所坚持的阶级利益原则。马克思在不同时期的文本中,都表达了这样一个意思,这就是迄今为止的一切政治解放运动,都是社会上的少数人或一部分人为了本阶级的利益所进行的斗争,而共产主义革命则是无产阶级这一代表着整个社会利益和命运的阶级所进行的斗争。这种斗争不是自私狭隘的少数人为了自己阶级的利益所进行的斗争,而是为了全人类的利益所进行的斗争。

在《〈黑格尔法哲学批判〉导言》中，马克思指出，无产阶级是"一个被戴上彻底的锁链的阶级，一个并非市民社会阶级的市民社会阶级"，这个阶级"表明一切等级的解体"，表明"人的完全丧失，并因而只有通过人的完全回复才能回复自己本身"[1]。在《共产党宣言》中，马克思又指出："过去的一切运动都是少数人的或者为少数人谋利益的运动。无产阶级的运动是绝大多数人的、为绝大多数人谋利益的独立的运动。"[2]在《资本论》中马克思明确提出，"德国社会特殊的历史发展，排除了'资产阶级'经济学在德国取得任何独创的成就的可能性，但是没有排除对它进行批判的可能性。就这种批判代表一个阶级而论，它能代表的只是这样一个阶级，这个阶级的历史使命是推翻资本主义生产方式和最后消灭阶级。这个阶级就是无产阶级"[3]。这些论述无疑都表明一个事实，马克思认为无产阶级的革命事业是全人类的事业，无产阶级的革命目的不是为了少数人的利益，而是为了全人类的公共利益或普遍利益。

再看道义论坚持的道德和正义原则。尽管马克思关于无产阶级革命总是强调要基于对物质生产方式及其基础上的社会结构来认识，也明确拒绝把无产阶级革命的目的理解为争取无产阶级的权利或维护社会正义。然而，在马克思资本批判的各种文本中，我们仍然能看到马克思对于资本主义社会的道德谴责和对于无产阶级阶级命运的道德同情。在《1844年经济学哲学手稿》中，马克思强调异化劳动意味着工人与劳动产品的关系异化到这种地步，即"物的世界的增殖同人的世界的贬值成正比"[4]。在《雇佣劳动与资本》中，马克思指出："资本不仅在活着的时候要依靠劳动。这位尊贵而又野蛮的主人也要把他的奴隶们的尸体，即在危机中丧生的大批工人陪葬，同自己一起葬入坟墓。"[5]在《政治经济学批判大纲》中，马克思指出："现今财富的基

---

[1] 马克思,恩格斯. 马克思恩格斯选集：第1卷[M]. 2版. 中共中央马克思恩格斯列宁斯大林著作编译局,编译. 北京：人民出版社,1995：15.
[2] 同[1]283.
[3] 马克思,恩格斯. 马克思恩格斯选集：第5卷[M]. 2版. 中共中央马克思恩格斯列宁斯大林著作编译局,编译. 北京：人民出版社,2009：18.
[4] 马克思,恩格斯. 马克思恩格斯选集：第3卷[M]. 2版. 中共中央马克思恩格斯列宁斯大林著作编译局,编译. 北京：人民出版社,2002：267.
[5] 同[1]363.

础是盗窃他人的劳动时间。"[1]在《资本论》中,马克思指出:"实际上,他'只要还有一块肉、一根筋、一滴血可供榨取',吸血鬼就决不罢休。为了'抵御'折磨他们的毒蛇,工人必须把他们的头聚在一起,作为一个阶级来强行争得一项国家法律,一个强有力的社会屏障,使自己不致再通过自愿与资本缔结的契约而把自己和后代卖出去送死和受奴役。"[2]

因此,关于无产阶级的革命动机,马克思既明确强调了革命的目的是为了全人类的公共利益,也明确谴责了革命的对象即资产阶级存在着道德层面的缺陷和伪善。由于马克思关于革命动机在利益和道义两个层面都有所强调,这使得英美马克思主义学界自二十世纪六七十年代以来,掀起了一场关于马克思革命动机理论的功利主义理解和道义论理解的激烈争论。

争论首先在艾伦·伍德和胡萨米关于马克思是否以正义的立场批判资本主义的问题上展开。伍德认为马克思对于资本主义的批判是历史总体的批判,而不是基于正义、权利等法权观念的批判,胡萨米则强调马克思对于资本主义的批判是"评价性"的而非"解释性"的,"评价性"地理解资本主义蕴含着不同于法权批判的道德评价。

由此可见,围绕无产阶级的革命动机究竟是阶级利益还是道德正义的争论,成为我们认清当代英美马克思主义分析学派所关注的诸多问题的一个重要切入视角,进而也构成我们认清马克思主义分析学派关于马克思正义观争论的一个重要切入视角。换言之,马克思主义分析学派之所以如此热衷于关注马克思是否认为资本主义是不正义的这一问题,表面上是由"塔克—伍德命题"所引发的学理之争,但是究其本质而言,这一问题所关涉的是究竟如何理解马克思对于无产阶级革命动机的认识和理解。因为如果马克思不认为资本主义是不正义的,那么合乎逻辑地马克思也不会主张无产阶级动机是基于一种道义原则,反之,如果马克思认为资本主义是不正义的,那么从道义层面为无产阶级革命提供充足的理由支撑就具有了学理依据。

因此,深入探讨马克思对待正义的态度及其正义批判的理论旨归,就无法绕开无产阶级的革命动机问题。我们只有把马克思正义批判与马克思的无产阶级革命动机问题结合起来加以探讨,才能真实把握马克思主义分析学

---

[1] 马克思,恩格斯.马克思恩格斯选集:第8卷[M].2版.中共中央马克思恩格斯列宁斯大林著作编译局,编译.北京:人民出版社,2009:196.

[2] 马克思,恩格斯.马克思恩格斯文集:第5卷[M].中共中央马克思恩格斯列宁斯大林著作编译局,编译.北京:人民出版社,2009:349.

派关于马克思正义观研究的真实意义。然而,问题的复杂性在于,关于无产阶级革命动机问题,马克思主义分析学派的利益原则和道义原则在相互争辩的同时,却共同遭遇了来自另一种分析模式的挑战,这就是无产阶级革命动机的"公共利益问题"。

二、"公共利益问题"及其破解路径

关于"公共利益问题",我们还是从马克思主义分析学派的内部争论开始。如果说伍德和胡萨米之争只是在"外围"的意义上探讨资本批判的立场问题,还没有直接触及无产阶级革命动机问题,那么斯金伦与奥尔森关于革命动机的利益与道义之争则直接将革命动机必然关涉的"公共利益问题"突显出来。

斯金伦认为,无产阶级的革命目的就是为满足个体的物质需要,"物质自利"及其所蕴含的"利己主义的功利主义"是革命动机的来源[1]。然而,奥尔森则提出,如果马克思对于无产阶级革命的理解是基于理性自利的理由,那么他必然陷入自相矛盾,这就是个体的理性自利恰恰使得个体为了维护集体利益而放弃个人利益是不理性的。"如果组成阶级的个体采取理性的行为,就不会产生争取阶级利益的行为。"[2]因为"多数人肯定不知道也不关心他们的阶级利益"[3]。

显然,二者争论的焦点在于,如果无产阶级革命只是为了实现无产者自身利益的最大化,那么这种理性自利的解读如何解决无产者与无产阶级之间的个人私利与公共利益的冲突问题。换言之,二者争论实际上面临着一个共同需要关注的前提性问题,这就是无产阶级何以能够超越个体的理性自利,而追求全人类的"公共利益"? 正是在对这一问题的不同解答中,功利主义者和道义论者分别就马克思革命动机给予了不同阐释。因此,"公共利益问题"是英美分析马克思主义探讨马克思革命动机思想的前提性问题,也是焦点性问题。

如果说斯金伦和奥尔森只是提出了问题,那么美国学者艾伦·布坎南则

---

[1] 张霄.集体行动的道德动机:评马克思主义分析学派对革命动机理论的重建[J].江苏社会科学,2008(3):82-87.

[2] 奥尔森.集体行动的逻辑:公共物品与集团理论[M].陈郁,郭宇峰,李崇新,译.上海:格致出版社,2018:126.

[3] 同[2]126.

将这一问题在当代英美分析马克思主义语境下重新提出来,并给予了系统的分析。布坎南在一篇题为《革命动机与合理性》的文章中提出,功利主义传统还是道义论传统在阐释马克思的革命动机理论时,尽管对"公共利益"的理解有所区别,但基本都不否认无产阶级的革命目标是追求全人类的"公共利益"。那么,两者就必须正视无产阶级对"公共利益"的追求其内在的动力机制究竟是什么。或者说,是什么保证了无产阶级在对"公共利益"的追求中,不会陷入一盘散沙,而是联合起来。正是在对这一问题的不同回答中,功利主义和道义论都陷入自身的理论困境中。但也正是在对这一理论困境的揭示中,马克思革命动机理论的重构得以可能。

具体而言,布坎南的分析以人作为理性自利者的设定为前提,提出理性自利的个体与群体所寻求的"公共利益"之间总是存在一个矛盾,这就是"理性自利的要求是:我不付出而又寻求他人的付出上的'搭便车'"[1]。由于"搭便车"是人作为理性自利者的本性,那么在公共利益的寻求过程中,如果每个个体都想成为那个不付出而待他人付出后坐享成果的"搭便车"者,那么作为群体性的革命活动必然是不可能实现的。进而,布坎南认为,我们应该认真对待"公共利益问题"给无产阶级革命动机理论所带来的挑战。

认真对待这一挑战可以从两种情况来看,一种是认为存在公共利益问题,但是这一问题是可以解决的。解决的类型包括三种,即"强制""过程中的利益"和"道德原则"[2]。对于这三种类型,布坎南分别给予了分析并指出三者的解决方案都是不令人满意的。

首先,"强制"的方案认为解决公共利益问题可以借助对个体理性自利的强制性限制,同时以威胁和暴力的手段强迫试图"搭便车"者付出,强迫其投入利他性的公共利益斗争中。布坎南认为,这种方案一方面在马克思关于无产阶级斗争的论述中找不到支持,马克思只是强调革命斗争胜利后需要无产阶级对资产阶级的强制,而对于无产阶级的革命动机,马克思并未述诸强制。另一方面,就其自身的逻辑来看,也存在问题。强制的主体是谁或是由谁来强制?如果强制的主体和刺激因素是无产阶级及其公共利益,那么这实际上是一种解释循环。如果强制的主体是非无产阶级,那么这个阶级的动机是什么仍需要说明,而且其与无产阶级的合作动机也需要进一步说明[3]。

---

[1] 布坎南.马克思与正义[J].林进平,译.北京:人民出版社,2013:114.
[2] 同[1]117.
[3] 同[1]119.

其次,"过程中的利益"的方案强调在革命过程中衍生的利益会激励无产阶级的革命动机。但是布坎南认为,这种方案由于未把衍生利益与公共利益做区分,所以也存在三点困难。其一,联合起来所衍生的利益和无产阶级的利益,二者究竟谁是革命的根本动机? 其二,衍生利益的激励效果在革命实践中实际上是大可怀疑的。其三,无产阶级何以不会由于衍生利益而存在阶级内部由于竞争而发生的分歧? 或者说,衍生利益何以必然是团结无产阶级而非分裂无产阶级,这也需要重新考察[1]。

最后,"道德"的方案认为个体在行动中需要遵循相应的道德责任和义务,这种责任和义务是无产阶级抛却个人私利而追求公共利益的动机。但是布坎南提出,马克思对于资本主义的分析是否遵循道德原则这本身仍存在诸多的疑问。况且,以道德、权利和正义作为革命的动机,马克思一向采取批判的态度,认为这是在开理论的"倒车"。因此,"虽然对资本主义的道德谴责与无产阶级的自我利益都要求推翻资本主义制度,但诉求于道德原则会是多余的,因为自我利益就已足够了。在人的自我利益指示着革命行动的地方,道德上应该起来反抗的规劝是一多余的回音"[2]。

另一种是认为不存在"公共利益"问题。这种理解包含三种理解类型。第一种是"历史唯物主义"的理解,强调个体参与只是社会生产方式变化的一种反应,相对于历史发展的客观规范,无产者个体的"深思熟虑与算计"是一种唯心主义的认识方式,所以只是一种反思性的附带现象,而不是无产阶级革命动机的实质。对此,布坎南认为,马克思从来没有忽视个体的需要和利益,而是强调其受限于以物质生产为基础的社会结构。换言之,无产阶级的个体动机与历史唯物主义并不冲突,否则无产阶级何以是革命者便无法获得解释[3]。

第二种类型是述诸无产阶级的"慷慨无私"。也就是说,无产阶级是一种没有私利需要和欲求的利他性存在,所以也就不存在"公共利益问题"。对此,布坎南认为这是对人性的一种极端片面的认识,对于无产阶级而言也是虚假的,因而无须多做解释[4]。

第三种类型是对"合理性的历史主义批判"。这种理解认为,所谓个人和

---

[1] 布坎南.马克思与正义[M].林进平,译.北京:人民出版社,2013:121.
[2] 同[1]124.
[3] 同[1]125.
[4] 同[1]126.

群体的利益最大化的自利性原则,是基于资产阶级的合理性原则塑造起来的,而马克思所理解的合理性,总是受到历史条件的制约,也就是说,不存在绝对的合理性自利。而公共利益问题的产生,正是把资产阶级的合理性与合理性本身混淆了,进而也不能以资产阶级的合理性来界定无产阶级的合理性。对此,布坎南认为,社会主义的合理性是否存在本身仍需要进一步论证,而且即使承认社会主义合理性存在,那么这种合理性与物质利益的关系究竟如何也需要进一步的解释,至少这种合理性不能是马克思所批判的道德和正义原则[1]。

布坎南基于"公共利益问题"对马克思革命动机思想所提出的一系列辩难,其直接理论批判的靶子是功利主义关于革命动机论证的内在逻辑困境,但是其更为深层的理论批判目的是挑战道义论基于道德原则对革命动机的论证。正如他所言:"那些想通过承认道德原则的重大作用来复兴马克思的革命动机理论的马克思式的批评者将迫使自己承担一项艰难任务。他必须提出一个充分的道德原则或一套道德原则。然而,我们有理由相信,最宽泛地承认道德原则无法解决越发严重的公共利益问题。"[2]在这个意义上,布坎南基于"公共利益"问题向功利主义和道义论均提出了尖锐的理论挑战,如何认识和解决这一挑战对马克思革命动机理论所带来的破坏性解读,构成马克思革命动机理论当代阐释应予以充分重视的理论前提。

实际上,纵观马克思主义分析学派关于无产阶级革命动机的争论,布坎南尽管系统总结和提炼了问题,但其提问方式并不算新颖。其分析的前提和其他英美马克思主义学者一样,都把无产阶级的革命动机与无产者个人的革命动机等同起来,进而个人利益与公共利益的矛盾问题才构成其分析的重心。但是,布坎南的分析却是对英美学界相关论述的清晰概括和总结,并以"公共利益"为分析焦点把英美学界分析的理性自利人的假定推向了极致,进而也充分暴露了英美马克思主义学界关于革命动机问题探讨的理论缺陷。

问题的关键在于无产阶级是否是一个由理性个体组成的群体?或者说,无产阶级是否是一个诸多个人外在组合而成的群体?如果无产阶级是由理性个体组成的群体,那么每个个体都需要为自身的行为寻求根据,不管这个

---

[1] 布坎南.马克思与正义[M].林进平,译.北京:人民出版社,2013:127.
[2] 同[1]129.

根据是功利主义的利益,还是道义论的道德或正义。基于此,以个人利益为至上原则的个人何以会追求"公共利益",这确实构成了一个问题。然而,我们暂且不论无产阶级是否是一个由个人组合而成的实体性概念,仅就马克思的个人概念本身而言,将其理解为理性自利和趋利避害的个人就值得重新加以考察。

众所周知,早在1843年的《论犹太人问题》中,马克思就指出,自私自利的人的产生是政治解放的一个结果,即在市民社会中,人把他人看作实现自身利益的工具和手段,"人作为孤立的、退居于自身的单子的自由"[1]。也就是说,作为单子化的、自私自利的人只存在于市民社会这一社会发展的特定阶段,而并不是人所固有的本性。换言之,自私自利的个人本身是一个社会历史的发展结果,进而它也必然会随着社会历史的发展而消失。在1845年的《关于费尔巴哈的提纲》中,马克思更明确地指出,"人的本质不是单个人所固有的抽象物,在其现实性上,它是一切社会关系的总和"[2]。因此,"单个人所固有的抽象物"并不是人的真实本质,人的本质是由社会关系的总和决定的,人究竟是理性的还是感性的,是利己的还是利他的,是由人所处的社会关系所决定的,不存在独立于相应社会关系的抽象的个人。更重要的是,在《关于费尔巴哈的提纲》中,马克思强调社会关系是在人能动地改造世界的实践活动中产生的,"全部社会生活在本质上是实践的"[3]。因此,作为全部社会关系总和的人不是在感性的自然欲望和情感中确证自身的存在,而是在感性活动的物质生产中生产自身。

马克思关于社会关系中的个人理解在《德意志意识形态》中得到进一步的阐述。"个人总是'从自己出发的',但是,他们不是唯一的,意即他们彼此不是不需要发生任何联系的,由于他们的需要即他们的本性和满足自身需要的方式,把他们彼此联系起来(两性关系、交换、分工),因而他们必然要发生相互关系。此外,他们不是纯粹的我,而是作为处在他们的生产力和需要的一定发展阶段上的个人而发生交往的,同时这种交往又决定着生产和需要,因而正是个人间的这种私人的、个人的关系,他们作为个人的相互关系,创造

---

[1] 马克思,恩格斯.马克思恩格斯全集:第3卷[M].2版.中共中央马克思恩格斯列宁斯大林著作编译局,编译.北京:人民出版社,2002:183.

[2] 同[1]60.

[3] 同[1]56.

了并且每天都在重新创造着现存的关系。"[1]可见,物质生产活动及其在此基础上所形成的生产关系才是认识个人本质的基础,换言之,物质条件之于个人而言不能简单地看作一种物质利益追求,在物质资料生产中生产自身的存在条件和社会关系,这构成个人自我认知的社会存在结构。因此,物质生产方式不仅是物质如何生产的事实性结构,而且是人如何生产的价值性结构。正是在这个意义上,马克思对于资本主义生产方式的考察,考察的就不仅是资本主义社会中物质的生产方式,而且是资本主义社会中人作为社会关系存在的自我生产。

在资本主义社会中,个人满足自身物质需要的前提是为他人提供物质需要,也就是说,个人是在与他人的物质交换关系中存在并生产自身。所以,资本主义的物质生产方式不仅是一种物的生产模式,而且是人的交往模式。在这一模式中,分工意味着个人劳动的社会意义是以间接而非直接的方式实现的,结果一种凌驾于个人之上的物的力量——资本被生产出来。资本是分工的结果,也是进一步促进分工的前提。因此,马克思指出:"个人力量(关系)由于分工而转化为物的力量这一现象,不能靠人们从头脑里抛开关于这一现象的一般观念的办法来消灭,而是只能靠个人重新驾驭这些物的力量,靠消灭分工的办法来消灭。"[2]所以,要对抗资本这一物的力量和消灭分工,仅凭个人的力量是无法实现的,必须借助于共同体。但这种共同体不是国家这一"虚假的共同体",因为国家只体现一部分统治阶级的利益或者说一部分个人的利益,只有一部分的个人在这个共同体中是自由的,只有在"真正的共同体"中,个人才能真正联合起来,并通过这种联合消灭分工实现自由。显然,马克思这里明确强调了独立的个人只有在共同体中才存在,也只有在共同体中才能驾驭和克服"物的力量"对"个人力量"的奴役。在人类社会历史发展的过程中,个人的以他者为满足自身需要的手段的自私自利的存在形式只是历史上的一个阶段,抛开这一阶段,个人总是在共同体中才获得自身存在的意义和价值,也就是说,个人只有在为他人和共同体而存在的前提下才获得自身的存在。

由上可见,对于人的理解,马克思从来不是从人的自然欲望出发,而是始终从人的生产方式及其社会关系出发。个人是什么样的,并不能就其自身而

---

[1] 马克思,恩格斯.德意志意识形态:节选本[M].北京:人民出版社,2003:98-99.
[2] 同[1]63.

言加以规定,而必须结合个人所处时代的物质生产方式及其所决定的社会历史发展阶段加以考察。进而,马克思认为,理性自利的个人只有在市民社会这一特定历史阶段才对人的理解具有解释力,而这一历史阶段既是历史发展的结果,也构成历史发展的前提。因为市民社会由于自身物质生产方式与其生产关系的矛盾而走向崩溃,进而个人的存在方式也将由理性自利的形式走向全面而自由的发展。

由于马克思所理解的人从来不是自私自利的原子化的个体,而是具有自由自觉的类意识,并在物质生产活动中自觉践行这种类意识。因此,马克思主义分析学派关于无产阶级革命动机的探讨,其理论前提即对于马克思的个人概念的误读。这一个人概念的误读决定了,其基于所谓"公共利益问题"关于无产阶级革命动机的阐述和责难也是无效的。因为所谓"公共利益问题",只有在以个人私利至上的市民社会或资产阶级社会中才构成问题,在这里,每个人都以自身利益的最大化作为行为的根本动机和准则,公共利益要么被看作满足这种私利的手段,要么被看作避免个人利益冲突而不得不加以重视的"权宜之计"。

反之,马克思所理解的个人不是抽象的理性自利的个人,而是超越了市民社会的重新发现自身社会性的个人,是在社会历史发展中生成的个人,是在以公共利益为行为动机和准则的共同体中的个人。因而,马克思的个人概念不存在所谓个人利益与公共利益的冲突问题,因为这个问题在马克思看来只能也必然在人类物质生产方式的发展中获得解决。在这个意义上,在理论前提下深入考察马克思主义分析学派的"公共利益问题"对于无产阶级革命动机所带来的理论挑战,必须重新理解马克思的个人概念。只有如此,我们才能深入理解和阐释无产阶级作为革命主体的真实理论意义。实际上,无产阶级作为革命主体是一个在社会历史中形成并获得阶级意识的概念,这个概念既具有理论的建构意义,更具有实践的批判意义。在理论建构意义的层面上,无产阶级既是社会正义问题的表征,也是社会正义实现的希望。在实践批判意义的层面上,无产阶级既是揭示资产阶级社会正义伪善本质的现实例证,也是共产主义社会正义生成的现实担当。因此,当我们试图深入阐释马克思正义批判的理论旨归时,必须深入阐释无产阶级作为革命主体的理论自觉问题。

第二节 "意识"与"结构":革命主体的理论自觉

深入阐释无产阶级革命动机不仅需要走出马克思主义分析学派的"公共利益问题"的陷阱,而且需要对无产阶级作为革命主体有着充分的理论自觉。换言之,我们只有对于无产阶级作为革命主体有充分的理论自觉,才能真正破解马克思主义分析学派基于"公共利益问题"对无产阶级革命动机发起的理论挑战。而对于无产阶级作为革命主体的理论自觉,只有将无产阶级纳入一种社会历史的视域中加以考察才能真正实现,因为无产阶级从来不是经验意义上的个人之组合,而是一个只有在人类社会历史发展的逻辑中才能加以把握的概念。在这个意义上,对于社会历史中的无产阶级概念的充分理论自觉,需要我们既充分认识无产阶级对于自身所处社会历史阶段的阶级意识的自觉,也需要充分认识无产阶级对于自身所处社会历史发展过程的社会结构的自觉。对于前者而言,这种自觉具有历史的历时态性,对于后者而言,这种自觉具有社会的共时态性。只有将两者有机结合起来,无产阶级作为革命主体才能获得完整而真实的阐释,我们才能真正理解无产阶级概念究竟意味着什么。

一、革命主体的"意识"自觉

众所周知,自巴黎公社点燃的欧洲无产阶级革命的星星之火从闪耀到熄灭,自列宁领导的俄国社会主义革命率先在欧洲取得成功之日起,西方发达资本主义国家的马克思主义哲学家们普遍陷入共同的理论疑惑之中。这一困惑就是,既然资本主义生产方式的普遍发展是共产主义革命的现实基础,既然资本生产是自己的掘墓人,那么为什么在世界资本主义最发达的西欧共产主义运动却屡遭挫败,反而资本主义发展最落后的俄国却率先取得了革命的胜利?

正是出于这一共同的理论疑惑,马克思主义哲学家们把反思的焦点直接指向了意识形态问题。其中,既包括葛兰西的文化霸权和夺取文化领导权理论,也包括科尔施对于马克思与哲学关系问题的深入思考,更包括卢卡奇关于资本主义商品生产的拜物教批判的物化理论。尽管这些哲学家的理论侧重点不同,但他们所针对的理论前提却是共同的,这就是发达资本主义国家的无产阶级革命之所以没有取得成功,其根本原因在于发达资本主义国家强大的资产阶级意识形态控制。由于这种控制具有隐匿性和强制性,无产阶级无法自觉到自身的阶级处境,更不会自觉到自身作为革命主体的历史地位。

因此,哲学家们要么强调通过意识形态批判以重新夺取文化和意识形态的领导权;要么强调揭示无产阶级的物化处境,引发无产阶级对自身阶级主体的自我意识;要么科学揭示资本主义生产方式的客观结构,明确无产阶级革命的必然性,等等。其根本目的都是一个,即通过重新反思和阐释马克思主义哲学的本质,以反思和重构无产阶级的革命主体性及其革命动机。在这些反思和重构中,匈牙利马克思主义哲学家卢卡奇基于物化批判理论和辩证法的总体观对于无产阶级革命动机的建构,开辟了一条阶级意识的阐释进路。

在《历史与阶级意识——关于马克思主义辩证法的研究》中,卢卡奇提出,无产阶级的阶级意识不能从经验实际或心理学的角度,通过对人们的生活状况的描述和解释获得,因为人们的生活状况总是由他们所处时代的社会经济结构所规定。因此,阶级意识并不是个人的所思所想的总和,也不是它们的平均值,而是"一种受阶级制约的对人们自己的社会的、历史的经济地位的无意识"[1]。正是由于阶级意识总是由相应社会经济结构所决定的"无意识",所以它容易被看作虚假的或虚幻的意识。

卢卡奇强调,阶级意识的虚假或虚幻性只是当一个阶级意识到自身的社会结构处境,但却无法解决和超越自身的结构处境所带来的问题时,它才是虚假的。在这个意义上,资产阶级尽管对自身的阶级地位和角色有着清楚的意识,但是这种意识由于无法认清自身限度,而被看作非历史的永恒的,那么它也就从清晰转变为虚假。

与之相反,前资本主义时代的阶级意识,由于阶级利益尤其是经济利益仍然与政治、宗教生活杂糅在一起,在这种情况下,"意识形态因素'掩盖'了经济利益"。所以,对于诸如农民阶级而言,由于他们缺乏对自身阶级利益的自觉追求,也就根本不存在阶级意识的问题。

与资产阶级的"虚假"阶级意识和前资本主义社会的无阶级意识不同,无产阶级的阶级意识不仅是真实的和自觉的阶级意识,而且是人类社会最为真实和彻底的阶级意识。因为它既不脱离历史发展的客观结构,也不被历史发

---

[1] 卢卡奇.历史与阶级意识:关于马克思主义辩证法的研究[M].杜章智,任立,燕宏远,译.北京:商务印书馆,1992:108.

展的客观结构所淹没,而是对这一结构的理论与实践相统一的自觉。换言之,无产阶级本身就是社会发展的客观结果,所以无产阶级的阶级意识不是一部分人对自身历史处境的认识,而是人类对于社会历史发展阶段和水平的自觉。在这个意义上,"无产阶级的阶级意识具有不同于别的阶级的阶级意识的特殊功能。同样,如果不废除阶级社会,无产阶级作为阶级就不可能解放自己。因此它的阶级意识,作为人类历史上最后的阶级意识,一方面必须要和揭示社会本质联系起来,另一方面,必须实现理论和实践的越来越内在的统一"[1]。

因此,在卢卡奇看来,无产阶级的阶级意识要想不变成空想社会主义的虚假意识,一定要在理论与实践相统一的意义上加以理解,这意味着阶级意识要"真正和实际地介入历史进程,以及因而实际洞察到物化"[2]。而对于资本主义"物化"现象的洞察,构成资本主义社会危机成熟之前,无产阶级阶级意识真正形成之前,无产阶级克服资产阶级意识形态的侵蚀,克服无产阶级内部的分裂,成为真正"联合起来"的"一把尺子",也是阶级意识的理论功能和革命意义之所在。

由上可见,卢卡奇对无产阶级阶级意识的理解主要从三个层面展开。其一,阶级意识不是个人的心理感受,而是由社会经济结构所决定的客观现实。其二,无产阶级的阶级意识是对历史发展总体的认识,是真正自觉的和理论与实践相统一的意识。其三,阶级意识自觉是以对资本主义社会物化现象的批判为前提,在物化批判中,无产阶级既看清资本主义危机的实质,也真实树立起对自身阶级意识的自觉。

卢卡奇关于无产阶级阶级意识的探讨把物化批判与革命主体的理论自觉结合起来,强调只有立足于马克思辩证法的总体性观点,才能揭示资本主义商品拜物教所导致的物化现象以及物化意识,才能穿透资产阶级意识形态的迷雾,激发无产阶级对自身处境、身份和历史任务的理论自觉。

在这个意义上,卢卡奇的探讨走出了正统马克思主义尤其是第二国际马克思主义的经济利益决定论的观点,把革命动机问题引申到对于资本主义的意识形态批判和革命主体的重构上,具有重要的理论创新价值。然而,卢卡奇对于马克思主义的解读带有明显的黑格尔痕迹,或者说,卢卡奇是借助黑

---

[1] 卢卡奇.历史与阶级意识:关于马克思主义辩证法的研究[M].杜章智,任立,燕宏远,译.北京:商务印书馆,1992:132.

[2] 同[1]142.

格尔哲学重新理解马克思哲学的。这决定了,卢卡奇所理解的无产阶级阶级意识实际上是在黑格尔自我意识哲学的框架下展开的。换言之,黑格尔的自我意识哲学的"主奴辩证法"实际上构成了卢卡奇阐释马克思无产阶级斗争的隐匿逻辑。

关于这方面的探讨,不仅体现在卢卡奇身上,而且构成了20世纪初至20世纪中叶这一历史时期理解马克思哲学的主流,这就是把马克思主义哲学阐释为揭露人在资本主义生产方式和社会关系中异化和物化的哲学,共产主义革命是对物化的揭示和对异化的克服,是实现人性的解放和人的本质的复归。对此,法国著名马克思主义哲学家阿尔都塞在《保卫马克思》一书中将之称为"社会主义的人道主义"。

二、革命主体的"结构"自觉

在阿尔都塞看来,社会主义革命如果被理解为自由和人性的解放学说,这实质上并没有真正摆脱资产阶级意识形态的"总问题",因为资产阶级意识形态就是建立在对人性或人的本质的追问这个"总问题"基础上的。"以往的唯心主义哲学(资产阶级的哲学)其全部领域和阐述('认识论'、历史观、政治经济学、伦理学和美学等等)都建立在人性(或人的本质)这个总问题的基础上。"[1]因此,关于无产阶级革命的理论自觉的理解,阿尔都塞与卢卡奇不仅不同,而且恰恰相反,即区别于卢卡奇的以物化批判为基础的意识形态批判,激发无产阶级阶级意识的"主观性"理论自觉,而是主张重新理解马克思主义哲学"总问题"革命,由此重新阐释无产阶级革命的"客观性"理论基础。由此创建了马克思主义革命动机和无产阶级革命主体建构的另一条路径,即生产结构的进路。

在阿尔都塞看来,在马克思思想的发展历程中,人道主义作为革命动机仅仅存在于马克思的青年时代(1840—1845年)。在这一时期,马克思由于受到康德、费希特、费尔巴哈的影响,存在"自由的人道主义"和"共同体的人道主义"两个关于"人的本质"的理解阶段,并由此对于共产主义革命的理解也是在"人道主义"的"总问题"中加以论述,共产主义是"通过人并且为了人而对人的本质的真正占有;因此,它是人向自身、向社会的即合乎人性的人的

---

[1] 阿尔都塞.保卫马克思[M].顾良,译.北京:商务印书馆,2006:223.

复归"[1]。而无产阶级的革命动机由此也被理解为借助哲学的批判获得自身的"头脑",而哲学也把无产阶级作为实现自身的"人是人最高本质"这一理念的物质力量。

自1845年起,马克思的哲学思想发生了"认识论的断裂",人道主义不再是马克思批判资本主义和阐释共产主义革命的"总问题",关于人的本质的人道主义意识形态被纳入一个新的"总问题"之中加以思考和定位,这个新的"总问题"正内蕴于马克思的历史唯物主义理论之中。"马克思在历史理论中用生产力、生产关系等新概念代替了个体和人的本质这个旧套式的同时,实际上就提出了一个新的'哲学'观。"[2]在这一"新的哲学观"视域中,马克思拒绝空谈人的本质及其占有,而是在物质生产关系及其基础上所产生的社会结构中思考人。进而,人道主义在历史唯物主义理论结构中,是一种只有在物质生产关系结构中才能获得客观理解的意识形态,不再构成马克思批判资本主义和理解无产阶级革命的"问题域"。

阿尔都塞对于马克思哲学的"认识论"断裂的理解,对于历史唯物主义作为马克思哲学"总问题"的阐释,向以卢卡奇为代表的基于物化批判和文化批判视角,重塑无产阶级作为革命主体的理论自觉路径发起了根本挑战。阿尔都塞强调,马克思对于人的理解存在着从人道主义视域向结构主义视域转变的重大变革。因而,自卢卡奇以来的西方马克思主义借助的《1844年经济哲学手稿》的异化劳动理论,实际上正是马克思所摆脱的人道主义的"问题域"。这种基于异化或物化批判所进行的无产阶级革命主体及其革命意志的重塑,最终必然落入资产阶级意识形态的牢笼之中,换言之,以阶级意识理解和阐释无产阶级的革命动机和马克思主义的实践力量,由于囿于青年马克思的人道主义"问题域",是对马克思主义革命的科学性和客观性的遮蔽。

阿尔都塞提出,由于马克思哲学的发展历程存在一个"认识论的断裂",这个"认识论的断裂"的时间标志是1845年,标志性成果是《德意志意识形态》。自此,马克思提出了不同于费尔巴哈人本学和黑格尔辩证法的新的"总问题",代之以生产关系为基本理论结构重新理解人以及人的存在方式,以社会历史发展的多元决定论取代了黑格尔历史辩证法的一元决定论。"认识论的断裂"和新的"总问题"的提出,标志着马克思新哲学的诞生,更标志着无产

---

[1] 马克思,恩格斯.马克思恩格斯全集:第3卷[M].2版.中共中央马克思恩格斯列宁斯大林著作编译局,编译.北京:人民出版社,2002:297.

[2] 阿尔都塞.保卫马克思[M].顾良,译.北京:商务印书馆,2006:225.

阶级革命的动机和目的超越了人道主义立场,而具有自身的理论支撑。对于这一支撑的认识的理解,阿尔都塞在对马克思《资本论》的哲学解读中加以深化,这就是把无产阶级的革命理论纳入对于资本主义生产与再生产关系的科学揭示中。

在《读〈资本论〉》中,阿尔都塞把对马克思主义哲学的非人本主义理解纳入对政治经济学批判的重新理解中,强调马克思政治经济学批判并不是英国古典政治经济学＋黑格尔辩证法的简单组合,而是对政治经济学本身的批判和重构。因为古典政治经济学本质上是以人的自然需要为基础的人本学理论路径,也就是试图在人与人的关系中寻找物与物的关系发生的根源。在这个意义上,卢卡奇所强调的商品拜物教批判正是试图将古代政治经济学的理论路径颠倒过来,即立足于马克思所强调的商品关系实质是物与物的关系掩盖下的人与人的关系,进而强调意识形态批判就是批判物化现象对人的本质的扭曲和遮蔽。与之不同,阿尔都塞却提出,物与物的关系和人与人的关系实际上并不是对立的,也不能相互还原,因为生产关系就是社会关系在物质生产关系中的呈现,物质关系就是人的关系,人的关系也必然以物的关系存在和生成。"生产的社会关系在任何意义上都不能还原为简单的人与人之间的关系,不能还原为仅仅涉及人的关系,因而不能还原为一个普遍模式,即主体间的相互关系的各种转换形式(承认、威望、斗争、统治和奴役等等)。"[1]

因此,无产阶级的革命斗争,其革命对象不是抽象的意识形态,其革命目标也不是实现意识形态话语和领导权的革新,或者说,无产阶级革命既不是为了获取社会承认、反抗统治与奴役,也不是为了获取资产阶级社会所构建的法权正义而进行的斗争。简言之,无产阶级斗争的理论支撑不是人本学的,其革命动机也不是人道主义的。由于作为无产阶级革命基础的马克思主义哲学塑造完全不同于人本学的新的"总问题",那么在这一新的"总问题"结构中所存在的诸多古典政治经济学概念都获得了新的内涵和意义。

可见,在阿尔都塞看来,对于无产阶级革命本质的理解要在马克思主义哲学的新的"总问题"中展开。进而,无产阶级的革命动机由于马克思主义哲学新的概念体系和理论框架的构建,而具有了在根本上区别于人道主义的内涵。无产阶级革命是对资本主义生产关系及其构建的社会结构的根本颠覆,

---

[1] 阿尔都塞,巴里巴尔.读《资本论》[M].李其庆,冯文光,译.北京:中央编译出版社,2008:159.

是对人的自由和全面发展所依存的生产关系及其构建的社会结构的重构。

三、什么是无产阶级

纵观卢卡奇和阿尔都塞关于无产阶级革命主体的阐释，我们看到，他们分别从阶级意识和社会结构两个视角阐释了无产阶级革命的社会历史本质，而二者的阐释又都以对一个前提性问题的深入考察为基础，这就是马克思哲学与无产阶级作为革命主体的关系。正是在对这一关系的深入考察中，卢卡奇和阿尔都塞都拓展和丰富了对于无产阶级作为革命主体的认识，进而也提出了各自对于无产阶级革命动机的认识和理解。

对于卢卡奇而言，马克思哲学的理论本性是对资产阶级意识形态的批判，意识形态批判旨在消除资本主义生产方式所内蕴的拜物教性质，进而促进无产阶级对自身物化处境的觉知，并在此基础上，重新唤起无产阶级被商品拜物教所窒息的革命动机。由于这种观点强调对无产阶级阶级意识的唤起，注重构建无产阶级革命动机的意识自觉，因此，可以将之称为革命动机的"意识自觉"路径。

对于阿尔都塞而言，对资产阶级意识形态的批判不能述诸另外一种意识形态，也就是不能以意识形态来批判意识形态，否则这种批判仍然没有跳出资本主义的抽象的人道主义的理论陷阱。真正的批判必须跳出资产阶级意识形态的"问题域"，所谓跳出"问题域"即立足于资本主义生产方式的客观结构，而非资本主义哲学话语的主观意识。只有如此，才能真正揭示资产阶级意识形态的本质，真正阐明无产阶级革命的科学性。由于这种观点强调对资本主义的生产结构和社会结构的客观认知，这是真实把握无产阶级革命科学本质的前提，因此，我们称之为革命动机的"结构自觉"路径。

尽管卢卡奇和阿尔都塞对马克思哲学以及无产阶级革命动机的认识，对于我们认识和理解无产阶级及其革命本质具有启发意义，然而要想澄清无产阶级革命动机的本质，还是应当回到马克思主义经典作家的著作中。通过回到马克思、恩格斯本人的相关论述，我们才能真正澄清无产阶级及其革命动机问题。

在《神圣家族》中，马克思明确指出："问题不在于目前某个无产者或者甚至整个无产阶级把什么看作自己的目的。问题在于究竟什么是无产阶级，无产阶级由于其本身的存在必然在历史上有什么作为。它的目的和它的历史任务已由它自己的生活状况以及现代资产阶级社会的整个结构最明显地无可辩驳地预示出来了。"[1]显然,马克思这里明确强调了对于无产阶级革命问题的理解,关键不在于追问无产阶级想要什么或其革命的目的,而在于无产阶级本身究竟是什么。因为无产阶级的革命目的并不是由主观性的心理欲求所决定,而是由无产阶级所处的社会处境和社会结构所决定,换言之,无产阶级的革命动机不是个人的和集体的主观目的,而是社会历史发展的客观事实。

既然问题的关键在于如何在社会历史发展的客观事实中把握无产阶级概念,或者说,关键在于澄清无产阶级究竟是什么,那么,我们不妨先梳理一下马克思在不同时期对无产阶级概念的表述。在《黑格尔法哲学导言》中,无产阶级被表述为"非市民社会的市民社会阶级""人的完全丧失""人工制造的贫民",它标志着"社会的急剧解体",是人类解放的物质力量。因此,这一物质力量需要以哲学作为自己的头脑,也就是说需要革命理论的指导,才能成为真正的革命主体。在《德意志意识形态》中,历史唯物主义关于历史和现实的崭新理解,为无产阶级从理论上明确自身的历史地位和历史作用奠定了哲学基础。进而,在《共产党宣言》中,无产阶级是作为"资产阶级掘墓人"的历史角色第一次被明确地提出,"全世界无产者联合起来"不仅是一种主观性的革命号召,更是对无产阶级历史地位和历史作用客观分析的结果。

如果说,在哲学批判和政治批判时期,马克思对无产阶级的理解更多的是在人类解放的语境下展开,那么自1844年开始,马克思则自觉在政治经济学语境下把握无产阶级概念。在《1844年经济学哲学手稿》中,国民经济学关于社会阶级分化的观点成为马克思把握无产阶级概念的前提。马克思认为,国民经济学从私有财产的事实出发,而不对私有财产本身的异化劳动本质加以批判,因而它无法理解无产阶级实质是异化劳动的产物,更无法给出无产阶级扬弃异化劳动和私有财产,实现自身解放的路径。

在《雇佣劳动与资本》中,马克思指出资本与雇佣劳动之间的关系表面上是一致的,但是这种"一致性"实际上是无产阶级对资本的依赖和资本对无产阶级的统治,资本的增殖实质是对无产阶级统治权力的增强。因为资本只有借助雇佣劳动的增加才能使自身增殖,而雇佣工人要想出卖自身的劳动,也只有在资本增加时才能实现劳动力买卖的增加。进而,资本的增加与无产阶

---

[1] 马克思,恩格斯.马克思恩格斯全集:第2卷[M].中共中央马克思恩格斯列宁斯大林著作编译局,编译.北京:人民出版社,1957:45.

级的增加是一种正比例关系。[1]

在《资本论》中，马克思的无产阶级理解始终与资本主义生产方式的批判联系起来，强调无产阶级在这一生产体系中作为被剥削的一方，既构成资本生产的动力源泉，也构成被资本生产体系牺牲和抛弃掉的元素。"在资本主义制度内部，一切提高社会劳动生产力的方法都是靠牺牲工人个人来实现的；一切发展生产的手段都转变为统治和剥削生产者的手段，都使工人畸形发展，成为局部的人，把工人贬低为机器的附属品，使工人受劳动的折磨，从而使劳动失去内容，并且随着科学作为独立的力量被并入劳动过程而使劳动过程的智力与工人相异化；这些手段使工人的劳动条件变得恶劣，使工人在劳动过程中屈服于最卑鄙的可恶的专制，把工人的生活时间转化为劳动时间，并且把工人的妻子儿女都抛到资本的札格纳特车轮下。"[2]

纵观马克思在以上不同时期有关无产阶级概念的表述，我们看到，对于马克思而言，一方面，无产阶级概念并不是一个由个体所组成的事实群体，而是一个在资本主义生产关系及其所构建的社会关系中产生的结构性群体。而且这个客观存在的结构性群体，并不对自身的身份拥有天然的自我意识，而是在对资本主义商品拜物教及其所造成的物化意识的总体认识中，才完成对自身作为无产阶级意识的自觉。这便是为什么卢卡奇强调无产阶级必须在物化批判中激发无产阶级阶级意识的理论自觉。

另一方面，无产阶级不是事实性的个人实存之和，而是在相应意识和结构的共同作用下形成的现实性群体。在这个意义上，无产阶级的革命动机就不能以理性自利的个人目的为基点，而应该以无产阶级作为革命主体的客观目的为基点。因为作为革命主体的无产阶级，其革命的合理性既不是由一种自然客观性的物质利益所决定，也不是由一种抽象主观性的道德法则所决定，而是由社会生产方式本身的发展逻辑和内在结构所决定。这也是为什么阿尔都塞着重强调要避免从人本学立场出发去理解马克思主义哲学，避免从人道主义立场出发去理解无产阶级的革命动机。

实际上，马克思的无产阶级概念既蕴含着意识能动性的一面，也蕴含着客观结构性的一面。而作为两者的统一，马克思总是从以历史作为主观目的

---

[1] 马克思,恩格斯.马克思恩格斯选集：第1卷[M].2版.中共中央马克思恩格斯列宁斯大林著作编译局,编译.北京：人民出版社,1995：348.

[2] 马克思,恩格斯.马克思恩格斯文集：第5卷[M].中共中央马克思恩格斯列宁斯大林著作编译局,编译.北京：人民出版社,2009：743.

与客观目的相统一的角度去理解无产阶级的革命动机。因此,这种革命动机不是个人性的主观目的的外在结合,而是由个人所处的社会生产方式及其所构建的社会关系所内在决定。在这个意义上,作为历史目的的革命动机实质上是个体理性与普遍理性的和解,或者说,是个人的主观目的与历史发展的客观目的的统一。

历史目的体现了历史发展的客观规律对于个人目的的规范性,也就是说具有客观结构性的一面。同时,历史目的的自觉必须借助个体意识,或者说,历史目的只有在个人自觉到自身所处的历史结构时,历史目的才不是抽象的历史主义宏大叙事,而是每个的个人目的客观生成的结果,才会对于每个个人而言都是亲切和具体的。在这个意义上,历史目的又无疑具有意识自觉的一面。

由此,我们再回过头来反观卢卡奇和阿尔都塞对于马克思哲学和无产阶级革命的解读,就会看到,两者实际上分别把握到了马克思对于无产阶级革命本质理解的一个方面。这就是,他们分别阐释了革命主体作为历史目的的承担者所需要达到的双重理论自觉。一方面,无产阶级应当在对资本主义社会发展的总体把握中,自觉到自身的革命动机或目的。这种总体把握内蕴着对于商品拜物教的物化批判和意识形态批判,揭露资本主义"铁的必然性"的形式合理性背后所压抑的革命意志和革命力量。另一方面,无产阶级应当在对于自身社会角色的否定和超越中,自觉到革命的真正价值和旨趣。这就是,无产阶级对于资本主义社会的批判和否定,不仅是否定资本主义的内在合理性与不合理性,而且更重要的是必须彻底跳出资本逻辑与人道主义共同构建的意识形态陷阱。只有如此,无产阶级才能从根本上打破资本主义社会赋予其的雇佣工人这一社会角色。

在这个意义上,透过卢卡奇和阿尔都塞的无产阶级革命理论,我们看到,无产阶级革命意志和革命力量所欲实现的,并不是对资本主义"铁的必然性"的修正,而是从根本上打破资本逻辑所构筑的社会正义结构,重塑一种新的社会正义结构。只有在社会正义结构的重塑中,无产阶级革命才能真正获得充分的理论自觉,而这种理论自觉就是马克思所强调的:"哲学不消灭无产阶级,就不能成为现实;无产阶级不把哲学变成现实,就不可能消灭自身。"[1]

---

[1] 马克思,恩格斯.马克思恩格斯选集:第1卷[M].2版.中共中央马克思恩格斯列宁斯大林著作编译局,编译.北京:人民出版社,1995:16.

在马克思对于无产阶级革命动机的理解中,始终强调革命不是为了追求权利和正义,因为这种追求本身就是对资产阶级权利和正义的确证。换言之,如果说资产阶级正义是资本主义生产方式所塑造起来的社会观念,那么对于马克思而言,这种社会观念并不是无产阶级革命所追求的目标,毋宁说无产阶级革命恰恰是以打破这种社会观念的束缚来实现真正的社会正义。简言之,无产阶级革命不是为了确证正义的哲学,而是要实现哲学的正义。

第三节 "释放"与"解放":革命旨归的当代阐释

在当代哲学语境下反思无产阶级的革命动机,其直接性的理论意义在于,还原马克思革命动机思想的基本内容和理论实质,并在此基础上澄清英美分析马克思主义学界对这一问题的误读和误解。其深层的理论意义在于,只有结合当代资本主义的最新变化,澄清无产阶级革命动机的理论实质,才能真实理解和深入阐释无产阶级革命的理论旨归及其当代价值。

一、"政治革命"与"社会革命"

众所周知,第二次世界大战后,随着发达资本主义国家的自我调整,加之科学技术的迅猛发展,资本主义在生产方式、分配关系、社会福利、社会结构等方面都发生了重大变化。尤其是进入 21 世纪以来,金融资本、虚拟资本、知识资本在缓解资本主义经济危机和社会危机的爆发和自我调适方面,发挥着越来越重要的作用。在上述时代背景下,无产阶级的阶级处境、主体结构、阶级构成也发生了重大变化,无产阶级作为革命主体的理论自觉和革命动机的重构问题,被越来越多的当代西方激进左翼思想家所关注。

在这些关注中,阿伦特虽然不是基于马克思主义的立场为无产阶级革命的合法性做辩护,但却是西方学界比较早的自觉反思马克思无产阶级解放问题的哲学家。阿伦特认为,马克思无产阶级革命理论的实质是将劳动纳入政治话语体系中,"劳动解放"是马克思在西方政治思想史上最为重大的思想创造,也是理解和认识马克思政治理论的重要切入点。在古典政治哲学视域中,劳动是为满足生命物质需要所进行的私人性活动,政治是确证人作为自由存在的公共性活动,所以劳动与政治是两个异质性概念。而马克思的政治哲学则把劳动及其解放作为无产阶级革命的核心原则,在这个意义上,马克思的政治思想在西方政治哲学传统的意义上构成了一种"反传统"[1]。可见,将"营生活动"的劳动上升为确证人的自由的政治哲学概念,这在阿伦特看来是马克思政治哲学"反传统"的一面,也是马克思政治哲学最为独特的一个面向。

阿伦特虽然准确把握到马克思政治哲学与西方政治哲学传统的关系,并且把"劳动解放"作为马克思政治哲学的核心特征与西方政治哲学加以比较,然而,就阿伦特本人所持有的古典共和主义的政治哲学观点而言,他对于马克思以"劳动解放"作为政治哲学的核心议题和根本目标却不以为然。

阿伦特认为,政治革命如果仅仅以劳动这一满足生命物质需要的活动的解放作为旨归,这实际上是对作为政治行动的革命的降格。换言之,如果政治革命仅仅以劳动解放作为目标,那么这不仅无法实现真正的政治解放,而且会导致真正的"政治问题"褪变为"社会问题",或者说,将本来的"社会问题"变成"政治问题",这实际上是对政治的社会化理解。对此,阿伦特强调,将本来是"社会问题"的劳动解放诠释为"政治问题",并以政治的话语模式将劳动解放解读为关乎自由的实现,这虽然是马克思政治哲学的创新之处:"马克思对革命事业最具爆炸性同时也确实最富创见的贡献就是,他运用政治术语将贫苦大众那势不可挡的生存需要解释为一场起义,一场不是以面包或财富之名,而是以自由之名发动的起义。"[2]但是,基于"社会问题"视域中的劳动解放,只是以自由的名义展开对生存利益的追求,或者说,利益被冠之以自由的名义。这决定了,以"劳动解放"为革命诉求的无产阶级革命,把劳动从作为满足人类营生活动的"私人领域",带到了确证人的自由存在于活动的"公共领域"。然而,在阿伦特看来,公共的政治生活恰恰是在"私人领域"结束的地方开始,或者说,恰恰以超越和舍弃对营生活动的关切为前提。因此,无产阶级的"劳动解放"并没有触及真正的政治问题,而只是以政治的话语把劳动剥削这一社会问题政治化。换言之,马克思以政治革命的形式所推动的"社会革命",只是为了追求解决现代社会财富分配不公的生命需要问题,而不可能实现真正的政治自由。"问题是对政治产生这么大影响的马克思自己是否真正关心这样的政治?事实上,他对劳动的阐释赞美,只是对发展着的事态的一种事后的追认;阐释和赞美本身却把所有传统的政治价值完全颠倒

---

[1] 阿伦特.马克思与西方政治思想传统[M].孙传钊,译.南京:江苏人民出版社,2008:12.

[2] 阿伦特.论革命[M].陈周旺,译.南京:译林出版社,2007:50.

过来了,而且必定是要颠倒过来的。"[1]

从阿伦特的这一论述中,我们不难看出,她认为马克思的"社会革命"只是在形式上具有政治哲学的意义,在实质上"社会革命"关心的不仅不是政治哲学的问题,而且是对政治哲学的根本颠倒。也就是说,马克思在劳动解放的意义上把政治哲学的核心问题从自由的实现降格为财富的公平分配,这既是对古典政治哲学的"反叛",也是对现代性作为社会理论形态的政治哲学的确证。在这个意义上,笔者认为,阿伦特对于马克思"劳动解放"思想的把握,既深刻透视到马克思政治哲学的"反传统"特征,也存在着理论的局限,这就是基于古典政治哲学的政治共和主义视角,把"劳动解放"仅仅理解为一种追求财富公平分配的资产阶级政治正义话语,而无法把握马克思劳动解放思想的现代性批判意义,进而错误地把无产阶级解放拉入现代性社会理论的话语模式中加以考察。

阿伦特对于马克思无产阶级革命的把握固然有其局限,但是,阿伦特却敏锐地提出了无产阶级革命理论亟须加以反思和阐释的一个重大理论问题,这就是:无产阶级的劳动解放是否走出了现代性政治哲学的利益政治和道德政治的话语模式?或者说,无产阶级革命对"社会问题"的破解路径,究竟是在现代社会理论框架下展开的,还是具有超越现代社会问题的解放的意义?一句话,无产阶级革命的理论旨归是"政治的"吗?

毋庸置疑,正如阿伦特所言,"社会问题"而非"政治问题"是马克思所理解的无产阶级革命的目标。早在《论犹太人问题》中,马克思就明确指出,政治解放不等于人的解放,政治解放虽然将人从神权政治的束缚中解放出来,但是人仍然处于双重需要的状况中,这就是作为政治公民的存在和作为市民社会成员的存在。前者把人塑造为抽象的政治人格,后者把人变成只关注私人利益的单子。因此,政治解放局限决定了,政治革命是不彻底的革命,因为它只是消灭了市民社会的政治性质,把劳动、财产从"政治要素"转变为"社会要素",而并未对这些市民社会要素本身展开批判。所以,在马克思看来,彻底的革命必须面向市民社会本身,只能是变革市民社会的"社会革命"。

那么,马克思所强调的以市民社会批判推动"社会革命"是以追求社会财富公平分配的分配正义为旨归吗?或者说,"社会革命"以"政治革命"为旨归

---

[1] 阿伦特.马克思与西方政治思想传统[M].孙传钊,译.南京:江苏人民出版社,2008:12.

吗？在《论犹太人问题》中马克思虽未明言，但是透过马克思对政治解放的分析，我们不难发现，"社会革命"并非以实现政治解放所向往的抽象平等、自由和人权为目标，也不应当在功利意义上简单地理解为为了维护市民社会一部分人的物质利益为目标。因为这两者在马克思看来，只是政治解放的目标和结果。人在政治国家和市民社会所得到的所谓"正义"，本质上是有缺陷的。当然，对于这种缺陷，马克思这里还只是在政治批判的层面展开论述，还没有立足于历史唯物主义的视角加以分析，更没有在政治经济学批判语境中结合资本批判加以系统阐述。但是，这并不影响我们理解马克思在阐述革命理论的开端处，就已经明确了无产阶级革命不是以追求商品价值与资本利润的公平分配和雇佣劳动权利的合理占有为最终目标。

因此，在明确了马克思"社会革命"的真实意义后，我们再回过头来看马克思主义分析学派对于无产阶级革命动机问题的分析和责难，就会比较清楚地认识到：所谓利益抑或道义之争，实际上都是在政治解放的"问题域"下展开的内部之争，这些分析和争论看似细致缜密，实质上由于"问题域"的局限，只能在社会利益优先还是政治权利优先、自由优先还是平等优先之间打转，而不可能真正触及马克思无产阶级革命所关涉的真实"问题域"。换言之，由于只能在"政治革命"而非在"社会革命"的论域中理解无产阶级革命动机问题，英美学界分析马克思主义的论争只能将问题遮蔽，而无法真实解决问题。

解决问题的关键在于，在"社会革命"这一新的"问题域"中生成的无产阶级革命动机问题，既不是一个道义问题，也不是一个利益问题，而是由社会革命本身的历史逻辑所决定的问题。在这个意义上，卢卡奇和阿尔都塞关于无产阶级革命的阶级意识和革命本质的追问就触及了问题的本质。然而，二者却只是抓住了社会革命的历史逻辑的一个方面，即要么从社会革命的主观意识层面，强调无产阶级革命需要在资本主义的物化批判中激发无产阶级的革命动力，要么从社会革命的客观结构层面，强调无产阶级革命不是抽象的人道主义革命，而是科学变革资产阶级的生产关系和社会关系。结果，无产阶级所推动的社会革命本身所固有的人的解放问题并没有被整体地和全面地加以阐述。

实际上，无产阶级作为"社会革命"，其区别于"政治革命"的最大特征在于，社会革命只能在实践以及对实践的反思批判中展开，革命目标不可能是既定的某种状况和制度性实体，而是面向现实的革命运动。正如马克思所反复强调的："共产主义是作为否定的否定的肯定，因此，它是人的解放和复原的一个现实的、对下一段历史发展来说是必然的环节。共产主义是最近将来的必然的形式和有效的原则。但是，共产主义本身并不是人的发展的目标，并不是人的社会的形式。"[1]"共产主义对我们来说不是应当确立的状况，不是现实应当与之相适应的理想。我们所称为共产主义的是那种消灭现存状况的现实的运动。这个运动的条件是由现有的前提产生的。"[2]

因此，在共产主义革命的过程中，革命者的联合既不是靠功利性的物质利益加以激励，也不是靠抽象的政治价值观念加以说服，而是通过消除人与人之间联合所凭借的资本主义交换关系，进而消除资产阶级虚假的政治共同体以及社会结构与制度对个人自由的束缚，为共产主义作为真实共同体的实现创造客观的物质条件。正如马克思所指出的："建立共产主义实质上具有经济的性质，这就是为这种联合创造各种物质条件，把现存的条件变成联合的条件。共产主义所造成的存在状况，正是这样一种现实基础，它使一切不依赖于个人而存在的状况不可能发生，因为这种存在状况只不过是各个人之间迄今为止的交往的产物。"[3]

因而，真实把握和深入阐释无产阶级的实践的革命和革命的实践，必须将卢卡奇的阶级意识和阿尔都塞的生产结构结合起来，在对资本主义生产方式和无产阶级历史命运的总体把握中，深化对无产阶级革命主体和革命旨归的认识和理解。在这个意义上，美国哲学家哈特和意大利哲学家奈格里结合当代资本主义生产方式以及社会统治形式的最新变化，对社会革命的主体性问题给予了深入的反思和新的建构。透过哈特和奈格里关于革命主体及其解放路径的探讨，可以进一步拓展我们在当代探讨无产阶级革命的理论旨归的理论视野。

二、从"释放"到"解放"

哈特和奈格里是当代西方激进左翼政治哲学的代表性人物。他们结合当代资本主义的最新变化，立足于后现代主义理论尤其是福柯的生命政治学，对马克思主义革命理论给予了新的阐释。在这些阐释中，关于革命主体

---

[1] 马克思,恩格斯.马克思恩格斯全集：第3卷[M].2版.中共中央马克思恩格斯列宁斯大林著作编译局,编译.北京：人民出版社,2002：311.

[2] 马克思,恩格斯.马克思恩格斯选集：第1卷[M].2版.中共中央马克思恩格斯列宁斯大林著作编译局,编译.北京：人民出版社,1995：87.

[3] 同[2]122.

和革命旨归的论述尤其值得我们关注。

在《大同世界》一书中,哈特和奈格里提出,由于资本主义生产方式的当代变化,资本主义生产的主要形式已经从"物质生产"转变为"非物质生产"。这使得被资本主义生产结构和社会关系所排斥在资本和法律结构之外的新的革命主体诞生,这个革命主体就是"诸众"(multitude)。"诸众"概念的内在规定性主要是"贫穷",正如"共和国的主导形式为财产所规定"。但是"诸众的贫穷并不意味着苦难、剥夺或者匮乏,而是确立社会主体性的生产,结果就是彻底多元且开放的政治体,这个政治体既反对个人主义又反对排他性的、联合起来的用于财产的社会团体。换句话说,穷人指的不是那些一无所有的人,而是那些无视社会秩序或财产、内嵌在社会生产中的广泛的杂多性(multi-plicity)"[1]。因此,"诸众"本质上是被"财产共和国"排斥在外的边缘性群体,它的"杂多性"构成了"共和国"的稳定秩序的持续威胁。显然,哈特和奈格里的"诸众"概念与无产阶级概念存在明显的差别。正如前文所言,无产阶级是一个社会历史概念,或者说是历史辩证法的内在结果,所以无产阶级不是异质性的杂多性"群体",而是具有共同革命目标的同一性"阶级"。

虽然"诸众"与马克思主义传统意义上的无产阶级概念具有重大差异,但哈特和奈格里强调,"诸众"没有背离历史唯物主义的基本理论,而是在"生命政治"语境下对当代无产阶级革命形式的拓展和丰富。因为当代资本主义的"非物质生产"已经使得资本控制不仅限于劳资关系之间的"剩余价值"的榨取,而且表现为现代人的生命被资本和法律共同组建的权力所统治。因此,"穷人不论是否领取工资,都不再处于资本主义生产的历史原点或地理边界,而是日益进入中心地带——因此,穷人的诸众就处于革命性改造筹划的中心"[2]。

基于对革命主体的重新界定,哈特和奈格里对无产阶级革命本质的把握以对"身份政治的困境"的分析为切入点。他们认为,无产阶级革命无法回避"身份政治"问题,因为所有的革命活动都基于相应的身份(阶级、种族、性别、性取向等),但是身份往往又被看作社会隔离和统治本身的一种确证,所以所有的革命活动又都以消灭身份为革命旨归。

进而,"身份政治"必然陷入自身的困境和悖论之中,这就是,一方面,革

---

[1] 哈特,奈格里.大同世界[M].王行坤,译.北京:中国人民大学出版社,2016:25.
[2] 同[1]35.

命奠基于对相应的身份主体的定位和认同,但另一方面,革命又以对相应身份的批判和消灭为旨归。因此,合乎逻辑地,无产阶级革命也难逃"身份政治困境"的影响,它也必须面对这一困境并应当对其做出合理的超越。对此,哈特和奈格里认为,无产阶级革命虽然面临"身份政治"困境,但是,应当秉持的理论态度不应当是回避和逃离"身份政治",而恰恰要通过"身份政治"而"运作",并"从中学习"[1]。

为了克服"身份政治"的困境,哈特和奈格里"运作"和"从中学习"的思想进路是,首先区分了两个概念,即"释放"(emancipation)和"解放"(liberation)。"释放和解放这两个术语的差别在这里非常关键:释放是追求身份的自由,是称为你真正所是的自由;解放则旨在追求自决和自我转变的自由,去决定你能成为什么的自由。固着于身份的政治让主体性的生产陷于停滞;解放则要求介入并接管主体性的生产,使其继续前进。"[2]显然,在这里,"释放"实质上是囿于"身份政治"的自由框架,也就是说追求身份本身所应有的自由,而这种自由在哈特和奈格里看来不仅不是真正的自由,而且是自由的"停滞",因为它并没有冲破"身份政治"对于主体的定义。反之,"解放"则是挣脱"身份政治"的束缚,实现主体的自我生产,进而实现真正的自由。再进一步地,哈特和奈格里这里实际上提出了无产阶级革命旨归的两个层次,即"释放"的层次和"解放"的层次。前者通过改良现有社会制度框架,以使工人获得自身作为工人应有的社会认同,后者则是对现有社会制度框架的根本颠覆,以打破工人作为工人的身份,进而达到人对自身主体性生产的"接管"。

基于"释放"和"解放"的区分,哈特和奈格里提出,无产阶级革命的本质既不是工人通过对社会的改良,从而改善自身作为工人在资本主义社会体制内的境遇,诸如提高工资,获得社会福利、政治认同和社会承认,也不是为了实现社会统治的更替,即由无产阶级取代资产阶级获得社会统治权,并进而实现社会平等。或者说,无产阶级革命的旨归不是"释放",因为"工人可以获得承认甚至是释放,但是他们还是将保持着工人的身份"[3]。无产阶级革命的真正旨归是"解放","解放"意味着"革命的阶级政治必须摧毁工人臣服的结构和制度,从而消灭工人身份,开启主体性的生产以及社会和制度创新的

---

[1] 哈特,奈格里. 大同世界[M]. 王行坤,译. 北京:中国人民大学出版社,2016:232.
[2] 同[1]236.
[3] 同[1]237.

过程"[1]。

可见,在哈特和奈格里看来,与社会改良存在实质差别的是,无产阶级革命的本质是社会结构和制度的根本变革,通过这种根本变革"消灭工人身份"。只有从根本上消灭把人变成工人的社会结构和制度,无产阶级革命才是彻底的,人的自由和解放才可以设想。

循着哈特和奈格里以上关于无产阶级革命与身份政治的关系问题的破解思路,我们再来看阿伦特对于马克思以"社会革命"取代"政治革命"的评述。阿伦特认为,马克思的"社会革命"以"劳动解放"为旨归,无法实现人的真正自由与解放。因为劳动在现代社会是以工作这一身份认同的方式发挥效力,或者说,作为工作的劳动构成现代社会私人领域与公共领域分裂以及社会领域兴起的核心要素,而这决定了"劳动解放"不可能构建以自由行动为旨归的政治公共领域,而只能在社会对劳动的身份认同下不断加强对人的自由的统治和束缚。然而,按照哈特和奈格里的思路,他们显然无法认同阿伦特的观点,因为无产阶级的"社会革命"在哈特和奈格里看来,不仅不是劳动者对自身"工人""身份"的"释放",而恰恰是对"工人""身份"的"解放"。这种解放意味着,"社会革命"从根本上而言,是对社会结构和制度的创造和创新,是在这种结构和制度的创造和创新中消灭"工人""身份",重新塑造无产阶级革命主体的过程。

哈特和奈格里对于无产阶级革命的"身份政治"的以上反思,对于革命动机的"释放"逻辑和"解放"逻辑的区分,构成我们超越马克思主义分析学派的"利益"与"道义"之争,在当代达到对于无产阶级革命主体的理论自觉具有重要的理论启示意义。

一方面,只有跳出"释放"逻辑的束缚,才能超越马克思主义分析学派关于无产阶级革命动机即"利益"与"道义"的争论。因为不管是"利益"动机还是"道义"动机,都不过是以对"工人身份"的肯定为前提,试图为工人的利益和权利的"释放"寻求理论辩护。换言之,在"释放"逻辑框架下所探讨的革命动机,本质上不过是探讨为工人所戴上的"金锁链"是由"利益"的理由铸造的,还是由"道义"的理由铸造的。显然,"锁链"就是"锁链",并不会由于理由和材质的差别而改变其实质。因为"工人阶级越迅速地扩大和增加与它敌对的权力,即越迅速地扩大和增加支配它的他人财富,它就被允许在越加有利

---

[1] 哈特,奈格里.大同世界[M].王行坤,译.北京:中国人民大学出版社,2016:237.

的条件下重新为增加资产阶级的财富、重新为增大资本的权力而工作,满足于为自己铸造金锁链,让资产阶级用来牵着它走"[1]。在此意义上,马克思之所以拒绝基于资产阶级的法权正义批判资本主义,也拒绝以法权正义的理由为无产阶级争取"利益"与"道义",就在于马克思所理解的无产阶级革命不是"释放",即不是为无产阶级寻找"金锁链",而是彻底消解资本统治的权力。

另一方面,只有以"解放"逻辑理解无产阶级革命的彻底性,才能克服卢卡奇和阿尔都塞对于革命主体的"意识"构建和"结构"构建的分歧,而看到无产阶级解放不仅在于对自身阶级处境的理论自觉,更在于对自身革命身份的彻底扬弃。因为"解放"的逻辑既不是基于"利益"的理由,也不是基于"道义"的理由,而是基于人作为主体的自我生产的理由。这一自我生产的过程既以打破资本生产逻辑所建立和巩固的社会正义体系为前提,又通过生产方式的重构以重塑新的社会认同体系。所以,"革命身份"自我扬弃的过程,仅仅基于资本主义的生产关系和社会结构,促使工人达到对自身身份及历史使命的意识自觉是不够的,更重要的是摧毁工人从中获取身份认同的结构和制度,并在此基础上构建新的社会生产体系和社会结构。

当然,哈特和奈格里关于面向当代资本主义社会权力统治的革命,看似基于马克思主义的立场,实际上其对于资本主义生产方式的重新解读,对于革命主体的重新界定,对于革命方式的重新阐述,都清晰地表明了其后现代主义的哲学背景。进而,哈特和奈格里的革命理论也往往被看作非马克思主义的甚至是前马克思主义的。齐泽克就曾指出,哈特和奈格里"没有能够在当前的条件下去重复马克思的分析,即无产阶级革命的前途就蕴含在资本主义生产方式的内在矛盾之中。从这个角度说,《帝国》仍然是一本前马克思主义的著作"[2]。

毋庸置疑,对于无产阶级革命的认识必须内在于对资本主义生产方式及其内在矛盾的分析中,但是同样毋庸置疑的是,虽然资本主义生产方式的本质和矛盾没有发生根本变化,但是资本主义生产方式的形式及其社会统治方式却发生了重大变化。面对这一变化,无产阶级革命的前途虽然不会因为革命对象的形式变化而改变,但是无产阶级作为革命主体的动机和旨归却需要

---

[1] 马克思,恩格斯.马克思恩格斯选集:第1卷[M].2版.中共中央马克思恩格斯列宁斯大林著作编译局,编译.北京:人民出版社,1995:355.

[2] 齐泽克.哈特和奈格里为21世纪重写了《共产党宣言》吗?[M].//罗岗.帝国、都市与现代性.南京:江苏人民出版社,2006:82.

在具体的革命实践过程中给予新的反思和建构。正是在这个意义上,哈特和奈格里的革命思想对于我们在当代反思无产阶级革命动机理论具有重要的理论价值。

在当代哲学语境中反思无产阶级的革命动机问题,需要直面当代英美马克思主义分析学派的"公共利益问题"挑战,正是这一挑战要求我们重新回到对无产阶级作为革命主体的理论自觉上来,从而在理论前提下厘清无产阶级革命动机的社会历史性质。无产阶级革命的社会历史性质决定了,革命不是基于西方政治哲学传统的政治叙事,而是植根于物质生产方式发展的社会变革。因此,在当代资本主义社会发生重大变化的背景下,无产阶级革命的解放旨归不仅不会消弭,反而会随着资本生产在广度和深度上的拓展获得进一步的丰富和发展。当代西方左翼思想家们对于无产阶级革命动机问题的持续关注,正印证了这一点。

结语

从反思马克思正义观到建构马克思正义理论

如果说正义是否构成马克思批判资本主义的理论向度是当前国内外学界关于马克思正义观研究的核心和焦点问题,那么基于马克思的正义观点能否建构一种可能的马克思正义理论,则构成在马克思正义观研究基础上需要进一步加以推进的理论探索。在此意义上,政治经济学批判语境下的马克思正义观研究,不仅旨在探索一条破解马克思正义观争论谜题的理论路径,而且希望为马克思正义理论的当代建构做一项清理地基的工作。

关于马克思正义理论的建构,学界通常关注的是:马克思对待正义是否采取了积极的和建构性立场,是否构成建构马克思正义理论必须正视的前提性问题?换言之,建构马克思正义理论是否必须在马克思持有积极和建构性的正义观点的前提下才是可能的?如果马克思不持有积极和明确的正义观点,我们是否就无法建构马克思的正义理论?对此,有观点认为,如果马克思在对待正义的问题上只是批判性的而非建设性的,那么建构建设性的马克思正义理论便不可能也不必要。也有观点认为,马克思虽然在正义问题上持有消极的或批判性的观点,但这并不影响我们建构积极的和建设性的马克思正义理论。

尽管学界在马克思正义观是否构成马克思正义理论建构的前提和基础的问题上仍存在争议,但是政治经济学批判视域的确构成探讨马克思正义观和马克思正义理论建构共同的不可回避的理论语境。因为在政治经济学批判视域中,虽然马克思在资本批判的基础上瓦解了资产阶级正义观的社会存在基础,或者说马克思在对待正义的问题上持有现实的批判性观点,但是政治经济学批判视域中的正义批判的思想启示在于,社会生产方式为正义观念提供了确定性的社会存在基础。在这个意义上,马克思的批判正义观实际上为探讨一种确定性的马克思正义理论奠定了基础。进而,如果马克思在政治经济学批判语境中蕴含着一种积极的和明确的正义观点,我们就应当在探讨马克思正义理论建构问题上,达到一种政治经济学批判的理论自觉。由此,笔者认为,政治经济学批判不仅是探讨马克思正义观的基本理论语境,而且是构成探讨马克思正义理论建构的基本理论语境。

当前,随着国内学界对于马克思正义观探讨的逐渐深入,一些学者已开始在相应马克思正义观研究的基础上,自觉探讨马克思正义理论建构的合法性和可能性[1]。纵观这些探讨,它们尽管视角不同,观点上也存在差异,但是都普遍强调马克思正义理论建构应该有自身的"理论基础""学术平台"和"问题意识",同时也都强调马克思的正义理论应当对自身的理论内涵、规范形式、理论形态和理论旨归有着充分的理论自觉。由此,我们看到,虽然学界关于马克思正义观的探讨尚存在诸多分歧,但是在马克思正义理论建构的基本原则层面却有着诸多共识。

毋庸置疑,就其概念的内涵而言,正义有广义和狭义之分,有形式与实质之别,马克思正义观就其思想特质而言,也与古典政治哲学和现代自由主义的正义观存在实质差异。但是,就正义作为一种价值观念而言,当我们尝试对其展开一种理论建构工作时,就有必要就这种正义理论所关涉的理论内涵、规范形式、理论形态和理论旨归做出明确的说明。在这个意义上,我们所主张的基于政治经济学批判语境建构马克思的正义理论,也就必须对马克思

---

[1] 王新生提出,马克思的正义理论是基于"人类社会或社会化的人类"的"高阶正义"。当代中国正义理论的建构过程中,马克思的正义观不应仅扮演批判者的角色,而应当承担其规范性的责任(《马克思正义理论的四重辩护》,《中国社会科学》2014年第4期)。王南湜认为,建构马克思正义理论的前提条件是:充分阐释历史唯物主义与规范理论的兼容性,明确马克思正义理论存在的条件、基本特征以及道德基础(《马克思的正义理论,一种可能的建构》,《哲学研究》2018年第5期)。李佃来强调,马克思正义理论研究需要解决的前提性问题包括,摆脱自由主义政治哲学范式的束缚,构造一个新的学术性和规范性的平台,并最终在自觉认识和解决当代中国语境下的正义问题中,明确马克思正义理论的问题意识以及当代价值(《马克思主义正义理论研究的三个前提性问题》,《光明日报》2014年12月17日)。

正义理论所对应的上述内容做出清晰的界定。

事实证明,政治经济学批判语境下的马克思正义观研究,既为马克思正义理论的建构工作清理了诸多亟须明晰的前提性问题,也为这一建构工作提供了积极的思想资源。在政治经济学批判语境下,从澄清马克思的正义观点到建构一种可能的马克思正义理论,不仅符合马克思正义观理论研究的自身的内在逻辑,更是深入推进了马克思正义理论建构工作的内在要求。具体而言,马克思正义观的政治经济学阐释在以下四个层面为马克思正义理论建构的理论自觉奠定了基础。

其一,自觉建构马克思正义理论的理论内涵。在政治经济学批判语境中,马克思对于正义的理解始终与剖析资本主义生产方式的本质结合起来,并始终强调不存在脱离相应生产方式的天然正义和绝对正义,正义总是与相应的生产方式相一致。或者说,正义总是一定生产方式中的正义,不同的生产方式具有不同的正义。马克思的这一正义理解不仅彻底变革了古典政治哲学对于正义的"自然"内涵的界定,而且彻底颠覆了近代以来契约论政治哲学传统对于正义的"社会"内涵的界定。因为生产方式不仅是区别于"自然"的"人为"的结果,而且构成马克思重新理解"社会"的新的总体性的解释原则。

如果说生产方式在休谟和斯密看来是一种人类经济交往形式的前提,那么对于马克思而言,生产方式则构成理解人类社会本质的基础。在历史唯物主义视域中对生产方式的再发现,表明了马克思对于社会本质认识的再发现。在这个意义上,马克思对正义的考察始终与对相应生产方式的考察相联系,也就是以生产方式这一历史唯物主义的基本概念,完成对正义作为一种"人为"的社会历史概念的重构。而这一重构首要地就表现在对生产方式作为正义所关涉的核心内涵,就是把生产、分配、交换和消费整个经济过程以及生产关系容涵在内的对于正义的总体性重构。因此,马克思正义理论的建构首先就需要对正义的生产方式理论内涵的自觉。

其二,自觉建构马克思正义理论的理论方法。在政治经济学批判语境中,马克思对于正义的理解在方法论层面自觉践行政治经济学批判的"从抽象到具体"的辩证法。"从抽象到具体"的辩证法既不是从抽象的形式方面把握事物,也不停留于事物自身直接呈现的混沌的表象,而是在对于事物的概念把握的自我运动中,达到对于事物本质的总体性再现。换言之,政治经济学批判的总体性辩证法既不是一种科学实证的方法,也不是一种哲学思辨的方法,而是一种将科学的事实性与哲学的价值性结合起来的"真正的历史科学"的方法。正是基于政治经济学批判的总体性辩证法,马克思将对于资本主义生产方式的科学考察与对于资本主义社会的哲学批判统一起来,实现了对于资本主义的本质批判。

因此,对于马克思正义观点的理解,只有在这样一种总体性辩证法的基础上,才能避免将马克思的正义观要么解读为简单的拒斥,要么解读为悬设于一种事实之外的价值。但应当看到,我们的正义观实际上就体现在对于资本主义本质的社会历史考察中,即在考察资本主义生产方式所支撑的资产阶级正义观念的限度中,揭示资本主义社会的社会历史限度。在这个意义上,马克思正义观对于政治经济学批判总体性辩证法的理论自觉,也构成了我们建构马克思正义理论的规范性过程中应当达到的基本理论自觉。如果说马克思正义理论的建构必须明确自身的规范性特质,因为我们很难设想一种没有规范性功能的正义理论,那么我们更需要注意的是避免将马克思正义理论的规范性与政治现代性视域中的正义的规范性相混淆。

就马克思而言,如果基于正义批判一种事物是可能的,那么这种批判并不是基于独立于事物之外的价值原则展开,而是内在于事物自身的社会历史发展逻辑之中,探寻其自身的发展逻辑及其内在限度。而对于马克思正义理论的这一规范性特征的理解,必须结合政治经济学批判语境,因为正是在政治经济学批判中,我们看到马克思超越政治现代性的事实与价值二分的方法论前提,将正义的"价值"评判纳入对资本主义生产方式"事实"的考察之中,实现对资本主义"本质"的把握。

其三,自觉建构马克思正义理论的理论形态。在政治经济学批判语境中,马克思深入揭示了资产阶级财产权与资本主义生产方式的内在联系,自觉把对于现代性正义观念的考察与对于资本主义生产方式的考察结合起来,在社会存在论层面剖析资产阶级法权正义的内在限度。在马克思看来,资本逻辑不仅是一种物质的生产逻辑,更是一种社会权力的生产逻辑,或者说,资本逻辑是一种以物的生产逻辑为表象的权力生产逻辑。所以,资产阶级的正义观念并不是绝对的天然正义,而是内嵌于资本主义的生产方式之中,蕴含在资本生产的过程之中。而资产阶级正义观念的"伪善"之处正在于,它往往把自身塑造成一种脱离了自身所处生成方式,并且凌驾于人类社会历史发展之上的"绝对的"和"天然的"正义。马克思正义批判的思想价值体现在,深刻揭露了资产阶级正义的这一"伪善"本质。

因而，政治经济学批判的资本批判在揭示资本生产限度的同时，也揭示了资本正义的限度，在重构社会生产方式的同时，也重构了社会正义本身。所以，正义对于马克思而言，尽管其在资本主义生产方式中是以法权形态出场的，但这种"出场"形式由于总是试图摆脱自身真正的诞生地即资本主义的生产方式，所以也总是陷入"伪善"境地。与之不同，真正的正义或正义的真实形态只能在具体的社会现实中才是"真善"的，社会正义的真实理论形态只有结合社会生产方式以及具体的社会关系才能建构起来。

由此，马克思正义理论的理论形态建构，需要始终自觉到马克思对于正义社会现实基础的强调，始终把理论逻辑的想象与社会现实本身的逻辑结合起来，从而才能避免把马克思正义理论建构为一种与马克思正义观点相违背的抽象形式正义。在这个意义上，与当代西方政治哲学正义理论建构所提倡的，诸如作为"公平"的正义、作为"自由"的正义、作为"平等"的正义和作为"德性"的正义等正义理论形态不同，如果一种马克思正义理论的建构是可能的，那么这种理论在理论形态上只能是作为"实践"的正义。

其四，自觉建构马克思正义理论的理论旨趣。在政治经济学批判语境中，虽然马克思尽量避免使用带有价值评判的概念来对资本主义生产方式做判断，而是极力呈现出科学研究的严谨和客观，然而，即使撇开《资本论》中诸多带有明显道德谴责意味的话语，我们依然可以从马克思政治经济学批判的内在逻辑中看到马克思正义观的价值旨趣。

众所周知，马克思政治经济学批判最为重要的理论成果是发现了资本主义生产方式的秘密，即"剩余价值"。正是由于"剩余价值"的发现，马克思揭示了资本主义生产方式无法克服的基本矛盾，即"生产资料的私人占有"同"生产社会化"之间的矛盾。对于马克思的这一"伟大发现"的认识和理解，恩格斯曾以"氧气"的科学史发现历程加以类比。

恩格斯指出，正如在拉瓦锡之前，科学家已发现在物质燃烧时有一种化学元素参与其中，并提出了所谓"燃素说"，但是，只有拉瓦锡真正发现了氧气，而不是其他人。因为其他人并不知道自己分析出的是什么，拉瓦锡所实现的不仅是关于氧气的"术语革命"，而且是燃烧及其本质研究的"方法革命"。同样，尽管在马克思之前，英国古典经济学家李嘉图已经提出了"剩余价值"，但是他没有揭示"剩余价值"对于资本主义社会究竟意味着什么，而只是研究了作为劳动产品在工人和资本家之间分配数量比例的"剩余价值"，所以他只是把"剩余价值"作为一种经济事实加以研究。同时，庸俗的社会主则把"剩余价值"看作资本主义社会不公平的表现,并主张以乌托邦的道德理想来消除这种不公平。与上述两者不同的是,马克思既不把"剩余价值"看作一种经济学事实,也不以抽象的道德来批判它,而是通过科学剖析"剩余价值"作为资本主义生产方式的动力机制,实现了对"剩余价值"的再发现,并推动了"全部经济学发生革命"。因而,马克思不仅揭示了资本主义生产方式及其所构筑的社会制度的本质,而且"把理解全部资本主义生产的钥匙交给那个知道怎样使用它的人"[1]。

恩格斯的这一类比向我们清晰且深刻地揭示了马克思政治经济学批判的理论实质及其重大意义。这就是,政治经济学批判不仅是关于古典政治经济学的"术语革命",而且是对在古典政治经济学看来是不证自明和资本主义经济和政治制度的总体批判。在此意义上,马克思的"剩余价值"理论,是否蕴含着对于资本主义剥削工人应得利益的道义层面的不满,是否表明马克思基于工人对自身劳动的所有权对资本剥削不公平性的谴责,这些并不构成我们认识马克思正义观理论旨趣的关键。关键在于,"剩余价值"意味着对资本主义作为剥削和奴役的经济和政治制度的总体批判,这才是马克思正义观理论旨趣的真实呈现逻辑。

因此,在建构马克思正义理论的过程中,应当始终对马克思正义观这一真实理论旨趣有着充分的理论自觉。否则,我们可能要么把马克思正义观的理论旨趣界定为无产阶级利益,而将马克思正义理论建构为一种功利主义或后果主义的正义论,要么把马克思正义观的理论旨趣界定为无产阶级权利,而将马克思正义理论建构为一种义务论或自然权利的正义论。

实际上,政治经济学批判语境中的马克思正义观理论旨趣的考察表明,马克思的正义理论不是局限在关于财产分配应当遵循何种原则的分配正义,所以它既不是功利主义的也不是义务论的。在这个意义上,马克思正义理论的建构应当避免引入任何一种既定的西方政治哲学、道德哲学理论或原则,而应当始终立足于人类社会发展的历史和现实,基于对人类社会既有的经济和政治制度设计的批判性考察,秉持人的自由而全面发展的价值旨趣,从而构建一种具有历史的过程性、现实的具体性、未来的实践性的充满张力的正义理论。

---

[1] 马克思,恩格斯.马克思恩格斯选集:第 2 卷[M].中共中央马克思恩格斯列宁斯大林著作编译局,编译.北京:人民出版社,1972:279-280.

综上，在政治经济学语境下深入阐释马克思正义观的方法论基础、规范性特征、理论出场方式和价值旨归，为马克思正义理论当代建构做了必要的清理地基的工作，也提供了重要的思想资源。以马克思正义观思想特质的理论自觉为前提，结合当代资本主义社会的最新变化和当代人类社会生活的深刻变革，充分利用和重构这些思想资源，既是马克思正义理论建构的基本内容，也是确保我们所建构的理论是"马克思"的正义理论而非其他形式的正义理论，更是确保马克思正义理论当代解释力的关键。

主要参考文献

一、经典著作

[1] 马克思. 1844年经济学哲学手稿[M]. 中共中央马克思恩格斯列宁斯大林著作编译局,编译. 北京：人民出版社,2000.

[2] 马克思. 剩余价值学说史：1～4卷[M]. 郭大力,译. 上海：三联书店出版社,2009.

[3] 马克思,恩格斯. 马克思恩格斯全集：第1～50卷[M]. 中共中央马克思恩格斯列宁斯大林著作编译局,编译. 北京：人民出版社,1956—1985.

[4] 马克思,恩格斯. 马克思恩格斯文集：10卷本[M]. 中共中央马克思恩格斯列宁斯大林著作编译局,编译. 北京：人民出版社,2009.

[5] 马克思,恩格斯. 马克思恩格斯选集：第1～4卷[M]. 中共中央马克思恩格斯列宁斯大林著作编译局,编译. 2版. 北京：人民出版社,1995.

[6] 马克思,恩格斯. 马克思恩格斯全集：第30卷[M]. 中共中央马克思恩格斯列宁斯大林著作编译局,编译. 2版. 北京：人民出版社,1995.

[7] 马克思,恩格斯. 马克思恩格斯全集：第31卷[M]. 中共中央马克思恩格斯列宁斯大林著作编译局,编译. 2版. 北京：人民出版社,1995.

[8] 马克思,恩格斯. 马克思恩格斯全集：第44卷[M]. 中共中央马克思恩格斯列宁斯大林著作编译局,编译. 2版. 北京：人民出版社,2001.

[9] 马克思,恩格斯. 马克思恩格斯全集：第45卷[M]. 中共中央马克思恩格斯列宁斯大林著作编译局,编译. 2版. 北京：人民出版社,2003.

[10] 马克思,恩格斯. 马克思恩格斯全集：第46卷[M]. 中共中央马克思恩格斯列宁斯大林著作编译局,编译. 2版. 北京：人民出版社,2003.

[11] 中共中央马克思恩格斯列宁斯大林著作编译局. 马克思恩格斯《资本论》书信集

[M].北京：人民出版社,1976.

二、中文译著

[1] 阿多尔诺.否定的辩证法[M].张峰,译.重庆：重庆出版社,1993.

[2] 阿尔都塞,巴里巴尔.读《资本论》[M].李其庆,冯文光,译.北京：中央编译出版社,2008.

[3] 阿尔都塞.保卫马克思[M].顾良,译.北京：商务印书馆,2006.

[4] 阿尔都塞.黑格尔的幽灵：政治哲学论文集[1][M].唐正东,吴静,译.南京：南京大学出版社,2005.

[5] 阿伦特.论革命[M].陈周旺,译.南京：译林出版社,2007.

[6] 阿伦特.马克思与西方政治思想传统[M].孙传钊,译.南京：江苏人民出版社,2007.

[7] 阿伦特.人的境况[M].王寅丽,译.上海：上海人民出版社,2009.

[8] 埃尔斯特.理解马克思[M].何怀远,等译.北京：中国人民大学出版社,2016.

[9] 奥尔森.集体行动的逻辑：公共物品与集团理论[M].陈郁,郭宇峰,李崇新,译.上海：格致出版社,2018.

[10] 奥古斯丁.忏悔录[M].周士良,译.北京：商务印书馆,1963.

[11] 奥古斯丁.上帝之城[M].王晓朝,译.北京：人民出版社,2006.

[12] 巴雷特.非理性的人：存在主义哲学研究[M].杨照明,艾平,译.北京：商务印书馆,1995.

[13] 柏拉图.理想国[M].郭斌和,张竹明,译.北京：商务印书馆,1986.

[14] 鲍曼.后现代伦理学[M].张成岗,译.南京：江苏人民出版社,2003.

[15] 鲍桑葵.关于国家的哲学理论[M].汪淑钧,译.北京：商务印书馆,1995.

[16] 贝瑞.苏格兰启蒙运动的社会理论[M].马庆,译.杭州：浙江大学出版社,2013.

[17] 边沁.政府片论[M].沈叔平,等译.北京：商务印书馆,1995.

[18] 别尔嘉耶夫.论人的使命[M].张百春,译.上海：学林出版社,2000.

[19] 柄谷行人.跨越性批判：康德与马克思[M].赵京华,译.北京：中央编译出版社,2011.

[20] 伯林.自由论[M].胡传胜,译.南京：译林出版社,2011.

[21] 伯曼.一切坚固的东西都烟消云散了：现代性体验[M].徐大建,张辑,译.北京：商务印书馆,2013.

[22] 布坎南.马克思与正义[M].林进平,译.北京：人民出版社,2013.

[23] 德里达.马克思的幽灵：债务国家、哀悼活动和新国际[M].何一,译.北京：中国人民大学出版社,1999.

[24] 杜娜叶夫斯卡娅.马克思主义与自由[M].傅小平,译.沈阳：辽宁教育出版社,1998.

[25] 多尔迈. 主体性的黄昏[M]. 万俊人,朱国钧,吴海针,译. 上海:上海人民出版社,1992.

[26] 费尔巴哈. 基督教的本质[M]. 荣震华,译. 北京:商务印书馆,1984.

[27] 费罗内. 启蒙观念史[M]. 马涛,曾允,译. 北京:商务印书馆,2018.

[28] 弗格森. 文明社会史论[M]. 林本椿,王绍祥,译. 沈阳:辽宁教育出版社,1999.

[29] 弗莱施哈克尔. 分配正义简史[M]. 吴万伟,译. 南京:译林出版社,2010.

[30] 弗雷泽,霍耐特. 再分配,还是承认:一个政治哲学对话[M]. 周穗明,译. 上海:上海人民出版社,2009.

[31] 弗罗姆. 逃避自由[M]. 刘林海,译. 北京:国际文化出版公司,2002.

[32] 格雷. 自由主义的两张面孔[M]. 顾爱彬,李瑞华,译. 南京:江苏人民出版社,2002.

[33] 葛德文. 政治正义论[M]. 何慕李,译. 北京:商务印书馆,1980.

[34] 贡斯当. 古代人的自由与现代人的自由[M]. 闫克文,刘满贵,译. 北京:商务印书馆,1999.

[35] 古尔德. 马克思的社会本体论:马克思社会实在理论中的个性和共同体[M]. 王虎学,译. 北京:北京师范大学出版社,2009.

[36] 哈贝马斯. 公共领域的结构转型[M]. 曹卫东,译. 上海:学林出版社,1999.

[37] 哈贝马斯. 后形而上学思想[M]. 曹卫东,付德根,译. 南京:译林出版社,2001.

[38] 哈贝马斯. 现代性的哲学话语[M]. 曹卫东,译. 南京:译林出版社,2004.

[39] 哈贝马斯. 重建历史唯物主义[M]. 郭官义,译. 北京:社会科学文献出版社,2000.

[40] 哈夫洛克. 希腊人的正义观[M]. 邹丽,何为,等译. 北京:华夏出版社,2016.

[41] 哈特,奈格里. 大同世界[M]. 王行坤,译. 北京:中国人民大学出版社,2016.

[42] 哈特,奈格里. 帝国:全球化的政治秩序[M]. 杨建国,范一亭,译. 南京:江苏人民出版社,2008.

[43] 海德格尔. 存在与时间[M]. 陈嘉映,王庆节,译. 北京:生活·读书·新知三联书店,2006.

[44] 海德格尔. 海德格尔选集:上、下册[M]. 孙周兴,选编. 上海:上海三联书店,1996年.

[45] 海尔布隆纳. 马克思主义:赞成与反对[M]. 马林梅,译. 北京:东方出版社,2016.

[46] 赫费. 政治的正义性:法和国家的批判哲学之基础[M]. 庞学铨,李张林,译. 上海:上海译文出版社,2005.

[47] 赫勒. 超越正义[M]. 文长春,译. 哈尔滨:黑龙江大学出版社,2011.

[48] 黑格尔. 法哲学原理[M]. 范扬,张企泰,译. 北京:商务印书馆,1961.

[49] 黑格尔. 黑格尔早期著作集[M]. 贺麟,译. 北京：商务印书馆,1997.
[50] 黑格尔. 小逻辑[M]. 贺麟,译. 北京：商务印书馆,1980.
[51] 胡克. 对卡尔·马克思的理解[M]. 徐崇温,译. 重庆：重庆出版社,1989.
[52] 霍布豪斯. 形而上学的国家论[M]. 汪淑钧,译. 北京：商务印书馆,1997.
[53] 霍布斯. 利维坦[M]. 黎思复,黎廷弼,译. 北京：商务印书馆,1985.
[54] 霍克海默,阿道尔诺. 启蒙辩证法：哲学断片[M]. 渠敬东,曹卫东,译. 上海：上海人民出版社,2006.
[55] 霍耐特. 为承认而斗争[M]. 胡继华,译. 上海：上海人民出版社,2005.
[56] 吉登斯. 现代性的后果[M]. 田禾,译. 南京：译林出版社,2000.
[57] 吉莱斯皮. 现代性的神学起源[M]. 张卜天,译. 长沙：湖南科技出版社,2019.
[58] 金里卡. 当代政治哲学：上、下册[M]. 刘莘,译. 上海：上海三联书店,2004.
[59] 卡西尔. 人论[M]. 甘阳,译. 上海：上海译文出版社,2004.
[60] 康德. 纯粹理性批判[M]. 邓晓芒,译. 北京：人民出版社,2004.
[61] 康德. 道德形而上学原理[M]. 苗力田,译. 上海：上海人民出版社,2005.
[62] 康德. 法的形而上学原理[M]. 沈叔平,译. 北京：商务印书馆,1991.
[63] 康德. 历史理性批判文集[M]. 何兆武,译. 北京：商务印书馆,1990.
[64] 柯恩. 拯救正义与平等[M]. 陈伟,译. 上海：复旦大学出版社,2014.
[65] 柯尔施. 马克思主义和哲学[M]. 王南湜,荣新海,译. 重庆：重庆出版社,1989.
[66] 柯亨. 卡尔·马克思的历史理论：一个辩护[M]. 岳长龄,译. 重庆：重庆出版社,1989.
[67] 柯亨. 自我所有、自由和平等[M]. 李朝晖,译. 北京：东方出版社,2008.
[68] 柯林武德. 历史的观念[M]. 何兆武,张文杰,译. 北京：商务印书馆,1997.
[69] 科尔斯戈德. 规范性的来源[M]. 杨顺利,译. 上海：上海译文出版社,2010.
[70] 科西克. 具体的辩证法：关于人与世界问题的研究[M]. 傅小平,译. 北京：社会科学文献出版社,1989.
[71] 科耶夫. 黑格尔导读[M]. 姜志辉,译. 南京：译林出版社,2005.
[72] 库诺. 马克思的历史、社会和国家学说：马克思的社会学的基础要点[M]. 袁志英,译. 上海：上海译文出版社,2006.
[73] 李嘉图. 政治经济学及赋税原理[M]. 周洁,译. 北京：华夏出版社,2005.
[74] 卢卡奇. 历史与阶级意识：关于马克思主义辩证法的研究[M]. 杜章智,任立,燕宏远,译. 北京：商务印书馆,1992.
[75] 卢卡奇. 青年黑格尔(选译)[M]. 王玖兴,译. 北京：商务印书馆,1963.
[76] 卢克斯. 马克思主义与道德[M]. 袁聚录,译. 北京：高等教育出版社,2009.
[77] 卢梭. 论人类不平等的起源和基础[M]. 李常山,译. 北京：商务印书馆,1962.
[78] 卢梭. 社会契约论[M]. 3版. 何兆武,译. 北京：商务印书馆,2003.

[79] 罗尔斯. 正义论[M]. 何怀宏,何包钢,廖申白,译. 北京:中国社会科学出版社,1988.

[80] 罗尔斯. 政治哲学史讲义[M]. 杨通进,李丽丽,林航,译. 北京:中国社会科学出版社,2011.

[81] 罗尔斯. 政治自由主义[M]. 万俊人,译. 南京:译林出版社,2000.

[82] 罗尔斯. 作为公平的正义:正义新论[M]. 姚大志,译. 上海:上海三联书店,2002.

[83] 洛克. 政府论:下篇:论政府的真正起源、范围和目的[M]. 叶启芳,瞿菊农,译. 北京:商务印书馆,1964.

[84] 洛维特. 从黑格尔到尼采:19世纪思维中的革命性决裂[M]. 李秋零,译. 北京:生活·读书·新知三联书店,2006.

[85] 洛维特. 世界历史与救赎历史:历史哲学的神学前提[M]. 李秋零,田薇,译. 上海:上海人民出版社,2006.

[86] 马尔库塞. 单向度的人:发达工业社会意识形态研究[M]. 刘继,译. 上海:上海译文出版社,2006.

[87] 马尔库塞. 现代文明与人的困境[M]. 李小兵,译. 上海:上海三联书店,1989.

[88] 马基雅维里. 君主论[M]. 潘汉典,译. 北京:商务印书馆,1985.

[89] 麦金太尔. 谁之正义?何种合理性?[M]. 万俊人,吴海针,王今一,译. 北京:当代中国出版社,1996.

[90] 麦金太尔. 追寻美德[M]. 宋继杰,译. 南京:译林出版社,2003.

[91] 麦卡锡. 马克思与古人:古典伦理学、社会正义和19世纪政治经济学[M]. 王文扬,译. 上海:华东师范大学出版社,2011.

[92] 麦克莱伦. 马克思传:插图本[M]. 王珍,译. 北京:中国人民大学出版社,2006.

[93] 麦克莱伦. 马克思主义以前的马克思[M]. 李兴国,周小普,郝勤,译. 北京:社会科学文献出版社,1992.

[94] 梅扎罗斯. 超越资本:关于一种过渡理论[M]. 郑一明,等译. 北京:中国人民大学出版社,2003.

[95] 米勒. 分析马克思:道德、权力和历史[M]. 张伟,译. 北京:高等教育出版社,2009.

[96] 米勒. 社会正义原则[M]. 应奇,译. 南京:江苏人民出版社,2008.

[97] 密尔. 论自由[M]. 许宝骙,译. 北京:商务印书馆,2015.

[98] 穆勒. 功利主义[M]. 徐大建,译. 北京:商务印书馆,2014.

[99] 奈格里.《大纲》:超越马克思的马克思[M]. 张梧,孟丹,王巍,译. 北京:北京师范大学出版社,2011。

[100] 尼尔森. 马克思主义与道德观念:道德、意识形态与历史唯物主义[M]. 李义

天,译.北京:人民出版社,2014.

[101] 诺齐克.无政府、国家与乌托邦[M].何怀宏,等译.北京:中国社会科学出版社,1991.

[102] 欧克肖特.政治中的理性主义[M].张汝伦,译.上海:上海译文出版社,2003.

[103] 佩弗.马克思主义、道德与社会正义[M].吕梁山,李旸,周洪军,译.北京:高等教育出版社,2010.

[104] 皮平.黑格尔的观念论:自意识的满足[M].陈虎平,译.北京:华夏出版社,2006.

[105] 蒲鲁东.什么是所有权[M].孙署冰,译.北京:商务印书馆,1963.

[106] 齐泽克.意识形态的崇高客体[M].季广茂,译.北京:中央编译出版社,2002.

[107] 萨拜因.政治学说史:城邦与世界社会[M].4版.索尔森,修订.邓正来,译.上海:上海人民出版社,2015.

[108] 森.正义的理念[M].王磊,李航,译.北京:中国人民大学出版社,2012.

[109] 施蒂格勒.生产和分配理论[M].晏智杰,译.北京:华夏出版社,2008.

[110] 施米特.政治的浪漫派[M].冯克利,刘锋,译.上海:上海人民出版社,2004.

[111] 施特劳斯.霍布斯的政治哲学[M].申彤,译.南京:译林出版社,2001.

[112] 施特劳斯,克罗波西.政治哲学史:上、下册[M].李天然,等译.石家庄:河北人民出版社,1993.

[113] 施特劳斯.什么是政治哲学[M].李世祥,等译.北京:华夏出版社,2014.

[114] 施特劳斯.苏格拉底问题与现代性:施特劳斯讲演与论文集:卷二[M].彭磊,丁耘,等译.北京:华夏出版社,2008.

[115] 施特劳斯.自然权利与历史[M].彭刚,译.北京:生活·读书·新知三联书店,2003.

[116] 斯宾诺莎.神学政治论[M].温锡增,译.北京:商务印书馆,1963.

[117] 斯密.道德情操论[M].蒋自强,钦北愚,朱钟棣,等译.北京:商务印书馆,1997.

[118] 斯密.国民财富的性质和原因的研究:上、下卷[M].郭大力,王亚南,译.北京:商务印书馆,1972.

[119] 泰勒.黑格尔[M].张国清,朱进东,译.南京:译林出版社,2002.

[120] 韦伯.经济与社会:在制度约束和个人利益之间博弈[M].杭聪,译.北京:北京出版社,2006.

[121] 韦伯.新教伦理与资本主义精神[M].彭强,黄晓京,译.西安:陕西师范大学出版社,2002.

[122] 韦尔默.后形而上学现代性[M].应奇,罗亚玲,译.上海:上海译文出版社,2007.

[123]韦尔,尼尔森.分析马克思主义新论[M].鲁克俭,王来金,杨洁,等译.北京:中国人民大学出版社,2002.

[124]沃尔夫.政治哲学导论[M].王涛,赵荣华,陈任博,译.长春:吉林人民出版社,2009.

[125]沃林.存在的政治:海德格尔的政治思想[M].周宪,王志宏,译.北京:商务印书馆,2000.

[126]伍德.黑格尔的伦理思想[M].黄涛,译.北京:知识产权出版社,2016.

[127]休谟.人性论:上、下册[M].关文运,译.北京:商务印书馆,1980.

[128]雅科布斯.规范·人格体·社会:法哲学前思[M].冯军,译.北京:法律出版社,2001.

[129]雅斯贝斯.生存哲学[M].王玖兴,译.上海:上海译文出版社,2005.

[130]亚里士多德.尼各马可伦理学[M].廖申白,译注.北京:商务印书馆,2003.

[131]亚里士多德.形而上学[M].苗力田,译.北京:中国人民大学出版社,2003.

[132]亚里士多德.政治学[M].颜一,秦典华,译.北京:中国人民大学出版社,2003.

[133]伊格尔顿.后现代主义的幻象[M].华明,译.北京:商务印书馆,2000.

[134]植村邦彦.何谓"市民社会":基本概念的变迁史[M].赵平,石路明,王景辉,等译.南京:南京大学出版社,2014.

三、中文著作

[1]白刚.回到《资本论》:21世纪的"政治经济学批判"[M].北京:人民出版社,2018.

[2]白刚. 瓦解资本的逻辑:论马克思辩证法的批判本质[M].北京:中国社会科学出版社,2009.

[3]白刚,张荣艳."超越政治"还是"回归政治":马克思与阿伦特政治哲学比较[M].南京:江苏人民出版社,2015.

[4]陈传胜.马克思恩格斯的公平正义观研究[M].合肥:合肥工业大学出版社,2011.

[5]段忠桥.理性的反思与正义的追求[M].哈尔滨:黑龙江大学出版社,2007.

[6]段忠桥.何为政治哲学[M].北京:中国社会科学出版社,2018.

[7]高清海.高清海哲学文存:1~6卷[M].长春:吉林人民出版社,1997.

[8]何怀宏.公平的正义:解读罗尔斯《正义论》[M].济南:山东人民出版社,2002.

[9]何建华.分配正义论[M].北京:人民出版社,2007.

[10]贺来.边界意识和人的解放[M].上海:上海人民出版社,2007.

[11]胡企林.马克思主义来源研究论丛:第十九辑[M].北京:商务印书馆,1997.

[12]胡真圣.两种正义观:马克思、罗尔斯正义思想比论[M].北京:中国社会科学出版社,2004.

[13] 李佃来. 马克思的政治哲学: 理论与现实[M]. 北京: 人民出版社, 2015.

[14] 李佃来. 马克思与正义[M]. 北京: 中国社会科学出版社, 2019.

[15] 李惠斌, 李义天. 马克思与正义理论[M]. 北京: 中国人民大学出版社, 2010.

[16] 林进平. 马克思的"正义"解读[M]. 北京: 社会科学文献出版社, 2009.

[17] 刘同舫, 陈晓斌. 青年马克思政治哲学思想研究[M]. 北京: 中国社会科学出版社, 2018.

[18] 罗岗. 帝国、都市与现代性[M]. 南京: 江苏人民出版社, 2006.

[19] 欧阳英. 马克思政治哲学思想探析[M]. 北京: 中国社会科学出版社, 2018.

[20] 彭富明. 马克思恩格斯正义批判理论研究[M]. 北京: 中央编译出版社, 2013.

[21] 任剑涛. 公共的政治哲学[M]. 北京: 商务印书馆, 2016.

[22] 上海市社会科学界联合会. 马克思主义视野下的公平与正义[M]. 上海: 上海人民出版社, 2010.

[23] 孙利天. 论辩证法的思维方式[M]. 长春: 吉林大学出版社, 1994.

[24] 孙正聿. 超越意识[M]. 长春: 吉林教育出版社, 2001.

[25] 孙正聿. 理论思维的前提批判: 论辩证法的批判本性[M]. 沈阳: 辽宁人民出版社, 1992.

[26] 孙正聿. 哲学通论[M]. 沈阳: 辽宁人民出版社, 1998.

[27] 王广. 正义之后: 马克思恩格斯正义观研究[M]. 南京: 江苏人民出版社, 2010.

[28] 汪晖, 陈燕谷. 文化与公共性[M]. 北京: 生活·读书·新知三联书店, 2005.

[29] 王南湜. 社会哲学: 现代实践哲学视野中的社会生活[M]. 昆明: 云南人民出版社, 2001.

[30] 王庆丰.《资本论》的再现[M]. 北京: 中央编译出版社, 2016.

[31] 王新生. 马克思政治哲学研究[M]. 北京: 科学出版社, 2018.

[32] 汪行福. 分配正义与社会保障[M]. 上海: 上海财经大学出版社, 2003.

[33] 魏小萍. 追寻马克思: 时代境遇下马克思人类解放理论逻辑的分析和探讨[M]. 北京: 人民出版社, 2005.

[34] 吴向东. 重构现代性: 当代社会主义价值观研究[M]. 北京: 北京师范大学出版社, 2009.

[35] 吴忠民. 社会公正论[M]. 济南: 山东人民出版社, 2004.

[36] 姚大志. 何谓正义: 当代西方政治哲学研究[M]. 北京: 人民出版社, 2007.

[37] 姚大志. 当代西方政治哲学[M]. 北京: 北京大学出版社, 2011.

[38] 袁久红. 正义与历史实践: 当代西方自由主义正义理论批判[M]. 南京: 东南大学出版社, 2002.

[39] 张文喜. 历史唯物主义的政治哲学向度[M]. 南京: 江苏人民出版社, 2008.

[40] 臧峰宇. 马克思政治哲学引论: 以人学为视角的当代解读[M]. 北京: 中央编译

出版社,2009.

[41] 张盾.马克思的六个经典问题[M].北京:中国社会科学出版社,2009.

[42] 张盾,田冠浩.黑格尔与马克思政治哲学六论[M].北京:学习出版社,2014.

[43] 张文喜,臧峰宇.马克思主义政治哲学史[M].北京:中国人民大学出版社,2019.

[44] 张一兵.回到马克思:经济学语境中的哲学话语[M].南京:江苏人民出版社,2005.

[45] 赵剑英,陈晏清.马克思主义政治哲学:阐释与创新[M].北京:社会科学文献出版社,2007.

四、期刊

[1] 白刚.作为"正义论"的《资本论》[J].文史哲,2014(6):143-151.

[2] 段忠桥.历史唯物主义与马克思的正义观念[J].哲学研究,2015(7):3-11.

[3] 段忠桥.马克思正义观的三个根本性问题[J].马克思主义与现实,2013(5):1-7.

[4] 段忠桥.马克思和恩格斯的公平观[J].哲学研究,2000(8):32-35.

[5] 段忠桥.对"伍德命题"文本依据的辨析与回应[J].中国社会科学,2017(9):17-32.

[6] 冯颜利.基于生产方式批判的马克思正义思想[J].中国社会科学,2017(9):5-16.

[7] 高云涌.马克思正义概念的哲学审视[J].吉林大学社会科学学报,2016,56(2):100-106.

[8] 李佃来.马克思正义思想的三重意蕴[J].中国社会科学,2014(3):5-16.

[9] 李佃来.论马克思正义观的特质[J].中国人民大学学报,2013,27(1):27-36.

[10] 李佃来."正义"的思想谱系及其当代构建:从马克思到分析的马克思主义[J].学术月刊,2012,44(11):48-58.

[11] 李惠斌.一种马克思主义的分配正义理论是否可能[J].中共中央党校学报,2010,14(6):37-41.

[12] 李义天.认真对待"塔克—伍德命题":论马克思正义概念的双重结构[J].中国人民大学学报,2018,32(1):71-81.

[13] 林进平.正义在马克思思想历程中的遭遇[J].哲学研究,2009(6):17-23.

[14] 林进平.面向事实本身:反思"马克思与正义"问题的研究方法[J].马克思主义与现实,2013(5):8-17.

[15] 林进平,张娜."如何构建中国的马克思主义正义观"研讨会综述[J].马克思主义与现实,2016(4):203-204.

[16] 林进平.再论马克思为何拒斥、批判正义[J].学术研究,2018(1):36-44.

[17] 林育川.历史唯物主义视域中的规范正义:一种可能的马克思主义正义理论

[J].哲学研究,2018(8):18-26.

[18] 林育川.正义的谱系:对分析马克思主义学派正义观的一种解读[J].哲学研究,2013(1):24-30.

[19] 马拥军.历史唯物主义的"实证"性质与马克思的正义观念[J].哲学研究,2017(6):13-21.

[20] 孙正聿.历史的唯物主义与马克思主义的新世界观[J].哲学研究,2007(3):3-8.

[21] 谭清华.马克思的正义理念:事实还是价值?[J].哲学研究,2015(3):24-29.

[22] 王广.马克思视域中的劳动、生产资料与正义[J].江海学刊,2009(4):57-62.

[23] 王广.对分配正义的批判与反思:基于《哥达纲领批判》的视角[J].哲学研究,2009(10):22-26.

[24] 王新生.马克思是怎样讨论正义问题的?[J].中国人民大学学报,2010,24(5):62-70.

[25] 王新生.马克思正义理论的四重辩护[J].中国社会科学,2014(4):26-44.

[26] 汪行福.超越正义的正义论:反思"马克思与正义"关系之争[J].江海学刊,2011(3):45-51.

[27] 魏小萍.分配公正:从原则到语境:两种理论境域的分歧与思考[J].哲学研究,2005(10):101-107.

[28] 王浩斌.马克思:市民社会批判[J].探索,1999(2):62-66.

[29] 王善平.现代性:资本与理性形而上学的联姻[J].哲学研究,2006(1):37-41.

[30] 伍德.马克思反对从正义出发批判资本主义:对段忠桥教授的回应[J].李义天,译.中国社会科学,2018(6):193-203.

[31] 郗戈.《资本论》中经济学与哲学关系问题的思想史考察[J].哲学研究,2017(3):28-34.

[32] 姚大志.正义的张力:马克思和罗尔斯之比较[J].文史哲,2009(4):130-138.

[33] 仰海峰.政治经济学批判中的历史唯物主义[J].中国社会科学,2010(1):4-16.

[34] 俞可平.马克思的市民社会理论及其历史地位[J].中国社会科学,1993(4):59-74.

[35] 臧峰宇.马克思正义论研究的两种进路及其中国语境[J].中国人民大学学报,2015,29(3):57-62.

[36] 臧峰宇.马克思政治哲学的正义视界[J].马克思主义与现实,2008(5):35-39.

[37] 张二芳.中国特色社会主义公平正义的本质内涵和认识误区[J].马克思主义研究,2013(5):68-74.

[38] 张盾."道德政治"谱系中的卢梭、康德、马克思[J]. 中国社会科学,2011(3):52-68.

[39] 张文喜. 马克思对"伦理的正义"概念的批判[J]. 中国社会科学,2014(3):31-43.

[40] 张霄. 集体行动的道德动机:评马克思主义分析学派对革命动机理论的重建[J]. 江苏社会科学,2008(3):82-87.

五、外文著作

[1] CLEAVER H. Reading capital politically[M]. Lees:Anti Theses Press,2000.

[2] COHEN G A. Self-ownership, freedom, and equality[M]. Cambridge:Cambridge University Press,1995.

[3] LEBOWTIZ M. Beyond capital:Marx's political economy of the working class[M]. New York:St Martin's Press,1992.

[4] MILIOS J. Karl Marx and the classics:An essay on value,crises and the capitalist mode of production[M]. Hampshire:Ashgate Publishing Limited,2002.

[5] READ J. The micro-politics of capital:Marx and prehistory of the present[M]. New York:State University of New York Press,2003.

[6] TUKER R. The Marxian revolutionary idea[M]. New York:Norton Company,1969.

[7] LUKUES S. Marxsim and morality[M]. Oxford:Clarendon Press,1985.

[8] ROSENTHAL J. The origin of dialectics:Reinterpreting the Hegel-Marx relation[M]. New York:St Martin's Press,1998.

[9] FINE R. Political investigations:Hegel, Marx, Arendt[M]. London and NewYork:Routledge,2001.

[10] GERAS N. The controversy about Marx and justice[J]. New Left Review,1985.

[11] SANDEL M. Justice:What's the right thing to do?[M]. London:Penguin Books,2010.

[12] FLEURBAEY M, SALLES M, WEYMARK J A. Justice, political liberalism, and utilitarianism[M]. Cambridge:Cambridge University Press, 2008.

[13] COHEN G A. Rescuing justice and equality[M]. Cambridge,MA:Harvard University Press, 2008.

[14] WOOD A. The Marxian critique of justice[J]. Philosophy and Public Affairs,1972(3).

[15] WOOD A W, BUCHANAN A E. Marx and justice:The radical critique of liberalism[J]. Law and Philosophy, 1984, 3(1):147.

后　记

本书是在我主持的国家社科基金青年项目最终成果的基础上修改完成的。马克思正义观是近年来学界关注的热点问题，目前，国内外已出版了众多相关论题的著作，论及此问题的学术文章更是汗牛充栋。2015年以来，我开始参与到对相关问题的思考和讨论中，这在当时虽然有"赶时髦"的嫌疑，但现在回想起来，介入对该问题的探讨也并非是"权宜之计"，而是源自我对马克思主义哲学当代研究趋向的一种认识和理解。

在我看来，马克思正义观问题在国内得到普遍关注绝非偶然，它实际上是马克思主义政治哲学兴起的重要标志，而马克思主义政治哲学的兴起则是当代马克思主义哲学研究范式革新的内在要求。一般而言，辩证唯物主义、历史唯物主义和实践唯物主义是国内马克思主义哲学研究的主流范式，这些研究范式在一种世界观、实践观和历史观的"思辨"层面理解马克思主义哲学。这对于普及、推广和深入阐释马克思主义哲学固然具有不可替代的重要意义。然而，由于在历史主义的解放叙事视野中，包括正义在内的"规范性"问题对于马克思主义哲学而言，只是一个细枝末节甚至可有可无的小问题，这些研究范式大都不关注马克思主义哲学的"规范性"问题。它们要么将马克思主义哲学的"规范性"问题消解在"思辨"理解中，要么干脆将其排除在马克思主义哲学的研究领域之外。而当福山于东欧剧变后提出"历史终结论"，尤其是当西方新自由主义以正义问题重新推动政治哲学兴起时，马克思主义哲学的"规范性"问题变得愈加紧迫和重要。

从这个角度看，马克思主义政治哲学的兴起固然与当代西方政治哲学的外在影响紧密相关,但从马克思主义思想史的层面来看,马克思主义诞生以来,包括正义在内的"规范性"问题一直是马克思主义哲学研究的重要基础理论问题。从伦理社会主义与科学社会主义的争论,到柯尔施关于马克思主义哲学性和科学性问题的提出;从卢卡奇的黑格尔主义的马克思主义对于第二国际经济决定论的马克思主义的反思,到阿尔都塞对意识形态的青年马克思和科学的老年马克思的区分;等等。这些问题实际上或显或隐地指向了马克思主义哲学的科学性和规范性问题。由此,马克思主义政治哲学尤其是其所蕴含的"规范性"问题,不是一个为赶西方政治哲学的"学术时髦"衍生出的新问题,而是一个关涉马克思主义哲学性质乃至本质的重大基础理论问题。

正是基于以上认识和理解,在博士论文做完以"马克思辩证法的存在论阐释"为主题的"思辨"研究之后,我的研究重心逐渐过渡到马克思主义政治哲学尤其是马克思正义观等"实践"研究上来。在学习借鉴国内外研究成果的基础上,我切入马克思正义观和马克思政治哲学研究的视角是政治经济学。

之所以选择以政治经济学的视角切入,直接原因在于,国内外关于马克思正义观的探讨大都围绕《资本论》及其手稿等政治经济学文本展开,这些探讨由于仅仅摘取其中对自身论点有利的论述,缺乏对马克思政治经济学总体语境的把握,使得相关论点和论证存在诸多有待进一步探讨的理论空间。

更为根本的原因在于,马克思政治经济学尤其是《资本论》及其手稿构成我们深入理解和阐释马克思政治哲学的思想特质和内涵不可替代的理论语境。从哲学批判到政治批判再到政治经济学批判,马克思早期思想发展的这一基本主线,也是马克思政治哲学思想发展的逻辑线索。在我看来,转向政治经济学研究的马克思不仅没有丢弃其青年时期对于法、政治和国家的关注,而且在新的思想平面上即在对政治事务立足之上的社会生产方式的政治经济学考察中,深化了对于政治事务的认识和理解。政治经济学不仅是再现马克思政治哲学的思想发展历程的基本语境,而且构成深入阐释马克思正义观思想特质乃至建构马克思正义理论形态的重要语境。

我深知,马克思正义观研究是一项任重道远的系统工程,本书只是做了一些初步的探索工作。在此探索基础上,如何进一步建构马克思的正义理论,又如何以建构马克思正义理论为契机推动马克思政治哲学研究,是需要不断探索和努力的重大课题。希望本书的出版能为此尽绵薄之力。

本书在思考和写作过程中曾得到段忠桥教授、姚大志教授、王新生教授、唐正东教授、崔唯航教授、臧峰宇教授、林进平教授、李佃来教授、白刚教授、李义天教授、夏莹教授、王庆丰教授、罗骞教授、吴猛教授、郗戈教授、林育川教授等多位学界师友的关心、鼓励和帮助。作为初入马克思政治哲学研究殿堂的"新手",没有各位的帮助,我很难真正进入对相关问题的思考,更别提完成一部著作,在此一并表示感谢。

  本书部分内容曾以独立论文形式在《哲学研究》《哲学动态》《吉林大学社会科学学报》《道德与文明》《东南学术》《南京社会科学》《学术界》《北京行政学院学报》《东南大学学报(哲学社会科学版)》等期刊公开发表。在此向多年来给予我大力帮助和支持的这些期刊和编辑朋友致以由衷的感谢。

  感谢东南大学社科处将本书纳入"东南学术文库"出版计划。东南大学虽以理工科见长,但也有着悠久的文科传统,近年来学校大力支持文科发展,相信东南大学文科会越来越好。也特别感谢东南大学出版社编辑刘庆楚老师,正是您的辛苦工作和付出,本书才得以顺利出版。

  感谢家人的理解和支持。我爱人胡娜女士始终对我从事的工作心存敬意,对于哲学之于生活的意义给予尊重。每当爱智的初心在生活的琐碎中被遮蔽时,她的敬意和尊重总让我重新唤起哲学探索的热情。我的父母是二十世纪五十年代出生的人,他们虽然读书不多,却对社会正义有着朴素的理解。在他们看来,"劳有所得"的社会就是正义的,否则就是不正义的。我想,他们的正义理解也许正是天下劳动者的共同心声。我把这本真诚的小书献给我的父母,也献给所有如我父辈一般对社会正义怀有美好憧憬的劳动者。

  由于本人学识有限,书中难免有不妥之处,恳请各位专家学者批评指正!

高广旭
2020 年 4 月 2 日于南京

东南学术文库
SOUTHEAST UNIVERSITY ACADEMIC LIBRARY

已出版的图书

《法律的嵌入性》
张洪涛 著 2016

《人权视野下的
中国精神卫生立法问题研究》
戴庆康 等著 2016

《新诗现代性建设研究》
王珂 著 2016

《行为金融视角
——企业集团内部资本市场效应》
陈菊花 著 2016

《明清小说戏曲插图研究》
乔光辉 著 2016

《世界艺术史纲》
徐子方 编著 2016

《马克思对黑格尔的五次批判》
翁寒冰 著 2016

《中西刑法文化与定罪制度之比较》
刘艳红 等著 2017

《所有权性质、盈余管理与企业财务困境》
吴芃 著 2017

《拜伦叙事诗研究》
杨莉 著 2017

《房屋征收法律制度研究》
顾大松 著 2017

《基于风险管控的社区矫正制度研究》
李川 著 2017

《中华传统美德德目论要》
许建良 著 2019

《城市交通文明建设的法治保障机制研究》
孟鸿志 著 2019

《立法对法治的侵害》
高照明 著 2019

《超级"义村":未完成的集体组织转型》
王化起 著 2019

《民生保障的国家义务研究》
龚向和 等著 2019

《私法视野下的水权配置研究》
单平基 著 2019

《诗词格律与写作》
王步高 著 2020

《阅读的进化:从深阅读到浅阅读》
袁曦临 著 2020

《乡民行动的物质呈现:一个关中村落的时空结构、日常生活与文化遗产(1930~2010)》
孟凡行 著 2020

《政治经济学语境下的马克思正义观研究》
高广旭 著 2021

"东南学术文库"丛书可通过东南大学出版社天猫旗舰店,以及当当、亚马逊、京东等网店购买。